숙의민주주의와 환경

김 명 식 지음

숙의민주주의와 환경

김 명 식 지음

철학과현실사

이 책은 2006년 정부(교육인적자원부)의 재원으로 한국학술진흥재단의 지원을 받아 수행된 연구임(KRF-2006-A00015).

머리말

이 책은 숙의민주주의를 소개하고, 환경문제와 관련해 숙의적 방식을 활용할 것을 제안한다. 숙의민주주의는 간단히 말하면, 관련된 이들의 대화와 토론을 통해 의사결정하자는 정치이념이다. 필자는 수년 전부터 우리 사회 전반에 숙의적 방식이 보급되어야 하고, 그 중에서도 환경문제가 숙의적 방식이 요구되는 대표적인 분야라고 주장해 왔다. 환경문제는 미래세대에 대한 배려, 자연의 가치, 삶의 방식 등 가치와 매우 관련된 문제로, 이들 가치들에 대한 진지한 대화와 토론이 필요하다. 또 환경문제는 장기적인 접근을 요한다. 정치가가 하는 정치적 접근은 통상 4년 뒤를 내다보고 행해진다. 그때 선거가 있기 때문이다. 경제학적 접근은 매우 정교한 수식으로 포장하고 있지만, 현재 시민들의 선호도에 바탕을 둔다. 하지만 환경문제는 미래세대와 관련되기 때문에 수백 년 뒤를 내다보고 결정해야 한다. 낙동강과 한강을 연결해 대운하를 건설하는 것은 지금 이 시대를 사는 우리의 삶에도 적지 않은 영향을 주지만, 앞으로 수백 년 동안 한반도에 살 우리 후손에게도 중요한 영향을 미친다. 따라서 대운하를 건설할 것인가의 문제는 지금 또는 4년 뒤가 아니라 먼 미래를 내다보는 장기적인 접근이어야 한다.

숙의민주주의(deliberative democracy)에서 숙의는 두 가지 의미를 담고 있다. 중요한 정책결정은 어떤 한 개인이 아니라, 관련된 이들의 대화와 토론을 통해서 이루어져야 한다는 것, 그리고 대화와 토론 과정을 통해 각 개인들은 최초에 자신이 가졌던 생각을 고집하지 않고, 열린 마음으로 심사숙고해야 한다는 것이다. 즉 '개인들 간의 대화'와 아울러 '개인 내에서의 성찰'을 강조한다. 대화와 심사숙고의 의미가 모두 담겨 있는 것이다. 숙의민주주의는 지금까지 토의민주주의, 협의민주주의, 심의민주주의, 숙의민주주의 등 다양한 이름으로 번역되어 왔다. 우선 토의민주주의와 협의민주주의는 이 두 가지 의미 중 첫 번째만을 전달한다는 점에서 한계가 있다. 그간 필자는 심의민주주의라는 용어를 주로 써왔다. 필자가 그 개념을 접했던 2001년 당시, 그 개념을 우리나라에 처음 소개했던 정치학자 임혁백 교수가 심의민주주의라고 번역했고, 필자 또한 이것을 그대로 받아들였다. 그런데 문제는 심의(審議)는 의결(議決)과 대립되는 의미로 이해된다는 것이다. 심의 의결이라고 말할 때, 심의는 논의를 뜻하고 의결은 결정을 뜻한다. 그래서 심의민주주의는 시민들이 모여 정책결정까지는 하지 않고, 단지 모여 논의 정도만 한다는 의미로 오해될 여지가 있다. 그런데 이것은 이 이념이 지향하는 바와 정면으로 어긋난다. 숙의민주주의는 참여민주주의가 발전한 형태로 정책결정에 일반시민들이 적극적으로 참여해야 한다는 이념이기 때문이다. 이런 점에서 숙의(熟議)가 더 정확한 번역어인 것 같다. 심사

숙고와 논의의 의미가 다 담겨 있기 때문이다. 오랫동안 써왔던 용어를 바꿔 쓰기에 망설임도 있었지만, 숙의민주주의의 기본 취지가 번역어로 인해 오해되어서는 안 된다고 생각한다.

수년 전에 『환경, 생명, 심의민주주의』라는 책을 출판한 바 있다. 지금의 이 책은 그때의 생각을 좀 더 발전시킨 것으로 보면 될 것 같다. 『환경, 생명, 심의민주주의』가 환경윤리와 숙의민주주의의 이념을 소개하고 있다면, 『숙의민주주의와 환경』은 숙의민주주의의 방법을 환경 쟁점에 직접 적용하는 것을 목표로 하고 있다. 7장 "반성적 평형과 동물의 지위"가 이 목표에 가장 부합되는 글이라고 할 수 있다. 원래는 한반도 대운하와 관련된 논의를 포함할 생각이었으나, 필자의 게으름으로 이 부분을 쓰지 못했다. 독자들에게 죄송스럽다는 말씀을 드리고 차후의 과제로 기약한다.

이 책에서 다루는 내용은 다음과 같다.

1장에서는 환경윤리의 역사와 연구 동향을 다룬다. 특히 환경윤리학계에서 숙의민주주의적 흐름에 주목한다.

2장에서는 민주주의 이념과 생태주의 이념의 양립 문제를 다룬다. 왜 우리는 민주주의와 환경보전을 동시에 추구해야 하는지 그 이유를 제시한다.

3장에서는 숙의민주주의를 소개한다. 그것의 배경과 특징, 과제를 서술한다.

4장에서는 숙의민주주의의 주요 이론가인 롤즈를 다룬다.

5장에서는 숙의민주주의를 대표하는 또 한 명의 대가인 하버마스를 다룬다. 하버마스의 이론체계에서 자연에 대한 배려가 가능한지를 살펴본다.

6장에서는 롤즈의 입장에서 바라본 동물실험의 문제를 다룬다.

7장에서는 반성적 평형의 방법을 동물실험의 문제에 적용한다. 반성적 평형의 방법은 도덕원칙, 숙고된 판단, 배경이론들 간의 균형을 추구하는 것으로, 숙의의 중요한 모델이다.

8장에서는 숙의민주주의 교육의 문제를 다룬다. 대화와 토론 교육을 주도해 왔던 어린이 철학교육과 비교해 숙의민주주의 교육의 특징을 탐색해 본다.

9장에서는 학교 숲을 통한 생태체험교육의 가능성을 탐색한다. 아울러 학교 숲 운동이 갖는 사회적 의미를 고찰한다.

이 글들은 대부분 2003년부터 지금까지 약 7년에 걸쳐 발표된 것들이다. 그리고 8장과 9장은 나의 학부 제자인 김민호 군과 양지민 양과 지역학회에서 공동 발표한 것을 수정한 것이다. 다른 부분들도 단행본의 체계에 맞게 손을 보고, 내용도 지금의 시점에 맞게 고쳤다. 부족한 글이지만 이 책을 내는 데에는 여러 분들의 도움이 있었다. 무탈하게 연구할 수 있도록 도와준 진주교대 도덕교육과의 교수님들과 나의 강의를 들은 진주교대 학생들에게 감사의 말을 해야겠다. 아내와 두 딸, 그리고 아버님, 어머님, 장모님의 따뜻한 사랑이 없었다면 연구가 쉽지 않았을 것이다. 연구를 지원해 준 한국학술진흥재단, 그리고 출판계의 어려운 상황에서 늦은 원고를 정성스럽게 꾸며 책을 내준 철학과현실사에 고마움을 전한다.

차 례

출 전

1장 **환경윤리학의 역사와 연구 동향** (「영미권 환경철학의 역사」, 『환경철학』 3집, 한국환경철학회, 2004)

2장 **민주주의와 환경** (「민주주의와 환경」, 『환경철학』 2집, 한국환경철학회, 2003)

3장 **숙의민주주의란 무엇인가** (미발표)

4장 **롤즈의 공적 이성과 숙의민주주의** (「롤즈의 공적 이성과 심의민주주의」, 『철학연구』 65집, 철학연구회, 2004)

5장 **하버마스와 환경** (「담론윤리, 심의, 자연」, 『동서철학연구』 39집, 한국동서철학회, 2006)

6장 **롤즈와 동물실험** (「동물실험과 심의」, 『철학』 92집, 한국철학회, 2007)

7장 **반성적 평형과 동물의 지위** (「반성적 평형과 동물의 지위」, 『환경철학』 7집, 한국환경철학회, 2008)

8장 **숙의민주주의와 어린이 철학교육** (「심의민주주의와 어린이 철학교육」, 『인간과 사회』 4집, 경남초등도덕교육학회, 2004)

9장 **학교 숲 운동과 체험학습** (「학교 숲 운동과 체험학습」, 『인간과 사회』 7집, 경남초등도덕교육학회, 2007)

1 장 환경윤리학의 역사와 연구 동향

1. 들어가는 말

환경에 대한 위기의식은 어제오늘 일이 아니다. 환경위기에 대한 학계의 반응 또한 다양하고 적극적이다. 생태학이 중요한 학문분과가 되었고, 환경학과, 환경공학과, 환경교육과 등 환경관련 학과가 생기고, 환경대학원, 환경정책평가원도 발족한다. 인문사회과학도 예외가 아니다. 생태문학, 환경사회학, 환경정치학 등의 분야가 생겨났고, 환경사회학회, 공간학회, 새만금학회, 환경교육학회 등 환경관련 학회들이 우후죽순 격으로 생겨났다. 철학, 윤리학 분야에서는 환경철학, 환경윤리가 주요 관심 분야가 되었고, 한국환경철학회, 한국생명윤리학회가 창립된다.

환경윤리학이라는 학문 분야가 성립된 이유는 환경문제가 어떤 의미에서는 윤리적인 문제라는 인식에 기초한다. 즉 환경과 관련된 윤리적, 철학적 쟁점이 대두되고, 윤리학자들과 일반인들이 이 점을 인정했다는 것이다. 환경윤리학은 윤리학자들에게 두 가지

의미로 다가온다. 우선 환경문제가 상당 부분 가치와 관련된 문제여서 윤리학자들이 환경문제 해결에 일조할 수 있다는 생각이다. 또 한 가지는 기존 윤리학의 체계가 환경문제라는 새로운 문제를 통해서 그 한계를 드러냈다는 점이다. 즉 자연과 생명의 가치를 인정하는 데 인색했던 기존의 윤리체계는 뭔가 잘못되었다는 반성이다. 여기서 환경윤리학이라는 학문의 특징은 그 출발이 환경문제의 해결이라는 매우 실천적이고 실용적인 과제를 띤다는 점, 그리고 처음에는 기존 윤리이론을 환경 분야에 그대로 적용하는 응용윤리의 성격을 띠었던 환경윤리학이 오히려 자기의 모태인 윤리학의 자기 개혁을 요구한다는 점이다.

이 글에서는 지금까지의 환경윤리학계의 연구 경향을 설명하고 분석할 것이다. 그리고 이를 토대로 앞으로의 연구 방향을 제언한다. 미리 밝혀 두지만 이 글은 많은 한계를 갖고 있다. 환경윤리라는 주제는 학제적인 연구의 성격이 강해서 철학이나 윤리학뿐만 아니라 교육학, 사회학, 정치학, 행정학, 정책학, 생물학 등 다양한 분과에서 논의된다. 그래서 이를 공정하게 모두 다룬다는 것은 쉽지 않다. 다만 현재까지 환경윤리의 연구 동향을 다룬 논문은 많지 않다는 점에서 나름대로 의미는 있을 것이라고 자위해 본다.[1)]

---

1) 환경윤리학의 연구 동향을 다룬 글로는 다음과 같은 것들이 있다. 구승회(2001), 『생태철학과 환경윤리』, 동국대학교 출판부; 김양현(2000), 「현대 환경윤리학의 논의방향과 쟁점들」, 『신학과 철학』 2호, 서강대학교 비교사상연구원; 추병완(2002), 「과학기술시대의 환경윤리」, 도성달 외, 『과학기술시대의 삶의 양식과 윤리』, 울력.

2. 환경윤리학의 시작: 1960, 1970년대

환경윤리에 대한 논의가 싹트기 시작한 시기는 환경위기가 감지되기 시작한 1960년대라고 할 수 있다. 환경위기의 고조는 카슨(R. Carson)이 1962년 『침묵의 봄』에서 DDT의 폐해를 고발한 것과 관련이 깊다. 그녀의 책은 수백만 부가 팔린 베스트셀러였고 미국 사회 전역에 파장을 일으킨다. 곡물을 먹어치우는 해충을 박멸해 농업생산성을 높일 줄만 알았던 DDT가 해충뿐만 아니라 생태계 전체를 죽이고 있다는 고발이었다. 이는 성장 신화, 과학만능 신화에 대한 비판이기도 했다. 과학은 DDT가 곡물 수확량을 증진하리라는 낙관적 예측만 했지, 그것의 부작용은 미처 예측하지 못했던 것이다.

한편 1960년대 후반부터 '그린피스', '프렌즈 오브 어스' 등 환경운동 단체의 활동이 활발해지기 시작했다. 호랑이, 청색 고래, 물범, 수달의 멸종 현상은 우리 인간들에게는 하나의 자책거리였다. 계속되는 서식지의 감소로 인해 고난에 처한 동식물이 인류의 남획으로 고통 받고 있다는 보도가 잇따랐기 때문이다. 또한 로마클럽의 연구보고서인 『성장의 한계』의 발표는 인류를 암울한 현실에 전율하게 하였다. 보고서의 필자들은 인구, 농업생산, 천연자원, 공업생산, 오염 등 다섯 가지 요소로 지구의 성장 가능성을 진단하면서, 백 년 이내에 이 다섯 가지 모두가 성장을 중지하고 인류는 심각한 위기에 봉착하리라고 경고했던 것이다.

실로 환경위기는 복합적인 양상을 띠고 있다. 식량 및 자원의 고갈, 인구문제부터 시작해서 멸종, 생태계의 파괴 등 매우 다양하다. 어떤 의미에서 다른 종의 멸종과 인류의 증가는 동전의 양면이다. 인류라는 종의 풍요는 다른 동식물의 멸종을 배경으로

한 것이었다. 또한 한편으로는 인류의 풍요는 이제 종지부를 찍고, 인류 또한 멸종의 길을 걸을지도 모른다는 막연한 불안의식이 맴돌았다. 위기에 대한 반응은 매우 다양했다. 그 중에는 두 극단이 있었는데, 하나는 인간의 생존에만 초점을 맞춘 '생존의 윤리'요, 다른 하나는 동물과 자연을 걱정하는 '공존의 윤리'이다.

첫 번째 유형을 대표하는 것이 하딘(Garret Hardin)의 '구명정 윤리(lifeboat ethics)'이다. 하딘에 따르면,[2] 현재의 상황을 가장 잘 나타내는 말은 구명정이다. 그래도 선진국은 아직 수용 인원을 초과하지 않은 구명정이지만, 제3세계의 나라들, 가령 인도, 방글라데시, 에티오피아 등은 이미 과잉 승선으로 좌초 중인 배다. 이들 국민들은 배에서 내려 헤엄쳐 선진국의 구명보트로 들어가기를 희망해 왔고, 선진국들은 이민정책을 통해 이들을 받아들여 왔다. 하딘은 더 이상 이들을 자신들의 구명정에 태워서는 안 된다고 주장한다. 만일 태운다면 그것은 공멸의 길이기 때문이다. 하딘의 해법은 선진국 국민들만이라도 살자는 것이다. 이를 위해 제3세계에 대한 식량 원조를 중단하고, 이민도 동결해야 한다고 역설한다. 제3세계가 알아서 굶어죽도록 방임해야 한다는 내용이다. 위기에 대한 의식은 극히 비윤리적인 해법을 낳았던 것이다.

두 번째의 반응을 대표하는 것이 화이트와 싱어이다. 이들의 입장은 이후 상당 기간 환경윤리학계의 중요한 흐름이었던 인간중심주의에 대한 비판과 연결된다. 린 화이트(Lynn White III)는 1967년 『사이언스』에 실린 「환경위기의 역사적 기원」[3]이란 글

2) Garret Hardin(1974), "Lifeboat Ethics", Donald VanDeVeer & Christine Pierce(1994), *The Environmental Ethics and Policy Book*, Belmont, California: Wadworth Publishing Company.

에서 환경위기는 인간중심주의에서 비롯된 것이고, 인간중심주의의 기원은 기독교라고 주장한다. 그에 따르면, 구약 창세기는 신이 인간을 다른 존재와는 달리 자신의 형상을 닮은 자로 창조하고 자연에 대한 지배권을 부여하는 대목이 있다. 이런 기독교의 지독한 인간중심주의가 중세 이후의 기술혁명과 결합함으로써 현재의 환경파괴를 낳았다는 것이다. 기독교를 맹비난한 화이트의 주장은 맹렬한 반발을 예고하는 것이었고, 어떤 의미에서는 그 주장의 진위와 무관하게 세계관의 문제에 학계가 주목하게 되는 계기를 마련해 주었다.

인간중심주의 비판의 선봉장은 누가 뭐라고 해도 피터 싱어(Peter Singer)이다. 1975년 그가 아직 20대였을 때 발표한 동물해방에 대한 논의는 막연하고 추상적인 논리가 아니라 구체적인 현장조사에 기초한 것이어서 그대로 피부에 다가온다. 그의 책들은 우리말로도 많이 번역되었고, 서구에서는 서점의 한쪽을 장식할 정도로 대중적인 관심을 끌고 있다.

단지 싼값에 고기를 먹기 위해 동물을 마치 공산품 찍어내듯이 사육하는 공장식 사육(factory farming) 관행, 미식가들의 화려한 입맛에 맞게 하기 위해 고통스럽게 빈혈로 키워지는 비일 송아지, 화장품의 독소실험을 위해 눈이 썩도록 실험당하는 토끼들에 대한 그의 묘사는 너무나 생생한 것이었다.[4)]

그는 이런 동물들에 대한 관행은 인간중심주의라는 통념에 기초하며, 이는 명백히 잘못된 것이라고 비판한다. 그에 따르면, 성

---

3) Lynn White(1967), “The Historical Roots of our Ecological Crisis”, *Science* 155. 린 화이트의 글은 그 전문이 이유선 박사에 의해 『과학사상』 창간호(1992)에 번역되어 실려 있다.

4) Peter Singer(1975/1990), *Animal Liberation*, A New York Review Book, 김성한 옮김(2000), 『동물해방』, 인간사랑.

차별주의와 인종차별주의가 잘못된 것이라면, 종(種)차별주의도 잘못된 것이다. 즉 남성이 단지 남성이라는 이유에서 여자에 대한 우월성을 주장하는 것, 그리고 백인이 단지 백인이라는 이유에서 흑인에 대한 우월성을 주장하는 것이 비합리적이듯이, 단지 인간이라는 이유 하나만으로 동물에 대한 우월성을 주장하는 것도 비합리적이다.

하딘과 싱어에서 보듯이 정말로 다양한 환경윤리이론들이 존재한다. 이런 차이는 '도대체 무엇이 문제인가?' 하는 것에 대한 문제제기의 상이함에서 비롯된다. 하딘의 걱정거리가 자원고갈과 인류의 생존이라면, 싱어의 고민은 인류의 풍요와 자연의 멸종이었던 것이다. 애트필드(Robin Attfield)가 정확하게 지적했듯이 환경윤리에서 견해의 차이는 해법이 무엇인가에서도 발생하지만, 무엇이 문제인가에서도 발생한다. 문제의식의 차이가 해결책의 차이를 규정하는 것이다.[5)]

1970년대는 환경윤리학이 독자적인 학문분과로 발돋움하기 시작한 시기이다. 그 기폭제 역할을 한 사람은 노르웨이 오슬로 대학의 철학교수였던 네스(Arne Naess)이다. 네스는 자신이 초대 편집자로 있던 *Inquiry* 에서 1973년 「피상적 생태주의와 근본적, 장기적 생태운동」이란 글을 발표한다. 여기에서 그는 지금까지의 환경이론과 환경운동은 공해방지 등 오로지 선진국 국민만을 위한 협소한 관점에 머물렀다고 비판하면서, 이를 '피상적인(shallow)' 생태주의라고 부른다. 앞서 언급한 하딘이 피상적인 생태주의의 전형일 것이다. 네스는 피상적인 사고에서 벗어나 근본적인 인식의 전환이 요구된다고 역설한다. 그가 말하는 근본적인 인식

---

5) Robin Attfield(1991), *The Ethics of Environmental Concern*, Athena and London: The University of Georgia, p.1.

의 전환이란 인간만을 위한 사고에서 벗어나 자연과 함께 공존하려는 것이며, 이런 면에서 자신의 이론은 '근본적인(deep)' 생태주의라고 주장한다.[6)]

환경윤리가 철학계의 중요한 담론이 될 수 있었던 데에는 여러 학자들이 공헌이 있었다. 1973년 호주의 캔버라 대학에 재직했던 뉴질랜드 출신의 철학자 루틀리(Richard Routley)는 뉴질랜드에서 열린 제15차 세계철학자대회에서 「새로운 환경윤리가 필요한가?」라는 글을 발표했고, 1975년 미국 콜로라도 대학의 롤스턴(Holmes Rolston III)은 「생태윤리는 과연 존재하는가?」라는 글을 유력 저널인 *Ethics* 에 발표하면서, 새로운 윤리체계의 필요성을 촉구했다.[7)]

환경을 염려한다는 점에서는 동일하지만, 해법은 동일하지 않다. 호주의 철학자인 패스모어(John Passmore)는 1974년 『자연에 대한 인간의 책임』을 발간하면서 기존의 윤리를 잘 가꾸면 환경윤리로도 잘 쓸 수 있다고 주장한다. 환경문제는 전통 윤리에 그 원인이 있는 것이 아니라, 생태학적인 무지, 탐욕, 단견에서 비롯된 것이다. 또 환경에 폐해를 끼치면 결국 인간에게 해를 가하는 것이기 때문에 기존의 서양 윤리학을 손질하고, 이를 충실히 지키는 것만으로 환경문제 해결은 충분하다. 그는 오히려 '새로운' 환경윤리를 주창하는 사람들이 신비주의로 빠져들면서 철학자가 추구해야 할 '명료성'을 놓치고 있다고 비판한다. 이 입장은 환경문제에 대한 서로 다른 해법을 말한 것으로서 이후 논쟁의 큰 축

---

6) Arne Naess(1973), "The Shallow and the Deep, Long-Range Ecology Movement: A Summery", *Inquiry* 16.

7) J. B. Callicott(1992), "Environmental Ethics", Lawrence Becker(ed.), *Encyclopedia of Ethics*, vol. 1, Garland Publishing Inc, pp.311-312.

을 형성하게 된다.8)

또 많은 학자들은 미래세대에 대한 관심과 책임으로부터 환경 문제 해결에 필요한 환경윤리를 이끌어 낼 수 있다고 보았다. 그 한 본보기는 파인버그(Joel Feinberg)일 것이다. 1971년 조지아 대학에서 발표했고 1974년 출판된 글에서 그는 아직 태어나지 않은 미래세대도 권리를 지니고 있음을 논리적으로 설명한다.9)

환경윤리학이 학문의 한 분과로 정착되기 위해서는 '제도적인' 노력이 필요했다. 관련 학회를 만들고, 저널을 만들고, 학과를 만드는 것이 그것이다. 그와 관련해 중요한 인물이 하그로브(Eugine Hargrove)와 롤스턴이다. 1979년에는 하그로브가 주편집자, 롤스턴이 조편집자가 된 『환경윤리(*Environmental Ethics*)』라는 저널이 미국 뉴멕시코 대학에서 발간되었다. 이 잡지는 이후 하그로브가 학교를 옮기면서 조지아 대학을 거쳐, 지금은 노스 텍사스 대학 환경철학연구소에서 발간된다. 특히 이 잡지는 환경윤리학 발전에 지대한 영향을 미쳤다. 전통적인 철학 잡지들은 환경윤리에 관한 글들을 아예 싣지 않거나, 매우 인색하게 실어 주었기 때문이다. 『환경윤리』는 1년에 네 차례 간행되었고, 이는 최소한 매년 심사를 거친 30편 정도가 발표될 수 있는 공간을 의미하였다. 이후 노스 텍사스 대학은 하그로브 외에 위스콘신 대학에 재직했던 캘리코트가 1990년대에 옮겨 오고, 상당수의 교수가 환경윤리 전공자로 채워지면서 환경윤리 연구에서 중요한 역할을 하였다.10)

---

8) John Passmore(1974/1980), *Man's Responsibility for Nature*, London: Duckworth.

9) Joel Feinberg(1974), "The Rights of Animals and Unborn Generations", W. Blackstone(ed.), *Philosophy Environmental Crisis*, University of Georgia Press.

이와 더불어 롤스턴의 역할도 언급할 만하다. 1980년대 학문적으로 맹활약을 하다가, 1990년 웨스트라(Laura Westra) 등과 함께 '국제 환경윤리학회'를 만들고, 그 회장직과 소식지 편집자를 맡으면서 환경윤리학의 발전 단계에서 중요한 역할을 하였다.[11]

3. 환경윤리학의 논쟁: 인간중심주의 대 탈인간중심주의

1980년대는 환경윤리학계가 양과 질 모두에서 획기적인 발전을 이룩한 시기이다. 많은 학자들이 환경윤리에 관심을 갖게 되었고, 관련 글들도 많이 쏟아져 나왔다. 또 논의의 성격에 있어서도 많은 변화가 있었던 시기이다. 그전 1970년대의 논의들은 주로 인간중심주의에 대한 비판이 주류였다. 인간중심주의가 환경문제를 낳았고, 그와 관련해 서양의 전통 철학이 반성해야 한다는 것이 주요 기조였다. 하지만 논의가 단순히 감정적인 비판으로 끝날 수만은 없었고, 점차 자연스러운 발전 단계로 왜 인간중심주의가 안 되는지, 그렇다면 대안은 무엇인지를 설명해야만 했다. 이는 자연의 가치는 도대체 어디에서 비롯되는지에 대한 이론적인 문제에 대한 해명과, 동시에 또 자연의 가치를 인정하는 것은 어떤 삶의 방식을 살아가는 것이고, 이런 삶은 어떻게 가능한가 하는 실천적인 문제에 대한 해명을 요구했다. 1970년대 환

---

10) *Environmental Ethics* 의 목차는 1집부터 최근호까지 www.cep.unt.edu/vol.html에서 볼 수 있다. 그리고 노스 텍사스 대학 철학과는 2009년 현재 12명의 테뉴어 트랙 전임교수 중 7명이 환경철학 전공자들이다.

11) Robin Attfield(1998), "Environmental Ethics", Ruth Chadwick(ed.), *Encyclopedia of Appled Ethics*, vol. 2, Academic Press, pp.75-76, 국제환경윤리학회에 대해서는 http://www.cep.unt.edu/history.html 참조. 여기서 학회 소식지(newsletter)를 볼 수 있는데, 매분기 환경윤리 분야의 발표논문에 대한 총색인을 얻을 수 있다.

경윤리학이 인간중심주의에 대한 비판이라는 '소극적'인 형태를 띠었다면, 1980년대의 환경윤리학은 '새로운' 환경윤리를 구성하는 실로 '적극적'인 것이었다.

1979년 하그로브가 주도한 저널 『환경윤리』의 창간은 중대한 의미를 지닌다. 이 잡지를 통해 중요한 글들이 발표되었고, 이 글들에 대한 논쟁 및 평가 작업이 이루어졌기 때문이다. 논쟁을 주도한 윤리학자들은 1980년대 후반에 자신의 단행본을 내기 시작하는데, 이 단행본들은 대개 이 잡지에 실린 글들을 묶고, 또 이 잡지에 실린 논평들을 반영, 수정한 것들이었다.

논쟁의 중심에 섰던 이들은 '새로운 환경윤리'를 제창하는 그룹, 즉 탈인간중심주의의 입장에 서 있는 학자들이다. 이 중에서도 논문 한 편의 반짝하는 아이디어 수준이 아니라, 나름대로의 체계를 갖추면서 학계의 주목을 받았던 이론은 네스의 근본생태주의, 폴 테일러의 생명중심주의, 캘리코트의 대지윤리이다.

네스는 1973년 논문을 발표한 이래 드볼(Bill Devall), 세션즈(George Sessions), 폭스(Warwick Fox) 등과 함께 근본생태주의라는 하나의 '학파'를 이끌게 된다. 근본생태주의 진영에는 이들 외에도 짐머만(Michael E. Zimmermann) 같은 저명한 하이데거 연구가와 카프라(F. Capra) 같은 대중성 있는 작가가 합류하게 된다.[12] 환경윤리학계에서 네스가 차지하는 비중은 매우 크다. '근

---

12) 근본생태주의 진영에 속한 학자들의 면면과 저작들에 대해서는 Warwick Fox(1990), *Toward A Transpersonal Ecology*, Boston: Shambala Publications, pp.269-288 참조. 그리고 근본생태주의 진영의 핵심 저작으로는 Bill Devall & George Sessions(1985), *Deep Ecology*, Gibbs Smiths; Arne Naess(1992), *Ecology, Community, Lifestyle*, Cambridge University Press; Naess(1995), "The Deep Ecology Eight Points Revisited", G. Sessions (ed.), *Deep Ecology for the Twenty-First Century*, Shambhala.

본적'인 인식의 전환을 촉구한 그였고, 환경문제에 대한 철학적, 윤리적 논의가 가능하며, 또 반드시 필요하다는 점을 보여준 그였기에, 어떤 의미에서는 환경윤리학이라는 학문분과를 가능하게 한 인물로 평가할 수 있다. 1990년대 중반까지 그의 영향력은 막강해서 『환경윤리』에 실린 글들은 대부분 그를 직간접적으로 건드리고 있다. 그의 핵심 명제는 '생명평등주의'와 '큰 자아실현'이다. "생태계에 존재하는 모든 것들은 자기를 실현할 평등한 권리를 가진다."는 생명평등주의의 실천은 큰 자아실현이라는 윤리적 강령의 실행을 통해 가능하다는 것이 그의 요지다. 큰 자아를 추구한다는 것은 자연과 나의 하나 됨을 추구하는 것이고, 이를 통해 자연의 아픔을 나의 아픔으로 깨닫는 것이다. "세계가 나의 몸이다.", "모든 생명은 근본적으로 하나이다."라는 근본생태주의의 표어도 이런 맥락에서 나온다.

네스의 특징 중의 하나는 동양적 사유에 귀를 기울인다는 점이다. 노장사상, 선불교, 인도의 우파니샤드가 그가 받아들인 동양적 지혜의 모범이고, '물아일체(物我一體)', '범아일여(梵我一如)'야말로 자연과 인간의 하나 됨을 밝히는 오래된 삶의 지혜라는 것이다.

하지만 네스가 지닌 신비주의 색채는 대다수의 윤리학자들에게는 반감의 대상이었다. 명쾌한 분석을 학문의 기본 태도로 보는 서양의 철학자들은 그들 자신의 아이덴티티들을 송두리째 부정하는 네스에 동조하기 어려웠던 것이다. 그들은 네스가 생명평등주의를 제창하면서도 왜 생명이 평등한지에 대해 합리적으로 설명하지 않는다는 점에 대해 특히 불만스러워 했다. 이 공백을 훌륭하게 채운 것이 정통 윤리학자인 폴 테일러(Paul Taylor)다. 과학철학 전공이라고 하지만 사실상 전공이 불분명한 네스와 달리,

테일러는 윤리학을 전공해 이미 그 분야에서 상당한 명성을 얻고 있는 학자였기 때문에 생명의 가치에 대해 윤리학의 합리적인 언어로 잘 설명할 수 있는 위치에 있었다. 그에 따르면,[13] 모든 생명체는 인간의 필요와 무관하게 고유한 가치를 지니고 있는데, 그 이유는 개별 생명체가 '목표지향적 삶의 중심(teleological center of life)'이기 때문이다. 즉 아무리 미물이라 할지라도 생명체는 자기의 생존을 유지하고, 성장하고, 종을 재생산하려는 목표를 추구하며, 이를 위해 변화하는 환경에 부단히 적응하려고 애쓰는 존재이다. 목표지향적 삶의 중심이라는 점에서, 생명체가 지닌 생명의 가치는 일종의 '내재적(inherent)' 가치이다. 내재적 가치는 생명체가 생명체라는 사실에서 자기 스스로 갖는 가치라는 점에서 외부의 인간에 의한 가치평가와 무관한 것이라고 선언한다. 이것은, 자연에 대한 가치는, 그것이 단순히 도구적 가치가 아니라 목적적 가치라고 할지라도 어디까지나 인간에 의해 결정되는 변수라는 종전의 통념과는 획을 달리하는 것이다. 인간의 절대적인 존엄성에 대한 칸트의 통찰을 연상하게 하는 그의 논리는 생명의 가치를 입증하고 싶었던 당시의 근본생태주의 학자들에게는 가뭄의 단비였고, 약간의 시간이 경과한 후, 네스로부터 원래 자신이 말하고 싶었던 것을 가장 잘 설명한 이론이라는 찬사를 받게 된다.

네스나 테일러가 채택했던 생명평등주의는 실천 가능성과 관련해 심각한 우려를 예고하고 있었다. 동물해방에 대해 이념적으로 동조한다 할지라도, 동물해방론자가 되기 어려운 이유 중의 하나는 그 이념의 실천이 부담스럽다는 것이다. 즉 동물해방론자임을

13) Paul Taylor(1986), *Respect For Nature*, Princeton University Press. 특히 2장, 3장 참조.

자처하면서 고기를 먹는 것은 모순이고, 이 때문에 많은 사람들은 동물해방론을 받아들이기를 주저한다. 그런데 생명중심주의는 이 정도의 부담이 아니라 생존을 불가능하게 하는 이론일 수도 있다. 즉 생명중심주의를 채택한다는 것은 식물을 포함해 모든 생명체들에게, 인간에게 부여한 가치와 유사한 가치를 부여하는 것인데, 이런 가치를 지닌 존재를 먹는 것은 비윤리적인 행위이기 때문이다. 생명평등주의에 충실하다 보면 우리 인간은 자연 과정에서 이미 죽은 생명체, 가령 '낙엽' 정도를 주워 먹을 수 있는 것이 아닌가 하는 우려가 나온다.

네스나 테일러의 대안은 본질적(basic) 필요와 부수적(nonbasic) 필요를 구분하는 것이었다. 의식주를 위해 동물을 사냥하는 것은 본질적 필요에 해당하지만, 핸드백과 같이 없어도 되는 것을 충당하기 위해 희귀종인 악어를 사냥하는 것은 부수적 필요에 해당한다. 본질적 필요를 위해서는 어쩔 수 없지만, 부수적 필요를 위해 동식물의 생존을 해쳐서는 안 된다는 것이다. 또 인간을 포함해 자연의 모든 존재들이 본질적 필요를 위해서 다른 존재를 착취하는 것은 자연의 순리라는 주장이 가능하다.

그렇다고 생명평등주의의 난점이 다 해소되는 것은 아니다. 본질적 필요와 부수적 필요를 정확히 구분하는 것이 가능한가가 그 하나고, 다른 하나는 생태계 관리와 관련한 생명평등주의의 한계이다. 특정 개체수의 과잉은 생태계 전체의 피폐화를 초래하는데, 이를 어떻게 할 것인가 하는 것이다. 가령 코끼리 개체수가 과잉인 지역에서는 생태계 보호를 위해 코끼리를 죽이거나 불임수술해야 한다. 또 황소개구리 같은 외래종에 의한 생태계 교란을 막기 위해 외래종을 죽여야 하는 것이 우리의 현실인데, 이를 생명평등주의에서는 어떻게 정당화하느냐이다. 코끼리도 황소개구리도 다 토종 개구리와 똑같은 귀중한 생명이 아닌가?

이런 생명평등주의의 약점을 훌륭하게 보완하는 것이 캘리코트의 대지윤리(land ethics)이다. 캘리코트(J. B. Callicott)는 자신보다 30년 먼저 위스콘신 대학에 재직했던 레오폴드(A. Leopold)를 계승하면서도, 실제로는 그를 뛰어넘어 자신의 독자적인 철학체계를 수립한 학자이다.[14] 레오폴드와 캘리코트에 따르면, 윤리학의 고려 대상은 이제 인간이 아니라, 전체 생태계로 확대되어야 하고, "개별 존재/행위의 옳고 그름은 그것이 생태계의 온전함과 안정, 아름다움에 얼마나 이바지하느냐에 달려 있다."

캘리코트의 강점은 실천 가능성과 관련해 생명평등주의의 약점을 해결하면서, 동시에 생태계에 대한 종합적이고도 체계적인 관리를 가능하게 한다는 점이다. 가령 생태계의 안정이 최상의 가치이기 때문에, 황소개구리와 코끼리에 대한 정리 작업을 전체 생태계의 안정과 온전함을 위해 할 수 있다는 논거를 마련해 주기 때문이다. 특히 캘리코트는 물리학, 생태학, 진화론 등 자연과학에 정통해 이것들에 기초해서 자신의 논리를 정당화하기 때문에 1980년대부터 지금에 이르기까지 환경윤리학계에서 가장 주목을 받는 학자라고 할 수 있다.

하지만 캘리코트 또한 약점이 없지 않았다. 대표적인 것이 레건(Tom Regan)의 비판이었는데, 캘리코트의 입장은 '환경 파시즘'을 함의한다는 것이다. 생태계의 가장 최대의 재앙은 코끼리나 황소개구리가 아니라 다름 아닌 인간이며, 결국 캘리코트의 입장은 생태계 보호를 위한 '대량적인 인간사냥'을 함의한다는 반론

14) J. B. Callicott(1989), *In Defense of the Land Ethics*, State University of New York Press; Callicott(1999), *Beyond The Land Ethic*, State University of New York Press.

이다.

어쨌든 탈인간중심주의가 갖는 문제점으로 인해 다양한 형태의 중도적인 견해들이 양산된다. 그 대표적인 것으로는 생명중심주의를 인정하면서도 공리주의를 포기하지 않는 애트필드, 개체주의와 전체주의를 절충하는 롤스턴, 가치다원주의를 제안하는 스톤(Christopher Stone)을 들 수 있을 것이다.

한 예로 롤스턴의 경우, 생명체가 '생에의 추구 성향(conation)'을 갖는다는 점에서 생명체의 가치를 인정한다. 하지만 그는 이것보다는 '의식'이, 그리고 단순한 '의식'보다는 '자기의식'이 더 가치를 지닌다고 봄으로써 식물, 동물, 인간의 가치를 동시에 인정하면서도 그 가치의 경중을 가리는 방안을 제시한다. 또 종(種) 또한 파생적이긴 하지만, 목적적으로 가치가 있으며, 생태계 또한 종의 생존을 가능하게 하는 기반이라는 점에서 가치 있다고 주장한다. 하지만 캘리코트가 적절히 지적했듯, 논증의 '일관성'의 측면에서 약점을 보이고 있다.15)

한편 인간중심주의 진영에서도 기존의 윤리체계를 유지하면서도 환경에 대한 관심을 반영하는 여러 이론들이 등장한다. 그 대표적인 것으로는 하그로브의 환경미학, 노턴(Brian Norton)의 약한 인간중심주의, 맥클로스키(H. J. McCloskey)의 이상적 공리주의를 들 수 있다. 이들의 일반적 경향은 자연중심주의가 갖는 신비적이고도 낭만적인 측면을 비판하고, 가치론적 난점을 지적하는 것이다.

하그로브의 경우, 우리 인간이 자연에 부여하는 목적적 가치는 성격상 윤리적인 것이기보다는 미학적인 것이라고 본다. 그는 서

---

15) J. B. Callicott(1990), "The Case against Moral Pluralism", *Environmental Ethics* 12, p.142.

양의 자연관의 변화를 세밀하게 추적하면서, 그 안에 있는 바람직한 자연관의 맹아를 발견하려고 시도한다. 노턴은 인간중심주의를 '강한(strong)' 인간중심주의와 '약한(weak)' 인간중심주의로 구분하면서, 강한 인간중심주의를 가지고는 환경보전의 문제를 해결할 수 없다고 본다. 그 이유는 자연은 인간의 선호를 만족시켜 주는 견지에서만 가치를 갖고 있어, 자연은 필요할 때마다 개발될 수밖에 없기 때문이다. 반면 약한 인간중심주의는 일종의 '숙고된 선호'와 관련되고, 이때 자연의 심미적, 목적적 가치를 인정함으로써 자연의 보전은 가능하다. 그리고 이는 탈인간중심주의를 채택한 것과 자연의 보전이라는 결과에서는 별반 차이가 없다. 그렇다면 굳이 가치론에서 난점을 보이고 사람들이 받아들이기를 꺼리는 탈인간중심주의를 채택할 필요가 없다는 '실용주의적(pragmatic)' 논변을 선보인다.16)

지금까지 1980년대부터 1990년대 초반의 연구 경향을 서술해 보았다. 이를 요약한다면, 논쟁 구도는 인간중심주의와 탈인간중심주의의 대립이었고, 그 다툼이 치열했다는 점이다. 탈인간중심주의 진영의 과제는 자연의 가치를 설명하는 한편, 그것의 실천 방안을 정립하는 것이었다. 이런 점에서 보면 가치론에서는 테일러가, 실천 방안에서는 캘리코트가 두각을 나타내지 않았나 판단된다.

또 한 가지 중요한 쟁점은 서양의 합리성을 거부하고, 동양사상과 종교로 귀착하는 것에 대한 평가이다. 앞서 보았듯 네스는 선불교와 도교, 우파니샤드에 경도되었고. 또 과학의 역할을 유난히 강조했던 캘리코트조차도 인디언 토착 문화에 심취하곤 했다.

16) Bryan Norton(1984), "Environmental Ethics and Weak Anthropocentrism", *Environmental Ethics* 5.

근본생태주의자들은 자신들이 합리성의 영역에서 벗어나 신비주의로 빠진다는 비판에 대해, 오히려 합리성 자체가 서양의 근대문명의 한 소산이며 환경문제의 주요 원인이라는 점을 상기시킨다. 그런 점에서 때때로 서양의 근대적 합리성의 한계를 지적했던 화이트헤드나 하이데거에 의존하기도 하고, 하이데거와 동양의 선의 관계를 추적하기도 한다. 하지만 윤리학자들은 대부분 이런 경향에 대해서 거부감을 표시해 왔고, 바로 이 점이 주류 윤리학계가 환경윤리학을 배척했던 배경이 아니었나 생각해 본다.

여기서 자세히 다루지는 않았지만, 환경윤리학계의 연구에서 전통 철학과 환경윤리를 연결시키려는 글들이 많았다. 고대, 중세, 근현대의 사상가들이 환경친화성 여부에 따라 재평가를 받았다. 화이트헤드, 하이데거, 스피노자, 쇼펜하우어 등이 각광받았고, 관련 전공자들은 그들의 환경친화적 요소들을 부각시키려 했다. 반면 인간중심적이라는 이유에서 비판받은 사상가들도 많았다. 여기에는 아리스토텔레스, 아퀴나스, 데카르트, 칸트 등 대사상가들이 망라되었다. 이 분야의 전공자들은 이에 저항해 그렇지 않은 면을 부각시키려 했다.

4. 환경윤리학과 사회

환경윤리학을 사회철학적 관점에서 접근하려는 움직임도 활발하다. 환경문제는 인간과 자연의 이분법적인 관계가 아니라, '사회'라는 매개 고리를 통해 해명될 문제라는 것이다. 어차피 인간의 의식과 행위는 사회의식, 사회제도와 무관할 수 없다. 이러한 경향은 북친(Murray Bookchin)에서 가장 명확히 나타나지만, 다양한 형태를 띠고 있다.

앞서 보았듯이, 근본생태주의는 환경문제를 인간과 자연의 대립관계에서 발생하는 것으로 보며, 그 해법은 자연을 위한 인간의 '양보'로 귀결되는 측면이 강하다. 구체적으로는 국립공원을 설치하고, 늑대, 회색곰, 엘크의 보금자리를 위해 야생생물 보호구역을 지정하는 야생지 보전운동에 초점을 맞춘다. 하지만 이러한 주장이 영향력을 발휘하는 배경은 그것의 사회적 특질과 분리될 수 없다. 이는 근본생태주의가 위력을 발휘하는 곳을 보면 알 수 있다. 근본생태주의와 야생지 보전운동이 전 세계의 모든 지역에서 활발하지는 않다. 그것이 받아들여지는 곳은 특정 지역, 구체적으로 말하면 미국 서부, 캐나다, 뉴질랜드, 호주, 스칸디나비아 등이다. 그 이유는 이들 지역이 아직 개발되지 않은 야생지를 갖고 있고, 또 야생지를 남겨 둘 수 있을 정도로 인구가 희박하기 때문이다. 이들 지역이 아닌 다른 지역에서 근본생태주의와 야생지 보전은 환영받지 않는다. 미국 동부만 해도, 생태계에서 인간적 요소를 배제하는 것은 불가능하며, 따라서 이 지역의 환경운동은 대기 및 수질의 개선에 더 관심을 갖는다. 또 환경이념과 환경운동은 사회적, 문화적인 지평과도 연관이 깊다. 서유럽의 경우 전통적인 자연보호운동도 존재하지만, 반핵운동이나 정치적 생태운동이 활발하다. 정치적 생태운동은 신사회운동과 연관되며, 참여정치에 관심을 갖는다. 이 운동의 성격을 굳이 따지자면, 그것은 자연중심주의보다는 인간중심주의에 가까운 것이다.[17]

환경문제를 사회와 연관시켜 보는 흐름은 환경에 대한 위기의식이 시작되던 1960년대 후반부터 있었다. 한 예가 커머너(Barry Commoner)와 슈마허(E. F. Schumacher)이다.[18] 이들은 1970년

---

17) Doyle & McEachern(1998), 이유진 옮김(2002), 『환경정치학』, 한울, 77-106쪽.

대 초반 하딘과 에를리히(Paul Ehrlich)가 환경문제의 원인을 인구증가로 본 것과 대립 각을 이룬다. 이들이 보기에, 환경문제의 원인을 인구증가에서 찾는 것은 환경문제의 책임을 인구증가가 극심한 제3세계에 떠미는 격이다. 하지만 실제 환경위기의 책임은 제3세계가 아니라, 고도의 소비를 추구했던 선진국에 있다. 커머너에 의하면 환경문제의 주요 원인은 자유경쟁의 시장체제이고, 그 이유는 시장은 대량생산을 통해 비용절감을 하고 환경정화 비용 지출에는 인색한 구조를 갖기 때문이다. 슈마허는 성장을 모토로 하는 근대 경제학과 인간의 탐욕을 환경위기의 주범으로 본다. 그리고 대안으로 작은 것에 만족할 줄 아는 '질적 행복'과 그것에 기초한 불교 경제학을 내세운다. 거대기술 대신 적정기술과 중간기술이라는 대안도 제시한다. 물론 슈마허의 대안은 매우 소박한 것이었고 구체적이지도 않았지만, 나름대로 방향은 제시하지 않았나 생각한다.

1980, 1990년대에 맹활약한 사회생태주의자 북친이 보기에, 근본생태주의는 모든 원인을 인간중심주의로 귀착시키는데, 이것은 매우 위험한 발상이다. 환경위기의 원인을 인간중심주의로 본다면, 모든 인간은 인간이라는 이유만으로 다 똑같이 환경문제에 책임을 져야 한다. 이는 환경 파괴 기업의 악덕 사장이나, 가난한 빈민가의 아이에 동일한 책임을 전가한다는 문제점을 지닌다.

북친이 보기에 환경문제는 사회문제라는 광범위한 문제의 하나일 뿐이다. 북친은 사회문제의 원인을 지배(domination)와 위계(hierarchy)에서 찾는다. 사회 전반에 존재하는 지배와 위계가 갖

---

18) Barry Commoner(1971), *The Closing Circle*, 송상용 옮김(1980), 『원은 닫혀야 한다』, 전파과학사; E. F. Schumacher(1973), *Small is Beautiful*, 김진홍 옮김(1986), 『작은 것이 아름답다』, 범우사.

가지 문제를 낳았는데, 환경문제도 이것의 일환이라는 것이다. 남성의 여성 지배, 이성의 감성 지배, 정신의 육체 지배, 자본가의 노동자 지배, 도시의 농촌 지배, 노인의 젊은이 지배, 인간의 자연 지배가 그것이다. 환경문제의 극복은 사회에 만연한 지배와 위계 관계를 깨고, 자유와 해방을 추구하는 전체 사회운동의 맥락에서 찾아야 하며, 이런 의미에서 자신의 주저를 『자유의 생태학(*Ecology of Freedom*)』이라 이름 붙인다.[19] 일체의 지배관계를 부정한다는 점에서 그는 아나키즘적인 색채를 다분히 보이는데, 오늘날 마르크시즘이 쇠퇴하면서 아나키즘이 학계의 중요한 관심사항이라는 점을 상기할 필요가 있다. 최근 소개되고 있는 생태페미니즘은 북친의 문제제기에 힘입은 바 크다. 생태 페미니스트들은 바로 (인간의) 자연 지배와 (남성의) 여성 지배의 연관성에 주목한 것이다.

여기에 덧붙여야 할 것은 환경문제를 정의의 문제와 연관시켜 보는 흐름이다. 1971년 롤즈(John Rawls)의 『사회정의론』이 발표된 이후 사회정의의 문제는 윤리학과 사회철학에서 중요한 흐름이었다. 환경윤리 분야에서 이와 관련한 논의로는 환경문제를 세대간 정의, 종(種)간 정의의 문제로 보는 웬츠(Peter Wenz)의 논의와 인종간 정의, 계급간의 정의로 보는 벌라드(Robert D. Bullard)의 논의가 있다. 벌라드에 따르면, 미국에서 유독성 폐기물이 폐기된 장소는 백인 거주지역이 아니라 흑인 거주지역이며, 부자가 아니라 가난한 노동자의 거주지역이다. 환경문제에 대한

---

19) Murray Bookchin(1982), *The Ecology of Freedom*, California: Cheshire Books; Bookchin(1987), *The Modern Crisis*, Montreal and New York: Black Rose Books; Bookchin(1988), *Toward an Ecological Society*, Black Rose Books.

문제제기도 이 점을 전제로 해야 한다는 것이다.[20]

제3세계의 환경운동과 환경이념은 제1세계의 그것과는 판이하다. 경제난에 허덕이는 아시아와 아프리카 국가들은 자연의 권리나 환경보호보다는 아무래도 경제발전과 생활수준의 향상에 관심을 갖고 있다. 여기서 환경운동은 주거, 식량, 고용, 안전한 노동환경, 보건 등 인간의 생존문제와 연결된다. 대표적인 예가 인도에서 발생한 '칩코 운동'이다. 칩코 운동에서는 여성이 주축이 된 지역 주민들이 벌목회사에 대항해 싸웠다. 이 지역에서 숲은 오랜 기간 주민들에게 땔감을 제공했고, 또 버섯 채취 등을 통해 주요 수입원이었다. 그런데 다국적 대기업이 들어와 대량 벌목을 하자 여성들이 나무를 껴안고 이에 항거한 것이다. 이것은 환경운동은 주로 가진 자의 운동이라는 사회통념을 깬 것이었고, 환경운동의 새로운 가능성을 제시했다고 평가받는다. 제3세계의 빈곤 계층도 생존권을 위협받게 되면 환경운동을 조직한다는 것이고, 이런 측면에서 환경운동을 하나로 규정할 수 없는 것이다. 구하(Ramachandra Guha)나 시바(Vandana Shiva) 같은 인도의 학자들이 야생지 보전운동을 '미국의 이데올로기'라고 비판한 것도 이런 맥락에서 이해할 수 있다.[21]

1980년대 후반, 1990년대 초반에 접어들면서, 환경정책의 실제 수립과정을 분석하고, 그것에 대한 철학적, 윤리적 분석을 하는 학자들이 나타나는데, 그 대표자는 새고프(Mark Sagoff)와 오닐(John O'Neill)이다.[22] 새고프의 『지구의 경제학』이라는 책은 제

20) Desjardins(1997), 김명식 옮김(1999), 『환경윤리』, 자작나무, 11장 참조.

21) Ramachandra Guha(1989), "Radical American Environmentalism and Wilderness Preservation: A Third World Perspective", *Environmental Ethics* 11.

22) Mark Sagoff(1988), *The Economy of the Earth*, Cambridge University

목과는 달리 경제학 책이 아니라, 환경경제학에 대한 철학 책이다. 미국 메릴랜드 대학의 새고프는 여기에서 환경정책의 결정이 주로 환경경제학자들의 비용편익분석을 통해 이루어진다는 사실에 주목하고, 그것에 대한 철학적 분석을 도모한다. 그에 따르면, 비용편익분석은 질적인 것을 양적인 것으로 환원하는 오류를 범하고, 비용 지불 능력이 있는 자와 없는 자를 구분하지 못하며, 미래세대를 적절히 배려할 수 없다. 이런 시각은 영국 랭커스터 대학 '환경, 철학, 공공정책 연구소'의 오닐(현재는 맨체스터 대학) 등에 의해 계승된다.

이것은 환경윤리 연구에서도 중요한 의미를 지닌다. 과거의 환경윤리학자들은 환경문제의 원인과 해법과 관련해 섬세한 설명을 하지 못했는데, 이제 윤리학이라는 도구를 가지고 실제 정책과정을 분석하고, 그것의 문제점을 지적한 것이다. 철학과 윤리학이 갖는 이런 분석능력은 다방면의 전문가 집단과 정책결정자들에 의해 그 유용성을 인정받게 된다. 1990년대 초 랭커스터 대학의 홀랜드(Alan Holland)가 주도한 저널『환경과 가치들(*Environmental Values*)』의 탄생은 이를 증명하는 한 징표이기도 하다. 이 잡지는 현재『환경윤리』와 함께 환경윤리 분야의 양대 저널로 불리면서, 환경문제와 정책, 철학과 관련된 학제적 연구의 기반에서 중요한 역할을 하고 있다.[23)]

한편 환경경제학의 한계는 대안이 무엇이냐는 후속 논의를 낳았고, 1990년대 초반 속속 새로운 장치들이 계발되기 시작했다. 환경문제는 어차피 가치와 관련된 주제인데, 이것을 경제학의 전

Press; John O'Neill(1993), *Ecology and Policy and Politics*, Routledge.

23) *Environmental Values*에 관한 온라인 정보는 http://www.erica.demon.co.uk/EV.html에서 구할 수 있다.

문가들이 독점할 수 없다는 생각에서이다. 시민참여를 독려하는 새로운 방안들이 제시되었는데, 여기에는 시민배심원제나 합의회의, 포커스 그룹, 디스커션 그룹 등이 포함된다. 2003년 북한산 관통도로 개설과 관련해 참여정부에 의해 제안되었던 공론조사(deliberative poll)도 미국의 정치학자 피쉬킨(James Fishkin)에 의해 계발된다.[24)]

이런 흐름은 1990년대 후반 정치철학과 윤리학계의 뜨거운 쟁점이 되고 있는 숙의민주주의와도 연관되는 사안이다. 숙의민주주의는 코헨(Joshua Cohen)에 의해 제시된 이래, 하버마스(Jürgen Habermas)와 롤즈에 의해 자본주의와 사회주의를 넘어선 새로운 대안으로 검토되고 있다. 사회학자인 기든스(Anthony Giddens)가 제안한 '대화민주주의'도 같은 맥락이다.

앞으로 하버마스의 『사실성과 타당성』(1992)과 롤즈의 『정치적 자유주의』(1993), 『만민법』(1999) 등이 숙의민주주의의 중요한 고전으로 치밀하게 검토될 것이고, 이들이 제시한 의사소통적 이성(communicative reason)과 공적 이성(public reason)이 논의의 중요한 화두가 될 것이라고 예상된다. 하버마스의 이론은 환경정치학자인 드라이젝(John Dryzek)에 의해 환경 분야에 적용되고 있고, 롤즈의 이론은 구트만(Amy Gutmann)과 톰슨(Dennis Thompson)의 공동연구(1996)로 생명윤리 영역에 적용된 바 있다. 그 외에 환경철학과 정치학을 연결하여 논의하는 학자인 돕슨(Andrew Dobson)과 구딘(Robert Goodin), 그리고 에커슬리(Robyn Eckersley)의 활약도 기대된다.

---

24) 다양한 형태의 시민참여제도에 대해서는 3장을 참조할 것.

5. 환경윤리학의 방향

지금까지 환경윤리의 연구 동향을 서술해 보았다. 여러 가지 측면에서 이 글은 부족한 점이 있다. 내용이 서양, 그것도 영미권의 논의에 한정되었고, 최근 5년간의 연구 경향에 대한 소개에서도 미진하다. 필자의 능력 부족에 그 원인이 있을 것이다. 또 한 가지는 연구 경향을 서술하는 과정이지만, 필자의 관점이 전제되어 공정한 소개로는 미흡했을 것이다. 그리고 우리나라 학자들의 연구 현황에 대한 서술과 평가도 필요하겠지만, 그것은 다음 기회로 미루겠다. 다만 여기서는 영미권의 환경윤리 연구 동향과 비교해 우리나라의 연구 방향에 대한 몇 가지 제안을 하고자 한다.

첫째, 우리나라 환경윤리 연구는 지나치게 인간중심주의 대 탈인간중심주의 논쟁에 편중되어 왔다. 물론 이 논쟁은 환경윤리학 전체에서 중요한 논점임에는 분명하지만, 우리의 경우 논의가 천편일률적이었다는 것이 문제이다. 필자의 생각으로는 인간중심주의를 거부하는 것만으로 환경문제 해결이라는 환경윤리학 본연의 과제에는 요원할 것 같고, 이는 또 논의를 탈인간중심주의를 거부하는 방향으로만 이끄는 글에도 마찬가지로 해당된다.

환경윤리학에서 인간중심주의 대 탈인간중심주의의 논쟁은 윤리학에서 이기주의 대 이타주의 논쟁에 비유될 수 있다. 필자의 추측으로는 이기주의 대 이타주의의 논쟁은 가까운 시일 내에 해소될 가능성이 없다. 타인에 대한 배려를 요청하는 이타주의에 대해 이기주의자들은 그것도 결국 이기주의 — 윤리적 이기주의이든, 심리적 이기주의이든 — 에 기초한 것이라고 주장해 왔고, 또 (합리적) 이기주의만으로도 얼마든지 윤리의 문제를 해결할 수 있고, 그것만이 유일하게 실현 가능한 대안이라고 주장해 왔다. 이것은 환경윤리에서 인간중심주의를 표방하는 학자들이 탈인간중심주의를 표방하는 학자들에게 퍼붓는 내용과 너무나도 비슷하지 않은가?

이기냐, 이타냐의 문제는 윤리학의 중요한 주제이겠지만, 그것만이 윤리학이 다루어야 할 유일한 주제는 아니다. 이는 환경윤리학도 마찬가지다. 환경윤리학에서도 다루어야 할 주제가 산적해 있다. 특히 환경윤리학은 환경 관련 현안에 대한 윤리적, 철학적 검토라는 실천적 과제가 애당초 학문의 출발 배경이라는 점에서, 우리 학계의 논쟁은 너무 소모적이었다는 점을 강조하고 싶다. 이제는 다른 중요한 과제로 관심을 돌릴 시점이다. 논의의 다양화가 필요한 것이다.

둘째, 환경윤리에 관한 우리나라의 저술들은 대개 서양의 인간중심적 경향을 비판하고, 세계관의 전환이 필요하다고 주장하다가 동양사상의 강점을 강조하는 것으로 끝난다. 노장사상, 불교, 때로는 우리의 전통문화가 추천된다. 이는 동양철학 전공자뿐만 아니라 대부분의 주요 저술가(한면희, 진교훈, 박이문, 김지하, 장회익)들의 일반적 경향이기도 하다. 필자는 이런 태도가 나름대로는 의미가 있다고 본다. 1990년대 말부터 대두된 우리나라 학계의 '우리 것 찾기'의 일환이라는 점에서 그렇다. 우리나라 학자들이 기지촌 지식인과 수입 잡화상으로 전락하는 것을 거부하고, 우리의 것을 추구한다는 점은 의미가 있다고 본다.

하지만 이러한 시도는 정작 중요한 '한국적 문제 상황'을 놓치고 있다는 점을 지적하고 싶다. 서양의 합리성과 근대 문명을 거부하고, 동양의 지혜로 나가는 것은 서양의 생태주의자, 특히 근본생태주의자들의 문제의식을 반영한 것이다. 하지만 이들이 이런 입장을 보이게 된 배경은 '야생지의 보전'이라는 전형적인 미국과 호주, 스칸디나비아의 문제 상황이지, 우리의 문제 상황은 아니라는 점이다. 이 점에서 동양으로의 회귀는 네스로 대표되는 서양의 생태주의자들의 문제의식을 '수입', '답습'하는 또 다른 사대주의라는 비판이 가능하다.

우리의 문제 상황을 찾아, 그것에 대한 철학적, 윤리적 작업을 하는 것이 시급하다. 여기서 문제제기의 방향은 매우 중요하다. 문제제기는 관련 해답까지 제약하기 때문이다. 앞서 보았듯 문제제기의 방향이 '자원고갈 속에서의 인간의 생존이냐', 아니면 '인간의 풍요 속의 자연의 멸종이냐'에 따라 해답은 판이하게 달랐고, 이는 앞의 하딘과 화이트의 경우를 보면 명확히 알 수 있다. 확실히 환경문제는 단 하나의 문제는 아니다. 자연의 보전(그린벨트, 새만금, 동강댐, 한반도 대운하)도, 멸종도 중요하다. 하지만 환경문제는 인문문화의 보전, 반핵과 평화, 자원의 고갈, 도시환경 및 거주공간의 생태화, 생활자치와 의사결정, 생태기술공학과 생태경제 등 다양한 형태로 다가온다. 환경윤리학자들의 과제는 이들 주제와 관련된 윤리적, 철학적 쟁점을 발굴하고 분석하는 것이 아닌가 싶다. 그리고 이것은 많은 부분 학제적인 연구를 통해 진행되어야만 한다. 환경윤리학자가 우선적으로 관심을 가져야 할 부분으로 필자가 제안하고 싶은 것은 사회문화, 정책, 교육이다.

첫째, 사회문화 하면 막연한 것이 사실이다. 문화라는 것이 워낙 광범위한 것이며, 좁은 의미의 철학과 윤리의 범위를 벗어난 것도 사실이다. 하지만 이에 대한 윤리학자의 논의가 불가능한 것은 아니다. 이미 몇몇 모범적인 사례가 있다. 한면희가 자신이 평소 제창하던 기생태주의를 백두대간의 문화적, 지리적 의미와 연결해 보려는 것이 한 예이다.[25] 또 진교훈이 한국의 전통문화 — 고수레, 까치집에서 시작해 풍수지리, 민화, 민예품 — 를 분석하면서 그 안에 존재하는 생태적 요소들을 비평한 것도 높게 평가할 만하다.[26] 사회문화에 대한 환경윤리학자들의 분석 작업이 전통문화에 국한될 필요는 없다. 이런 점에서 『녹색평론』과 『환경과 생명』이 다루어 왔던 주제에 주목할 필요가 있다. 이 잡지들은 학회지나 학회지 성향이 강한 다른 잡지들이 다루지 못했던 것들을 다루고 있기 때문이다. 『녹색평론』이 환경과 생태에 대한 폭넓은 문화비평을 해왔다면, 『환경과 생명』은 구체적인 정책 및 사회문화 전반에 대한 평가 및 제언 작업을 해왔다. 환경윤리학자들이 이것들에 관심을 가질 필요가 있다.

둘째, 환경정책에 대한 규범적 평가 또한 중요하다. 그것은 정책결정과 관련된 가치관과 규범적 전제들을 분석하고, 바람직한 해법을 모색하는 것이다. 우리나라에서 시행되는 환경정책의 결정과정에 대한 평가는 실천적 성격을 애초부터 갖고 있는 환경윤리학계의 중요한 과제라고 생각된다. 이와 관련해 한면희는 환경정의의 관점에서 분석해 왔고, 윤리학자는 아니지만 최병두를 비롯한 몇몇 사회과학자들 또한 이런 관점을 보이고 있다. 또 김명식은 숙의민주주의의 관점에서 새만금을 분석한 바 있다.[27] 건강치과의사회와 녹색비평이 충돌했던 불소화 논쟁도 철학적 검토의 훌륭한 대상일 것이다. 그것은 어떤 의미에서 환경관리주의자와 녹색주의자의 대립이고, 그 안에 존재하는 상이한 철학적, 윤리적

---

25) 한면희(2002), 「한반도 녹색공동체의 이념: 기생태주의와 백두대간의 문화」, 한국환경철학회 편, 『환경철학』, 철학과현실사.

26) 진교훈(1998), 『환경윤리: 동서양의 자연보전과 생명존중』, 민음사, 8장.

27) 김명식(2002), 『환경, 생명, 심의민주주의』, 범양사, 14장.

전제에 대한 철학적 분석이 요구된다.

셋째, 교육 분야에 대한 관심이 시급하다. 환경교육은 광범위한 교과 영역에서 행해지기 때문에 언급하기가 쉽지 않다. 하지만 환경교육의 이념은 어차피 환경철학과 환경윤리학의 주요 영역이기 때문에 피할 수 없는 연구주제이다.

환경교육은 환경운동단체, 현장교사, 그리고 교보생명 같은 기업들도 많이 관심을 갖는 사항이다. 임학자들로 이루어진 '숲과 문화 연구회' 같은 동인회는 '생태맹'의 개념을 도입하면서 숲에 대한 체험의 중요성을 역설한다.[28] 또 요사이 몇몇 학교나 환경단체가 주도하는 갯벌체험, 생태체험에서 보이듯, 환경교육에서 체험교육이 많이 강조된다. 자연의 보전은 자연의 가치에 대한 존중에서 나오고, 그것은 구체적인 체험을 통해 나온다는 점에서 체험교육의 의미는 중대하다.

이와 더불어 중요한 것은 이론적이고도 규범적인 윤리교육이 아닌가 싶다. 하지만 아직까지 이에 대한 연구는 매우 미흡한 실정이다. 이런 점에서 최종덕이나[29] 몇몇 현장교사들의 시도는 평가할 만하고, 앞으로 환경윤리학계가 중점적으로 노력할 부분이 아닌가 싶다. 마지막으로 환경교육은 학제적 연구를 요한다는 점을 다시 한 번 강조하고 싶다. 과학교육, 지리교육(문화생태)과와의 학제적인 노력이 필요하며, 또 환경교육은 바람직한 시민의 양성과 관련된다는 점에서 사회과 교육과의 공동 노력도 필요하다.

---

28) '숲과 문화 연구회'는 17년째 격월간으로 『숲과 문화』를 발간해 오고 있다. 이에 대해서는 다음을 참조. www.humantree.or.kr.

29) 최종덕(2000), 『함께 하는 환경철학』, 동연.

2 장 민주주의와 환경

1. 들어가는 말

1990년대는 민주주의 정치에 대한 관심이 유난해, 민주주의 논의의 르네상스로 불린다. 울리히 벡의 '정치의 재발견', 하버마스의 '공적 영역의 부활', 롤즈의 '정치적 자유주의' 등 현대의 대표적인 사상가의 관심이 그렇고, 최근 불고 있는 숙의(deliberative) 민주주의의 거대한 흐름이 그렇다. 드라이젝의 담화(discursive)민주주의, 영의 의사소통적(communicative) 민주주의, 기든스의 대화(dialogue)민주주의 등 숙의민주주의의 변형태들과, 무페의 급진(radical)민주주의, 오닐의 결사체(associative) 민주주의 등에서 나타나듯, 민주주의 정치라는 고전적 주제는 오늘날 다시 학계의 뜨거운 관심사가 되고 있다.[1)]

민주주의 정치에 대한 관심은 다양한 각도에서 해석될 수 있

---

1) 이와 관련해서는 문순홍(2002), 「민주주의와 환경결합 논의들의 재구성: 생태민주화의 설계도 그리기」, 최병두 편, 『녹색전망』, 도요새 참조.

다. 우선 사회주의의 실패는 국민대중의 참여와 지지 없이 이루어지는 이념의 실험, 즉 민주주의가 결여된 이념의 실현이 얼마나 무모한가를 경험하는 소중한 계기였으며, 동시에 민주주의의 의미를 되새기는 새로운 각성의 기회이기도 했다. 하지만 민주주의에 대한 관심은 갑작스러운 것만은 아니다. 그것은 1970년대 전후로 있었던 참여민주주의의 연속선상에 있다고 볼 수 있다. 맥퍼슨의 자아발전에 기초한 민주주의, 바버의 강한(strong) 민주주의, 인종, 민족, 여성 등 사회 각 분야의 민주주의를 요구했던 신사회운동의 열풍을 계승하는 것이기 때문이다. 또한 최근 점점 강화되고 있는 시장자유주의의 공세는 많은 이들로 하여금 정치 영역과 공적 영역의 상실에 대한 위기감을 촉발하였고, 여기서 민주주의 정치에 대한 관심은 더욱 가열되었다고 할 수 있다.

민주주의는 생태주의자들에게도 지대한 관심의 대상이다. 그 이유는 시장적 접근이 소홀히 하는 미래세대와 자연에 대한 배려가 정치적 접근을 통해 가능하리라는 기대 때문이다. 하지만 생태주의자들의 민주주의에 대한 생각은 기본적으로 양가감정에 가깝다. 한편으로는 기대감도 있지만, 다른 한편으로는 불안감도 적지 않다. 민주주의는 근본적으로 '절차'에 대한 이념이지만, 환경보전의 이념은 근본적으로 '목적'에 대한 이념이다. 여기서 목적에 대한 추구와 절차에 대한 추구는 서로 다르며, 제대로 된 민주적 절차를 거친 것이라도 환경보전이라는 목적과 일치하지 않을 개연성이 있으며, 이때 우리는 과연 어떤 것을 중시해야 하는가 하는 딜레마 상황에 봉착할 수 있다.

실제로 참여민주주의의 발전은 많은 경우 환경보전과는 거리가 먼 결과를 낳고 있다. 한 예로 최근 우리나라에서 진행되고 있는 그린벨트의 무분별한 해제는 참여민주주의의 발전과 무관하지 않다. 그간 권위주의 체제에서 억압되어 왔던 지역민들의 욕구가 한꺼번에 분출되면서 지역에서의 논의와 의사결정은 지역민들의 협소한 이해관계에 의해 규정되고, 그 과정에서 자연의 파괴는 심각한 실정이다. 비록 독재자였지만 그린벨트라는 당시로는 매우 혁신적이고 환경친화적 제도를 굳건히 유지해 주었던 박정희에 대한 향수마저 일고 있는 실정이다. 이는 민주주의와 환경이라는 두 마리 토끼를 좇는 것이 간단하지는 않다는 점을 웅변한다.

이 글은 '민주주의와 환경'이라는 정치철학과 환경철학에 걸쳐 있는 주제를 탐구한다. 이를 통해서 민주주의와 환경보전 이념의 양립 가능성을 알아보고, 우리는 구체적으로 어떤 민주주의와 어떤 환경보전의 이념을 추구해야 하는지를 탐색한다. 이를 위해 우선 환경담론, 특히 환경윤리 담론에 나타난 권위주의 양태를 서술하고, 그 배경을 분석해 본다. 둘째로, 민주주의와 환경을 동시에 모색해야 하는 이유를 제시한다. 마지막으로, 이와 관련된 몇 가지 시도를 탐색해 보고, 그 가능성을 모색해 본다.

2. 환경담론과 권위주의

환경담론에서 권위주의에 대한 애착은 어제오늘 일이 아니다. 특히 1960년대 후반에서 1970년대 초반에 권위주의는 그 맹위를 떨친다.[2)] 이와 관련된 대표적인 인물은 『인구폭발』의 에를리히

2) 에커슬리에 따르면, 환경론은 3단계로 구분될 수 있다. 첫 번째 단계는 1960년대로 신좌파정치, 항의시위로부터 환경론이 촉발된 단계로, 이른바 참여(participatory)의 시대이다. 두 번째 단계는 1970년대로 생존주의자들(survivalists)이 주도한 단계이다. 이 단계에서는 생태위기를 막기 위해 민주주의는 유보되어야 한다는 생각이 만연되었다. 세 번째 단계는 1980년

(Paul Ehrlich), 「공공재의 비극」과 「구명정 윤리」의 생물학자 하딘(Garett Hardin), 경제학자 하일브로너(Robert Heilbroner), 정치 이론가 오퓔스(William Ophuls) 등이다. 이들은 권위주의적인 방식을 통해서만이 현재 상황을 타개할 수 있다고 생각한다.

필자가 보기에 이들의 주장은 크게 세 부분으로 구성된다. (1) 위기의식의 강조, (2) 환경문제의 특수성, (3) 민주주의에 대한 회의가 그것이다.[3)]

(1) 1960년대와 1970년대 환경론자들과 일반인들 사이에 만연된 위기의식을 설명해 주는 유용한 도구가 '타이타닉호의 비유'이다. 이들에 따르면, 지구는 난파 위험에 처한 타이타닉호이다. 타이타닉호에 접근하는 빙산을 목격한 생태학자들은 재난을 피하기 위해서는 항로를 변경해야 한다고 소리친다. 이런 상황에서 저것이 진짜 빙산인가 아닌가, 타이타닉호는 저 빙산과 부딪쳤을 때 정말 안전한가 그렇지 않은가, 피한다면 어떻게 피해야 하는가 하는 논쟁은 한가롭기 그지없는 부적절한 논쟁이다. 위기상황에서는 신속한 결단이 요구되고, 민주주의는 유보될 수밖에 없다. 항로를 변경할 것인가, 변경한다면 어떤 식으로 변경할 것인가는

대 새로운 해방(emancipatory) 운동의 일환으로 환경론이 등장해 현재까지 계속 발전하고 있다. 에커슬리는 이를 테제, 안티테제, 새로운 종합으로 표현하고 있다. R. Eckersley(1992), *Environmentalism and Political Theory*. 여기서는 Bob Pepperman Taylor(1996), "Democracy and environmental ethics", William M. Lafferty & James Meadowcroft(eds.), *Democracy and the Environment*, Edward Elgar, pp.86-87에서 재인용.

3) 이에 대해서는 다음을 참조. G. Hardin(1991), "The Tragedy of the Commons", Schrader-Frechette(ed.), *Environmental Ethics*, CA: The Boxwood Press; 이상헌(2001), 「낭만적인 정치생태학 산책」, 『공간과 사회』 16호; John Dryzek, 최승 외 옮김(1995), 『환경문제와 사회적 선택』, 신구문화사.

승객이나 일반 선원이 아니라, 선장이 관련 전문가(기관사, 항해사)와 상의, 결단해야 한다.

(2) 환경문제는 물리학, 생물학, 사회학적 인과관계가 복잡하게 얽힌 문제이고, 이를 제대로 알기 위해서는 높은 수준의 전문지식을 요구한다. 또한 환경변화 중의 어떤 것들은 누적적 변화과정을 거쳐 오랜 시간이 흐른 후에나 식별이 가능해, 대중이 갖고 있는 일상적인 지식으로는 조기에 인식할 수 없다. 따라서 일상적 지식만을 갖고 있는 일반대중에게 의사결정을 맡길 수는 없고, 전문지식을 갖고 있는 전문가에게 의사결정을 맡겨야 한다.

(3) 민주주의 체제에서 지도자의 임기는 통상 4-5년이고 기껏해야 한 번 연임한다. 따라서 민주주의 제도하에서 볼 수 있는 시간적 지평은 대단히 제한되어 있다. 길게 봐야 십수 년이다.4) 그런데 환경문제는 그 특성상 장기적인 차원의 대책 마련을 요할 때가 많다. 가령 핵폐기물에서 나오는 방사능 물질 중에는 안정상태로 되돌아가는 기간, 즉 반감기가 만 년에서 길게는 백만 년에 이르는 것도 있다. 따라서 수만 년, 길게는 백만 년을 내다보는 장기적인 정책이 요구되는데, 민주주의 체제하에서 사실상 이것이 불가능하다. 민주적인 정부라면 4년 이내에 다가올 선거에서 대중이 선호할 단기적인 처방에 급급할 수밖에 없다. 한편 환경문제 중에는 앞서 타이타닉호의 비유가 보여주듯 신속하고 일사불란한 의사결정이 요구되는 것들이 있다. 그런데 민주적 의사결정은 그 효율성이 떨어지기로 악명 높다. 이런 이유에서 민주

---

4) Lafferty & Meadowcroft(1996), "Democracy and the Environment: Congruence and Conflict-preliminary Reflections", William M. Lafferty & James Meadowcroft(eds.), *Democracy and the Environment*, Edward Elgar, p.6.

적 의사결정은 장기적인 고려와 아울러 신속한 의사결정이 요구되는 환경문제에 대한 적절한 의사결정방식이 아니라는 주장이 제기된다.

(1)의 입장을 대변하는 것이 하딘이다. 하딘에 따르면, 우리 시대에 요구되는 것은 '구명정 윤리(lifeboats ethics)'인데, 이는 생존주의자(survivalists)의 전형이다. 그에 따르면, 계속적인 인구증가로 인해 구명정은 그 수용능력을 넘어서고 있고, 현재는 바로 침몰 직전의 상황이다. 이때 요구되는 것은 무엇인가? 현재의 상황이 위기상황이라는 점에 공감하고, 위기 타개책으로 강력한 상호 규제에 합의해야 한다. 각자 사적 이익을 추구하는 현재의 시스템에서 환경이라는 공공재적 성격이 강한 문제를 해결할 수 없기 때문이다. 그래서 일종의 '상호 합의에 의한 상호 강제'가 필요하다는 사실, 정상적 절차로는 난국에 대처할 수 없으니 강력한 권위가 필요하다는 사실을 '이성적 숙고'를 통해 인정하는 것이다. 4백 년 전 홉스가 내전 상태를 피하기 위해 리바이어던이란 괴물과 그 수괴로 강력한 절대군주를 요청한 것과 아주 흡사하다. 여기서 이성의 역할은 위기에 직면해 머리를 맞대고 해결책을 함께 모색하는 것이라기보다는 생존을 위해 우리의 판단력과 자유를 절대자에게 양도하는 소극적인 지혜에 머무른다.

하딘이 (1)을 강조하고 있다면 오펄스는 (2), (3)을 강조하는 것으로 보인다. 침몰 직전의 항해에서는 다수결에 의한 결정보다는 능력과 권위를 갖춘 소수의 사람들이 결정하여 배를 조종하는 것이 모두를 위해서 더 안전하다. 또한 핵폐기물과 관련한 정책에서도 책임 있는 엘리트의 역할이 요구된다. 핵폐기물을 영구히 안전하게 보관하는 일을 할 수 있는 주체는 선거가 보장한 임기에 쫒기는 민주주의 정부도, 또한 전문지식이 없는 대중도 아니다. 소수의 능력 있고 책임 있는 과학기술 엘리트들만이 이 일을 할 수 있다. 결국 오펄스는 생태학적 전문지식을 갖춘 계층, 즉 생태적 향리(ecological mandarins)의 지배를 우리가 받아들일 수밖에 없다고 주장한다.[5]

환경윤리학, 환경철학에서도 권위주의적 요소는 산재해 있다. 영미권의 대표적인 환경철학 사조인 근본생태주의에도 이것은 마찬가지다. 물론 극단주의자, 가령 '어스 퍼스트!'를 제외하고는 노골적으로 민주주의를 거부하는 사람은 거의 없지만, 근본생태주의의 이론체계 안에 권위주의적 요소들이 잠복해 있음을 부정할 수 없다.

근본생태주의의 핵심 주장은 환경위기의 원인은 서구의 세계관이고, 그 극복은 새로운 세계관을 받아들일 때 가능하다는 것이다. 구체적으로 말하자면, 현재의 환경위기는 서구의 인간중심주의와 개인주의에서 비롯되었고, 해결책은 탈인간중심주의 또는 생명중심주의, 그리고 전체주의(holism)이다. 근본생태주의자들에 따르면, 서구의 세계관에서는 생명을 그 자체 목적으로서가 아니라, 인간의 필요, 쾌락, 욕구를 위해 착취해도 좋은 수단으로 본다. 이런 세계관을 가지고는 환경문제를 해결할 수 없다. 우리에게 요구되는 것은 생명평등에 대한 인식이요, 전체주의적인 세계관의 수용이라는 것이다.

하지만 이런 제안은 서구의 개인주의 전통에 서 있는 사람들로서는 당연히 받아들이기 어렵다. 생태계의 번영과 개인의 이익은 일치하기도 하지만, 때때로 충돌하기도 한다. 그리고 어쩌면 생태

---

5) 이상헌, 앞의 글, 25-27쪽.

계 입장에서는 아예 인간이 없는 것이 더 나을 수도 있다. 이때 근본생태주의의 원리를 극단적으로 밀고 나간다면, 각 개인은 '생태적 전체'를 위해 자신의 이익과 때로는 생존마저 포기해야 하기 때문이다. 이와 관련해 레건(Tom Regan)이 근본생태주의는 일종의 '환경 파시즘'이라고 비난한 것은 유명하다. 레건이 보기에 근본생태주의는 개인의 권리, 자유, 복지를 존중하는 전통적인 자유민주주의에 대한 위협인 것이다.

근본생태주의의 원조격인 네스(Arne Naess)는 이 문제를 '큰 자아실현'과 '존재론으로의 관심'을 통해 극복하려 한다. 네스에 따르면, 큰 자아실현(Self-realisation)과 일반적 의미의 자아실현(self-realisation)은 다르다. 대문자 S로 시작하는 것이 상징하듯이, 큰 자아는 자기만의 협소한 이익을 추구하는 자아가 아니라, 자아 안에 나, 이웃, 인류, 그리고 자연 전체가 포함된 포괄적 자아이다. "나와 세계가 하나이다."라는 슬로건이 상징하듯, 자연은 나의 외부에 있는 단순한 외적 환경은 아닌 것이다. 네스는 나와 자연의 관계를 재조명한다면 개체와 전체의 문제는 해결될 수 있다고 본다. 네스에 따르면, "환경철학은 환경 파시즘을 가르치지는 않는다. 즉 그것은 전체의 선을 위해 개인을 억압해야 한다고 주장하지는 않는다. 대신 그것은 개체와 전체의 관계를 (전통 철학과는 다른 각도에서) 재조명한다.", "우리는 우리 자신을 억누를 필요가 없다. 다만 우리는 우리의 큰 자아를 계발할 필요가 있을 뿐이다."[6)]

---

6) Arne Naess(1992), *Ecology, Community, Lifestyle*, Cambridge: Cambridge University Press, pp.84-87. 그리고 자아실현의 이념을 존재론 차원에서 발전시킨 것은 Warwick Fox(1990), *Toward A Transpersonal Ecology*, London, Boston: Shambhala Publications.

네스의 주장대로 세계와 나와의 관계를 달리 규정해 큰 자아를 받아들인다면, 생태계의 번영은 우리에게 희생을 요구하는 것도 아니고, 정치적 억압을 의미하는 것도 아닐 것이다. 그리고 환경적으로 건전한 생활양식과 세계관을 통해서 인간의 복지는 오히려 증진될 수도 있을 것이다. 그것은 인간의 자유와 민주주의에 대한 위협이 아니라 오히려 자유와 민주주의의 완성이다. 정도의 차이는 있지만 많은 생태주의자 — 웨스트라, 에커슬리, 캘리코트, 드볼, 세션즈, 폭스 — 들이 이런 주장을 한다.

하지만 우리의 자아가 큰 자아가 된다는 것은 쉬운 일이 아니다. 그래서 우리가 근본생태주의자가 아니라 보통 사람으로, '큰 자아'가 아닌 '보통 자아'(협소한 자아라고 해도 좋다)를 가진다고 가정해 보자. 그렇다면 어떻게 되는가? 상황은 돌변한다. 즉 보통 사람의 입장에서 보자면, 네스의 주장은 과거 횡행했던 전체주의의 재판이 될 가능성이 높다. 전체의 이익과 나의 이익이 일치할 때도 있겠지만, 전체의 이익과 나의 이익이 충돌할 때도 적지 않다. 생태계의 이익과 인간의 이익의 관계도 마찬가지다. 이때 생태계의 이익, 또는 전체의 이익을 위해 나 또는 인간의 이익을 포기해야 한다는 것이 바로 전체주의의 기본원리이기 때문이다.

물론 현대의 공동체주의 윤리학자들과 네스가 말하듯이 우리의 존재, 즉 우리의 아이덴티티는 공동체 또는 자연과 분리될 수 없을 것이다. 공동체 또는 자연은 지금의 나를 형성하는 그 기반이고, 나에 대한 이해는 공동체 또는 자연의 맥락을 떨어뜨리고서는 불가능할 것이다. 하지만 그렇다고 해서 나와 공동체, 나와 자연이 하나가 될 수는 없다. 엄연히 나는 나의 삶의 주체인 것이다. 또한 나의 이익과 공동체의 이익이 하나라는 주장, 나와 자연의 이익이 하나라는 주장은 현재의 우리의 모습과는 잘 맞지 않다.

더욱이 많은 경우, 전체의 요구는 지도자의 명령으로 나타나고, 전체의 이름으로 포장된 지도자의 명령이 개인의 이익과 자유를 억압한 사례를 우리는 역사에서 쉽게 찾아볼 수 있을 것이다. 물론 나의 이익이 소중하다면, 타인의 이익도 소중할 것이다. 그리고 우리가 공동체 안에서 존재하는 한, 그리고 생태계 안에서 존재하는 한, 공동체의 이익, 생태계의 이익은 존중되어야 할 것이다. 중요한 것은 공동체의 이익, 생태계의 이익은 선험적으로 존재하는 것은 아니라는 것이다. 무엇이 공동체의 이익인가, 그리고 무엇이 생태계의 이익인가 자체가 그 구성원들의 진지한 논의를 통해서 이루어져야 한다는 것이다. 그리고 어떻게 우리가 공동체와 생태계를 존중하면서 각자 원하는 의미 있는 삶을 영위할 것인가 하는 내용 또한 구성원들의 대화와 토론을 통해 이루어져야 할 것이다. 공동의 이익에 대한 내용 규정과 실천 방안은 개체에 대한 존중 속에서 개체들의 논의를 통해서 이루어져야 한다. 중요한 것은 개별 의지들로부터 전체의 일반 의지를 이끌어 내는 과정에 대한 섬세한 설명이다. 만일 개인의 의지에서 전체의 의지를 이끌어 내는 섬세한 정치철학적 설명이 없다면, 그것은 새로운 권위주의의 시작일 뿐이다.

3. 환경 권위주의의 배경

그렇다면 환경철학자, 환경윤리학자들의 권위주의적 요소는 어디에서 기인하는가? 우선 생각해 볼 수 있는 것은 그들이 앞서의 하딘과 에를리히 등의 환경론자들과 공유하는 위기의식일 것이다. 환경위기의 절박성에 대한 인식은 아무래도 민주주의에 대한 관심을 떨어뜨릴 가능성이 있다. 이 외에 중요한 것은 환경윤리학자, 환경철학자들이 갖고 있는 독특한 성향, 즉 철학적 작업의 근본적 성격에서 비롯된다.

이론의 여지가 있긴 하지만, 철학자들은 기본적으로 '절대적인 것', '보편적인 것', '확실한 것'을 선호하는 성향이 있다. 이것은 소크라테스 이래의 서양철학의 주된 전통이다. 이와 관련해 정치학자 왈쩌(Michael Walzer)는 "모든 철학적 근거지음은 그 자체 권위주의적 사업이다."라고 말한 바 있다.7)

철학자들은 절대적인 것, 보편적인 것, 확실한 것을 추구하지만, 민주적 과정은 이런 철학자들의 기대를 충족시켜 주지 않는다. 대화와 토론 과정에 들어가기 전 철학자들이 가졌던 생각이나 주장이 대화와 토론 과정을 통해 채택될 가능성이 확실하지 않고, 더 나아가 대화와 토론 과정이 어떻게 전개되리라는 것, 그리고 그 결과가 어떠하리라는 것에 대한 명확한 예측마저 불가능하다. 즉 대화와 토론이라는 민주적 과정에는 '결과의 불확실성'이 존재하는 것이다. 여기서 철학자들의 확실성에 대한 추구는 대화, 토론 결과의 불확실성과 대조되고, 철학자들은 대화, 토론에 실망과 불안을 느낀다. 소크라테스, 플라톤, 아리스토텔레스 등 이른바 이성주의 전통은 프로타고라스, 고르기아스, 페리클레스로 이어지는 민주주의 전통에 맞서 철인왕으로 상징되는 권위주의 체제를 옹호한 것으로 악명 높다. 플라톤이 확실성을 확보하는 교두보로 수학을 선호한 것이나, 아리스토텔레스가 확실성에서 떨어지는 대화나 변증법보다는 철학자의 무기라고 할 수 있

7) Bob Pepperman Taylor, 앞의 글, p.86에서 재인용.

는 형이상학, 논리학을 더 높은 형태의 학문으로 본 것이 그것이다. 민주주의에 대한 불신에는 이런 이유 이외에도 민주적 의사과정의 주체인 '대중에 대한 불신'도 한몫 한다. 전문지식을 보유하지 않은 대중을 신뢰할 수 없다. 더 나아가 견해를 달리하는 다른 학자들도 훈육과 교화의 대상이지, 철학자들이 가진 최초의 입장을 교정시키고 새로운 더 나은 생각과 입장을 가능하게 해주는 대화의 상대자는 아닌 것이다.

근본생태주의자들도 철학자들의 이런 특징을 그대로 계승한다. 그들에게서 대화와 토론은 제한된 의미만을 갖는다. 그들은 자신들의 입장, 즉 큰 자아에 기초한 존재론적 참여를 '성숙한(mature) 상태'로 표현한다. 만일 그렇다면 입장을 달리하는 상대방은 아직 미성숙한(immature) 상태가 되며, 여기서 진정한 의미의 대화와 토론은 불가능하게 된다. 상대방이 성숙한 상태가 되어 그들의 깊은 뜻을 이해하는 방법밖에 없다.[8]

차이가 있다면 그래도 이성을 강조하는 철학자들은 이성에 기초하여, 자신들의 입장을 정당화 내지 설득하려 했고, 반대자들은 마찬가지로 이성에 기초하여 이들을 비판할 여지가 있었지만, 생태주의자들은 그렇지도 않다는 것이다. 근본생태주의자들이 강조하는 직관이란 것 자체가 정당화나 설득과는 거리가 먼 영역의 것이기 때문이다. 도교에서 도를 깨달은 도사나, 선불교에서 진리를 깨달은 선사가 있다고 하자. 대중은 그들을 믿고 그들의 경험을 전수받으려 하거나, 아니면 승인하지 않거나 둘 중의 하나를 선택해야만 한다. 그렇지 않고 그들과의 대화와 토론을 통해 각기 다른 입장을 수렴하고 그것을 통해 상호 발전을 꾀할 여지는

8) 같은 글, pp.96-97.

없다.

환경윤리학자들이 민주주의에 대해서 호의적이지 않은 이유 중의 하나는 생명평등주의와 관련이 깊다고 판단된다. 생명평등주의를 환경윤리학자들이 받아들이게 된 배경에는 멸종이라는 전대미문의 고통을 겪는 동식물에 대한 죄의식이 깔려 있다고 볼 수 있다. 즉 핍박받아 멸종위기에 처한 동식물에 대한 감정적 유대의식이 작용하고 있는 것이다. 이것은 도덕적 감성에 기초한 것으로 윤리의 토대로서 이상적인 것이라고 할 수 있다. 하지만 이것도 지나치거나 파괴적인 방향으로 나가면 큰 문제이다. 한 예로 "뱀을 쏘느니, 차라리 사람을 쏘겠다."는 극단적 생태주의자의 말이 그것이다. 이런 말이 나오게 된 배경은 아마도 핍박받아 멸종위기에 처한 동식물을 배려하는 것이, '잘 먹고 잘 사는' 동료인간에 대한 존중보다 더 절박한 과제라는 생각에서일 것이다. 하지만 이것은 인간존중의 기본이념에 대한 거부로 나가는 아주 위험한 사고이다.

어떤 의미에서 보자면 생명평등, 생명존중은 공짜로 이루어지는 것은 아니다. 모든 것에는 대가가 있기 마련이다. 생명존중과 인간존중의 이념은 서로 무관한 것이 아니다. 왜냐하면 존중의 대상이 많아지면 많아질수록 존중의 정도는 엷어지기 때문이다. 이를 캘리코트는 도덕적 지위를 가진 존재가 많아지면 많아질수록, 도덕적 지위의 가치는 희박해져, 나중에는 무의미해질 것이라고 지적한 바 있다.[9)]

생명평등의 이념이 압도하면서 인간존중의 이념이 차지하는 비중이 환경철학 내에서 축소되는 경향이 있다. 이런 경향은 민주

9) J. B. Callicott(1993), "The Search for an Environmental Ethics", T. Regan(ed.), *Matters of Life and Death*, NY: Mcgraw-Hill Inc., p.355.

주의라는 이념에도 그대로 적용된다. 민주주의는 굳이 칸트를 언급하지 않는다 하더라도 인간존중의 이념에 기초하고 있으며, 구체적으로는 개인의 권리, 자유, 복지에 대한 존중이란 형태로 나타난다. 생명평등의 이념이 강조되면서 개인의 권리, 자유, 복지가 갖는 비중이 적어지고, 어떤 면에서는 자유주의와 인간의 복지는 '협소한 자아실현'에 기초한 형태이기 때문에 거부해야 한다는 주장으로 연결된다. 심지어는 인간존중도 인간중심주의의 한 표현이므로 거부해야 한다는 생각마저 있는 것이다. 그래서 환경윤리학자들은 인간에게만 적용될 소지가 있는 권리나 자유 개념보다는 동식물로의 확대 적용이 용이한 도덕적 고려 가능성(moral considerability) 또는 이익(interest) 개념을 선호하는 경향이 있다.[10] 절박한 생태문제를 해결하려는 수단으로 테러도 마다하지 않은 '에코 테러리즘'이 생명평등주의의 가장 극단적 형태일 것이다.

4. 환경윤리와 민주주의

이런 문제를 극복하기 위해 필자가 제안하는 것은 첫째, 근본생태주의에서 제안되고, 폴 테일러(Paul Taylor)에 의해 가장 정교한 형태로 제시된 생명평등주의를 과감히 거부 내지 축소하자는 것이다. 모든 생명체가 동일한 가치를 지닌다거나, 또는 동일한 대우를 요한다는 생명평등주의는 그 실천과 관련해 난점들이 숱하게 지적된 바 있다.

확실한 것은 자연의 어떤 존재도 자기 종족과 다른 종족을 똑

---

10) 그 대표적인 예가 굿패스터의 논문이다. K. E. Goodpaster(1978), "On Being Morally Considerable", *The Journal of Philosophy*.

같은 비중으로 대우하지는 않는다는 것이다. 남의 부모를 나의 부모와 마찬가지로 공경해야 한다는 요구도 부담스럽지만, 마찬가지로 남의 자식이 나를 그의 부모에게 해주는 것과 마찬가지로 공경해 주는 것도 부담스럽다. 진화론과 그 후예인 사회생물학의 주장대로, 모든 윤리는 진화과정의 산물이며, 환경윤리학도 어디까지나 적응을 위한 인간의 진화과정의 산물이라는 점을 부인할 수 없다.

여기서 캘리코트가 지적한 '생태계의 사실'에 주목할 필요가 있다.[11] 그에 따르면, 생태계의 유지는 먹이가 위(stomach)에서 위로 이동하면서 이루어진다. 다른 생명체를 먹음으로써만 생명체의 생존은 가능하고, 더 나아가 생태계의 안정도 가능하다. 이러한 자연의 사실들, 즉 먹고 먹히는 것, 죽고 죽는 것이 언뜻 보기에는 부정의하고 부당해 보일 수 있다. 하지만 캘리코트에 따르면, 그것은 엄연한 자연의 사실이다. 이러한 사실에 대해 무지하거나 애써 외면하려 한다면, 그것은 이미 타당한 이론으로 기능할 수가 없다. 자연의 한 존재인 인간에게만 자연적 필연성 — 즉 다른 존재를 먹으면서 살아야 하는 상황 — 을 거부하라는 것 자체가 자연의 원리에 대한 도전인 것이다.

우리는 보편화 가능성과 획일적 평등주의를 구분해야 한다. 또한 자연에 대한 존중도 자연에 있는 모든 존재가 평등하다거나, 또는 동등하게 배려해야 한다는 것을 의미한다기보다는, (인간을 배제한 상태에서의) 자연도 나름대로 가치와 의미를 지닌 존재라는 점을 인정하는 수준에 머물러야 한다. 다만 인간의 삶이 자연 안에서 이루어진다는 사실, 그리고 인간과 자연이 공존해야 하며,

---

11) J. B. Callicott(1989), *In Defense of the Land Ethics*, State University of New York Press, pp.91-92.

상호 발전해야 한다는 점은 아무리 강조해도 지나침이 없을 것이다.

둘째, 민주주의의 의미에 대한 더욱 근본적인 이해가 요구된다. 민주주의는, 칸트가 시사하듯이 인간존중에 토대를 두고 있다. 우리 인간은 어떤 이유에서이건 다른 인간을 오직 수단으로서가 아니라 목적으로 대우해야만 한다. 생명평등주의와 관련해 제기될 수 있는 것은 동료 인간도 존중하지 못하면서 어떻게 다른 생명을 존중할 수 있는가 하는 것이다. 동료 인간을 존중하지도 대화의 파트너로 인정하지도 않으면서, 뱀을 쏘느니 인간을 쏘겠다는 발상은 독선과 오만일 뿐이다.

이런 의미에서 필자는 환경보전의 이념도 민주주의의 이념과 무관하지 않다고 본다. 여기서 필자의 관점은 구성주의와 진리합의설의 관점이다. 이를 통해 우리는 모든 철학적 근거지음은 권위주의적이라는 왈쩌의 비판을 피할 수 있고, 환경윤리학자들이 빠지는 난점을 피할 수 있으리라 생각한다. 모든 문제의 본질과 진리 규정은 '사회적 구성'을 통해서 이루어진다는 것이고, 환경문제도 예외일 수 없다. 즉 환경문제의 본질과 해법은 소수 철학자들의 선험적 이성에 의해서 인식되는 것은 아니며, 또한 소수 생태주의자들의 직관에 의해서 인식되는 것도 아니다. 그것은 인간이라면 누구나 소유하고 있는 이성능력에 기초하여 대화와 토론 과정을 통해 하나하나 합의해 나가는 것이다.

과학의 사회구성주의(social construction of scientific knowledge)가 시사하는 바대로, 자연과 자연보전의 이념도 구성된 것이다. 어차피 절대적 의미의 자연은 없다. 현대 유럽인들이 그렇게 보전하고 싶어 하는 19세기 유럽의 자연도, 그리고 유럽인들이 신대륙에 도착했을 때 보았다는 처녀지도, 이미 오랜 인류사를 통해 인간에 의해 영향 받은 것이고, 당시 인디언에 의해 보호 경작되었던 땅이다. 절대적으로 건드려지지 않은(untouched) 자연은 존재하지 않는 것이다. 또한 설사 존재한다 할지라도 그것은 그런 상태로 보전되도록 어떤 의미에서는 인간에 의해 건드려진 것이다. 즉 자연관과 환경보전의 이념도 결국 구성된 것이며, 인간 사회문화에 의해 규정된 것이지, 불변적, 선험적 개념은 아니다.

물론 우리는 물 자체, 즉 인간과 무관하게 존재하는 자연 자체의 존재를 거부할 수는 없다. 즉 인류가 존재하기 이전에도 자연은 존재했고, 그리고 혹 먼 훗날 인류가 전멸한다 하더라도 자연은 존재할 것이다. 하지만 자연에 대한 인식, 즉 인간의 눈에 비친 자연은 인식자인 인간을 떠나서 있을 수 없고, 그리고 자연에 대한 가치평가도 가치평가자인 인간을 떠나서 있을 수 없다. 존재론적 차원에서 자연의 독립성은 인정할 수 있지만, 인식론과 가치론 차원에서 자연의 독립성은 불가능하다는 것이다.

앞서 지적했듯이 자연보전의 이념은 소수 철학자의 선험적 이성이나 소수 생태주의자들의 직관이 아니라 사회적 구성을 통해 이루어져야 한다. 필자가 강조하고 싶은 것은 여기에 '공적 이성(public reason)'이 개입되어야 한다는 것이다. 우선 공적 이성이란 인식론적 측면에서 특정 소수집단 안에서만 통용되는 논거가 아니라 동시대를 살아가는 구성원들 대부분이 납득할 수 있는 논거에 의해 의사결정을 하는 것이다. 또 각자의 이해관심에 기초해 자기 이익을 극대화하는 방법의 일환으로 자연보전의 이념이 구성되어서도 안 된다. 최근 숙의민주주의 이론가들의 지적대로, 그것은 자기의 이익을 넘어 공동체의 구성원으로서 공동체와 인류, 그리고 자연을 고려한 이념이어야 한다는 것이다.

이것이 과학에서 말하는 사회구성주의와 철학에서 말하는 구성주의의 차이일 수 있다. 과학의 사회구성주의는, 과학은 사회적 진공 상태에서 나온 것이 아니라 사회 속에서 규정된다는 것이다.[12] 그런데 여기에서는 '사회적인 것'에 대한 강조가 있을 뿐, '이성적인 것', '규범적인 것'에 대한 고려가 없다. 반면 철학, 윤리학에서 말하는 구성주의는 윤리규범이 독자적으로 존재한다는 것이 아니라 인간에 의해, 이성 작용을 통해서 구성되어야 한다는 것이다. 과학의 사회구성주의가 실제 과학 활동이 수행되는 과정에 대한 일종의 '사실 언명' 차원의 주장이라고 한다면, 윤리학의 구성주의는 윤리적 당위가 도출되어야 할 방식에 대한 일종의 '당위 언명' 차원의 주장이라고 말할 수 있을 것이다. 그것은 칸트, 롤즈, 하버마스에 이르기까지 구성주의 윤리학의 핵심이다. 과학의 사회구성주의와 윤리의 구성주의의 차이는 '이성의 역할'을 어느 정도 인정하고 신뢰하느냐의 차이라고 생각된다.

5. 환경친화적 민주주의를 위한 시도들

민주주의는 단순히 '피치자인 인민 스스로의 의사결정'을 의미하지는 않는다. 또 그것은 다수결로 환원되거나, 자기 이익의 극대화를 위한 타협과 협상으로 이해해서도 안 된다. 필자가 염두에 두고 있는 것은 숙의민주주의 이론가들이 제안하는, 자유롭고 평등한 시민들의 숙의에 의한 의사결정으로, 이때 각 시민들은 상호 존중의 원리에 기초해 공동체의 입장에서 옳고 그름, 좋고 나쁨을 결정하는 것이다.

---

12) 과학의 사회구성주의에 대해서는 다음을 참조. 김환석(1997), 「과학기술에 대한 사회학적 이해」, 『과학사상』 20호, 범양사.

이런 민주주의의 틀 안에서 환경의 특수성이 고려되어야 한다. 그러한 환경의 특수성에 대한 고려에는 단기적이 아니라 먼 훗날을 내다보는 장기적 고려, 위기상황에서는 신속한 의사결정, 말 못하는 자연과 미래세대에 대한 배려, 자연의 복원 불가능성에 대한 고려 등이 포함될 것이다.

여기서는 구딘, 돕슨, 드라이젝의 견해를 간단히 소개하면서 환경친화적 민주주의의 가능성을 모색하겠다.

1) 구딘의 견해 : 윤리 부문

구딘(Robert E. Goodin)의 입장은 헤어(R. M. Hare)와 그 이후 싱어(Peter Singer) 등에 의해 윤리의 본질로 간주된 '보편화 가능성'을 환경문제에 확대 적용한 것이라고 할 수 있다. 그의 입장은 자연이 인간과 마찬가지로 보호받을 이익관심을 갖고 있다는 데에서 출발한다. 그런데 자연은 자신의 이익을 대변할 의사 표현 능력이 없으므로 우리 인간들이 대신 자연의 이익을 보호 후견(encapsulated interests)해야 한다는 것이다. 그래서 자연의 마음으로 들어가 그들이 원하는 것이 무엇이고 무엇을 필요로 하는지 생각해 배려하는 것이다. 즉 자연의 이익은 자연을 이해하는 사람들(sympathetic humans)에 의해 내재화되고 대표되어야 한다.

이것은 숙의적 의사결정에 참여한 숙의자들에게 요구되는 일종의 역할놀이(role-playing)를 확대한 것이다. 즉 숙의자들은 자기의 관점뿐만 아니라 타자의 관점을 고려하고, 제안된 규범의 결과의 수용 가능성과 관련한 논변에서 자기의 이익뿐만 아니라 타자의 이익을 동등하게 평가해야 한다. 이는 예수의 황금률이나 공자의 역지사지(易地思之) 등 오래 전부터 나타나 있는 생각이다. 구딘은 이런 생각을 자연으로 확대한 것이다. 자연은 우리의 실제 대화 상대자는 될 수 없지만, 우리의 머릿속에서 우리와 대화하는 가상적인 대화 상대자가 될 수 있으며, 따라서 이들을 우리의 대화의 상대자로 포함시켜야 한다고 주장한 것이다. 우리는 자연과 실제로 자리를 함께할 수는 없지만, 공감적 상상(empathetic imagining)을 통해 우리의 머릿속에서 상상적으로 존재하는 대화 상대자들과 대화할 수 있다는 것이다.[13)]

2) 돕슨의 견해 : 정치 부문

구딘이 인간의 도덕적 각성에 의존해 윤리적인 논의에 중점을 둔다면, 돕슨(Andrew Dobson)은 미래세대와 자연에게 정치적 주권을 부여하는 이른바 '정치적 주권의 확대'를 꾀하고 있다. 윤리적 문제제기는 정치제도에 의해 매개, 발전되어야 한다는 점을 고려한다면 돕슨의 시도는 상당한 의미를 지닌다 하겠다. 즉 돕슨의 견해는 자연과 미래세대의 이익을 숙의과정에서 나타나는 숙의자들의 우연적인 노력에 의존하지 않고 제도적으로 보장한다는 점에서 주목을 요한다.[14)]

---

13) Robert E. Goodin(2000), "Democratic Deliberation Within", *Philosophy & Public Affairs* 21, no. 1, p.83 참조. 실제로 숙의민주주의의 많은 실험들은 이런 가능성을 확인해 주고 있다. 한 예로 1999년 우리나라에서 열렸던 생명복제합의회의에서 시민패널 16명 중 6명은 동물복제까지도 제한해야 한다고 주장했다는 점이다. 이것은 "동물이 자신의 의사를 구체적으로 표시하지 못한다고 하여, 무분별하게 복제실험에 이용될 수 있다는 생각은 매우 위험한 것이다. 이것은 강자로서의 인간이 약자인 동물에게 일방적으로 행하는 지배와 폭력에 다름이 아니다."라는 시민패널 보고서에도 잘 나타난다. 이에 대한 좀 더 자세한 논의는 김명식(2002), 『환경, 생명, 심의민주주의』, 범양사, 11장을 참조할 것.

돕슨은 자연과 미래세대의 대리 대표(proxy representation)와 대리 유권자(proxy electorate)라는 매우 독특한 개념을 제시한다. 이는 환경단체의 구성원 또는 일반시민들 중에서 일정 수를 자연과 미래세대를 대리하는 대리 유권자로 설정하고, 이들에 의해 선출된 대리 대표자들이 의회 등의 국가의 주요 의사결정 모임에 참석, 자연과 미래세대의 이익을 대변하는 것이다. 앞서 구딘에서는 녹색 성향의 사람들이 자연의 후견인 역할을 하는 반면에, 돕슨의 경우는 그들이 자연의 정치적, 법적 대표자가 되어 각종 정책결정과정에 참여한다. 이들은 또한 환경을 대리하는 유권자 집단(constituency)으로부터 책임을 추궁당할 수 있는 대표이기도 하다. 그래서 그들은 대표자로서 환경단체 등의 대리 유권자들부터 이의가 제기될 때 이에 대응할 의무가 있다. 이 제안의 장점은 민주주의 정치제도의 가장 중요한 요소 중의 하나인 책임성(accountability)을 환경문제에 도입했다는 데 있다.

돕슨의 이론 또한 무수한 난점을 갖고 있는 것도 사실이다. 대리 유권자를 어떻게 구성할 것인가 하는 문제가 그것이다. 무작위로 추출하는 방안도 있고, 환경단체 구성원에게 그것을 대변하게 하는 방안도 있을 것이다. 전자는 공정하긴 하지만, 미래세대와 자연의 이익이 대변될 보장이 없다는 점이 문제이고, 후자의 경우 자연과 미래세대의 이익이 대변될 가능성은 높지만, 결국 이들에게 2표를 행사하게 되는 특권을 부여한다는 점에서 공정성의 원리에 어긋나는 측면이 있다. 그리고 수적으로 무한대에 가까운 미래세대나 자연을 대표하기 위해 얼마나 많은 대리 유권자

---

14) Andrew Dobson(1996), "Representative Democracy and the Environment", William M. Lafferty & James Meadowcroft(eds.), *Democracy and the Environment*, Edward Elgar.

와 대표를 만들어 낼 것인가의 문제도 발생하며, 그리고 미래세대와 자연의 이익을 대변하는 것도 역시 주관적인 것인 것이며, 실제 자연과 미래세대의 의사를 정확히 아는 것은 불가능한 일이라는 반론이 가능하다. 분명한 것은 돕슨의 제안이 많은 난점을 갖긴 하지만, 그래도 미래세대와 자연의 입장에서는 지금보다는 훨씬 더 나으리라는 점이다.

3) 드라이젝의 견해 : 사회 부문

윤리적인 접근, 그리고 정치적 접근도 중요하지만, 그것만으로는 부족하다. 윤리와 정치는 모두 사회문화 또는 체계에 의해 제약되기 때문이다. 가령 윤리나 정치 부문에서 환경친화적 접근이 이루어진다고 해도, 사회문화와 경제 부문이 환경친화적인 것과는 거리가 먼 시스템이라면 윤리적, 정치적 노력은 제대로 작동하기 어렵다. 이런 점에서 오래 전부터 하버마스의 비판이론을 환경문제에 적용하고 있는 드라이젝(John Dryzek)의 시도는 주목을 요한다.[15)]

비판이론의 관점에서 보면 현대의 위기는 체계 내의 합리성인 도구적 합리성이 시민사회 고유의 의사소통적 합리성을 제약하면서 발생한다. 즉 체계가 생활세계를 압도하면서 문제가 발생한 것이다. 따라서 위기를 극복하려면 체계의 영향력으로부터 생활세계를 보호하기 위한 노력이 필요하다. 체계 합리성을 제어할 수 있는 의사소통 능력을 부활시키고, 시민사회 내의 공론장을 활성화시켜야 하는 것이다.

---

15) John Dryzek(2000), *Deliberative Democracy and Beyond*, Oxford: Oxford University Press, 6장 참조.

환경문제는 경제 부문의 도구적 합리성이 시민사회의 의사소통 합리성과 자연의 생태적 합리성을 압도하면서 발생한다고 볼 수 있다. 환경문제를 해결하기 위해서는 이런 자연의 특성을 감안해 의사결정을 해야 한다. 구체적으로는 생태계의 특징들 — 복잡성, 불가환원적 속성, 공간적 변화성, 불명확성, 집단성 — 에 대처할 수 있어야 한다.[16)]

문제 해결에서 중요한 것은 의사소통적 합리성과 생태적 합리성의 '제도화'이다. 목적을 고정해 놓고 오직 효율적인 수단을 강구하는 도구적 합리성의 차원을 넘어, 목적에 대해 시민들 상호간의 의사소통을 통해 대안을 합의해 나가는 일종의 실천적 합리성을 제도화해야 한다. 제도화는 다양한 차원에서 이루어져야 하는데 그 중 한 가지가 시민 중재 장치이다. 이것은 공론장에서 시민들의 의사소통 행위를 활성화시키면서, 동시에 생태계의 특수성을 감안할 수 있는 계기가 될 것이다.

6. 나가는 말

이 글은 환경문제와 관련해 민주주의적 접근의 필요성과 가능성을 옹호했다. 우선 일부 생태주의자들과 환경윤리학자들에서 보였던 권위주의적 요소를 기술하고, 그것의 배경을 검토했다. 그리고 그런 권위주의적 접근에 반대하고, 왜 민주주의적 접근이 필요한지에 대해 주로 윤리학과 정치철학의 당위론에 입각하여 접근했다. 그리고 환경친화적 민주주의를 확립하려는 몇 가지 시도들을 개략적으로나마 살펴보았다.

---

16) John Dryzek, 최승 외 옮김, 앞의 책, 55-93쪽.

한 가지 지적되어야 할 사항은 민주주의와 환경문제의 상관성이다. 환경에 대한 논의는 그 자체 독립적인 것이 아니라 민주주의에 대한 논의에 종속되는 측면이 있다. 바람직한 환경보전의 이념은 민주주의적 의사결정을 통해 결정되기 때문이다. 그런데 민주주의가 과연 무엇이고, 구체적으로 어떤 제도를 요구하는지 아직 합의가 이루어지지 않았다. 로크, 밀, 칸트, 맥퍼슨에 이르기까지 서구 자유민주주의의 발달사는 민주주의에 대한 다양한 관점을 보여주고 있고, 최근의 숙의민주주의 이론을 포함해 민주주의에 대한 논의들은 이 점을 더욱 분명히 보여주고 있다. 민주주의와 관련해 합의된 것이 하나 있다면, 반(反)민주주의로는 안 된다는 것이 아마도 가장 공통적인 합의일 것이다. 이런 맥락에서 환경보전의 이념은 민주주의에 대한 앞으로의 논의에 따라 그 모습이 규정될 것이다.

하지만 환경과 민주주의의 관계에서 환경이 민주주의에 의해 일방적으로 규정당하지만은 않는다. 즉 환경보전의 이념은 민주주의의 이념에 의해 영향 받지만, 동시에 민주주의 이념 자체에도 중대한 영향을 끼칠 것으로 보인다. 앞서 말한 바 있는 환경문제의 특수성에 대한 고려가 이미 바람직한 민주주의 제도, 더 나아가 민주주의 이념의 본질을 결정하는 데 중대한 요인이 되고 있다는 점이다. 구체적으로 말하면, 민주주의 제도와 그 이념에는 미래세대와 자연에 대한 배려, 그리고 장기적 고려, 자연의 회복불능성 등이 고려되어야 한다. 진정한 민주주의라면 의사결정에 영향 받는 자, 즉 자연과 미래세대를 고려할 수 있어야 한다. 따라서 현재의 민주주의 이념과 제도, 국민국가에서 국민이라는 유권자 구성원만을 상대로 그 정당성을 인정받는 민주주의 이념은 수정되어야 한다.

3장 숙의민주주의란 무엇인가

1. 들어가는 말

숙의민주주의의 이념은 1990년대에 접어들면서 발전한 이념으로, 현재 철학과 사회학, 정치학에서 중요한 쟁점이 되고 있다. 숙의민주주의는 간단히 말하면 '관련된 이들의 대화와 토론을 통해 의사결정을 해야 한다는 정치이념'이라고 할 수 있다.

숙의민주주의 이념의 선구자 코헨(Joshua Cohen)에 따르면, 숙의민주주의는 기본적으로 '정치적 정당성(political legitimacy)'과 관련된 이념이다. 그것은 집합적 정치권력의 행사가 정당화되기 위해서는 자유롭고(free), 평등한(equal) 시민들의 '공적인 이성적 논의(public reasoning)'에 토대를 두어야 한다고 믿는 신념이다. 이는 시민들이 서로를 다원주의 사회의 일원으로서 자유롭고 평등한 존재로 간주하며, 서로의 이성적 논의 능력과 논의 결과에 따라 행위할 능력을 인정하는 것을 의미한다.

논의에 참가한 참여자들은 다른 시민들이 받아들일 만한 합리적 근거를 갖는 내용을 가지고 논의에 임해야 한다. 그것은 이성적 논의를 통해 사회적 합의에 도달하는 것을 목표로 한다. 또한 그것은 공적인 의사결정에서 각 개인은 공공선(common good)을 추구해야 한다고 주장하는데, 이 점에서 합리적 선택이론과 같이 개인이 사적 이익을 추구하는 것을 전제하고 의사결정하는 선호 총합적(preferences aggregative) 모델과 확연히 구분된다.[1)]

숙의민주주의의 발전에 중요한 역할을 한 사람은 하버마스와 롤즈이다. 하버마스는 1980년대 수행한 담론윤리의 작업을 통해 이러한 분위기를 선도했고, 특히 1992년에 『사실성과 타당성』을 통해 숙의민주주의에 대한 관심을 확산시켰다. 이후 그는 『이질성의 포용』을 통해 '차이의 정치학'을 포섭하려는 의욕적인 시도를 보이면서, 숙의민주주의의 이론에서 중요한 인물이 된다. 또한 유럽의 비판이론의 전통에 서 있는 하버마스와 달리 영미 자유주의 철학의 전통에 서 있는 롤즈 또한 숙의민주주의의 중요한 이론적 기반이다. 영미의 학자들은 롤즈의 '반성적 평형'과 '중첩적 합의', '공적 이성'의 개념을 자신들의 숙의적 의사결정의 중요한 모델로 발전시키기 때문이다. 2002년 사망한 롤즈가 죽기 직전에 썼던 『만민법』은 공적 이성에 기초해 세계질서를 확립하려고 했던 그의 마지막 희망이라고 할 수 있다.

민주주의의 핵심기능으로서 숙의에 대한 강조는 새로운 것만은 아니다. 그것은 고대 그리스 철학에서 발견되며, 버크(E. Burke), 밀(J. S. Mill), 그리고 20세기 초반의 듀이(J. Dewey)에 이르기까

1) Joshua Cohen(1989/1997), "Deliberation and Democratic Legitimacy", pp.72-75; Cohen(1996/1997), "Procedure and Substance in Deliberative Democracy", pp.412-416. 두 논문 모두 James Bohman & William Rehg (eds.), *Deliberative Democracy*, The MIT Press에 실려 있다.

지 유구한 역사와 전통을 자랑한다. 하지만 1990년 이전까지 숙의민주주의라는 개념은 거의 드물게 사용되었다. 숙의민주주의라는 개념은 베세트(J. Bessette)에 의해 창안되었고, 후에 코헨에 의해 강력하게 추진된다. 1990년대 후반에 이르러서야 이 분야에 대한 많은 저작들이 나오게 되고, 많은 사람들(벤하비브, 보먼, 드라이젝, 엘스터, 에스트런드, 구트만, 밀러, 선스타인, 톰슨)이 그 가능성을 탐색하게 되면서 숙의민주주의는 민주주의 이론에 중요한 쟁점을 제공한다.[2)]

2. 숙의민주주의의 배경

1990년대의 정치철학의 주요 과제는 민주주의이다. 이는 당대의 사건인 소비에트 체제의 몰락의 원인으로 '민주주의의 부재'가 부상했던 것과 관련이 깊다. 학계는 민주주의의 의미에 대해 관심을 집중시켰고, 그 결과 중 하나는 숙의민주주의(deliberative democracy) 정치이념의 급속한 확산이었다. 숙의민주주의가 과연 사회적 대안이 될 수 있는가, 그리고 어느 정도의 의사결정능력을 확보할 수 있는가는 학계의 중요한 관심사이다.

숙의민주주의는 신자유주의로 대표되는 경제논리가 삶의 모든

---

2) 1990년대 후반에 이 분야의 논문 선집들이 한꺼번에 나온 것이 그 한 예이다. Seyla Benhabib(ed.)(1996), *Democracy and Difference*, Princeton: Princeton University Press; James Bohman & William Rehg(eds.)(1997) *Deliberative Democracy: Essays on Reason and Politics*, Cambridge Mass.: MIT Press; J. Elster(ed.)(1998), *Deliberative Democracy*, Cambridge: Cambridge University Press. 1999년 전후로 정치학과 사회학 관련 저널들(구체적으로는 *Political Studies*, *Social Criticism*)에서 숙의민주주의를 특집으로 다룬 것이나, 2000년대 초반 우리나라에서 있었던 아렌트(H. Arendt) 붐도 이런 맥락에서 해석될 수 있다.

영역을 지배하려는 것에 대한 반발에서 많은 사람들의 관심을 끌고 있다고 보아야 할 것 같다. 시장의 논리, 비용편익분석, 합리적 선택이론, 공공 선택이론의 공세 속에서 숙의민주주의는 이것들에 맞서는 하나의 거대 흐름인 것이다.

숙의(deliberation)는 다른 종류의 의사소통과 구별되는데, 그 이유는 숙의자들(deliberators)이 서로 상호작용하는 과정에서 자신들의 판단과 선호, 그리고 견해를 바꿀 태세가 되었다는 점에서 그러하다. 또 숙의는 강압, 조작, 사기가 아니라 설득과 관련된다는 점도 그렇다. 이것은 투표, 협상, 흥정, 이익 총합(interest aggregation)과 대비되는 숙의의 본질이다.

이런 점에서 숙의민주주의와 대립되는 개념은 선호 총합적 민주주의이다. 신고전파 경제학(neoclassical economics), 합리적 선택이론(rational choice theory), 게임이론(game theory), 그리고 투표를 강조하는 대의민주주의가 모두 선호 총합적 민주주의 범주에 들어간다. 이 이론들의 공통 가정은 (1) 시민의 선호를 주어진 것으로 보고 이것에 기초해 정책결정을 한다는 가정, (2) 그리고 각 개인은 자기 이익의 극대화를 추구하는 합리적인 경제인이라는 가정이다.

그런데 숙의민주주의 제도, 가령 합의회의나 시민배심원제, 공론조사들을 시행해 보면, 시민들이 실제 보여주는 모습은 이런 가정들이 항상 맞지는 않다는 점을 잘 보여준다. 가령 생명복제 합의회의 과정에서 시민들의 선호 및 가치가 역동적으로 변화했다는 점을 여러 보고서들은 확연히 보여준다. 시민들은 관련지식, 견해, 태도, 가치 등 모든 영역에서 확실한 변화를 보였다. 지식의 변화와 관련해서는 16명 가운데 절반인 8명이 완전히 바뀌었다는 답변을 주었고, 6명은 많이 바뀌었다는 답변을 주었다. 또한

견해의 변화와 관련해서는 8명이 많이 바뀌었거나 완전히 바뀌었다고 한다.[3)]

여기서 우리는 선호가 그 자체 주어진 고정불변의 것이 아니라 끊임없이 변화한다는 사실, 그리고 그것은 사회 속에서 구성된다는 점을 알 수 있다. 이들이 가진 처음의 선호가 조야한 선호(rude preference)라면 나중의 선호는 일정한 지식에 기초한 계몽된 선호(informed preference)이다. 이때 정책판단의 자료로 삼아야 할 것은 최초에 있었던 조야한 선호인가, 아니면 나중에 생성된 일정한 지식에 기초한 계몽된 선호인가?

이와 관련된 예는 주위에서 얼마든지 볼 수 있다. 새만금 간척논쟁에서 관건이 되는 것도 어떤 면에서 본다면 선호의 변화이다. 대부분의 시민들은 바로 몇 년 전까지만 해도 갯벌을 아무런 쓸모도 없는 땅으로 여겼다. 그러나 최근 몇 년 사이 생태계의 자정원으로서 갯벌의 중요성이 부각되고, 많은 다큐멘터리가 텔레비전을 통해 방영되면서 생태학적 지식의 세례를 받은 결과 현재 갯벌에 대한 인식은 그전과는 판이하다. 이때 정책결정의 기초로 사용되어야 하는 것은 어떤 선호인가? 최초의 선호인가, 아니면 생태학적 지식에 기초한 새로운 견해인가? 중요한 것은 일반 국민의 걸러지지 않은 선호(unreflective preference)가 아닌 토의와 숙고 과정을 통해 걸러진 여론, 즉 공론(refined public opinion)인

---

3) 김만수(2000), 「대안적 정책결정모델로서 합의회의 연구: 한국의 사례를 중심으로」, 가톨릭대학교 사회학과 석사학위논문, 61-69쪽, 84-90쪽; 김두환(2000), 「사회적 학습과정으로서 협력적 계획모형의 적용: 합의회의를 사례로」, 서울대학교 환경대학원 석사학위논문, 65-86쪽 참조. 그리고 외국의 경우 합의회의에 직접 참여하지 않은 시민들도 언론의 보도에 따라 선호의 변화를 보였다는 연구보고가 있다. 이영희(2000), 『과학기술의 사회학: 과학기술과 현대사회에 대한 성찰』, 한울아카데미, 218-219쪽.

것이다.

숙의민주주의는 참여민주주의의 발전 선상에 있다고 할 수 있으며, 이런 점에서 대의민주주의의 한계를 극복하기 위한 시도라고 할 수 있다. 물론 고대 아테네 사회와 달리 현대사회는 직접적인 의사소통이 불가능하고, 때로는 인종, 종교, 언어 등을 달리하는 서로 다른 시민들로 구성되어 있다. 대의민주주의는 방대한 영토와 인구를 가진 근대 국가에서 실현 가능한 민주주의 제도로 고안되었다. 대의민주주의로 인해서 방대한 규모의 영토와 다수의 이질적인 시민들로 구성된 근대 국가에서 국민의 지배가 가능하게 된 것이다. 대의민주주의에서는 선거를 통해서 선출된 대표를 통해 국민들의 집단적 의사가 확인되며, 집단적 의사의 실현은 대표들에게 위임된다. 대의민주주의는 간접민주주의인 것이다. 주권재민(主權在民)이라는 민주주의의 대원칙에서 보면, 간접민주주의가 정당화되기 위해서는 첫째, 시민의 대표가 시민의 완벽한 대리인이어야 하며, 둘째, 대표를 통해서 표출되는 시민의 의사는 집단적인 시민의 합리적 선택이어야 한다는 조건이 충족되어야 한다.[4)]

하지만 유권자와 대표의 유리라는 이른바 '대표의 실패'에서 드러나듯, 현대 대의민주주의는 중대한 한계를 내포하고 있다. 시민들은 직접 자신들의 손으로 선출한 대표들이 자신들의 의견을 대변해 주지 못한 상황을 맞고 있으며, 때로는 시민들이 오히려 대표의 노예가 되어 대표의 선택에 따라 수동적인 자세로 삶을 살아가는 주객전도의 상황도 발생하곤 한다. 또한 대의민주주의 하에서의 정치적 분업은 시민과 대표 간의 거리를 더욱 넓힘으로

---

4) 임혁백(2000), 『세계화시대의 민주주의』, 나남출판, 159쪽.

써 정치적 문제가 기술 관료적으로 해결되고 있으며, 계속해서 강력한 이익집단의 정치적 영향력을 제어하기 어려워지고 있다. 이러한 간접적인 대의민주주의가 가지고 있는 문제점을 해결하기 위해 새로운 대안으로 숙의민주주의가 모색되고 있는 것이다.

숙의민주주의가 대의민주주의라는 현재의 정치 틀을 완전히 대체하는가, 아니면 단지 보완하는가와 관련해 논쟁이 있다. 이 문제는 어려운 문제이긴 하지만, 필자가 보기에 숙의민주주의가 대의민주주의를 대체하는 이념이 아니라 단순히 보완하는 이념이라 할지라도 그 의미는 적지 않다고 본다. 숙의민주주의는 중요한 사회적 쟁점과 관련해 일반시민들의 참여를 가능하게 하고, 대표와 시민 간의 거리를 좁혀 줌으로써 주권재민이라는 민주주의의 원리에 더 근접하기 때문이다.

3. 숙의민주주의의 특징

숙의민주주의를 주장하는 사람들의 입장은 공화주의부터 자유주의, 그리고 포스트모더니즘까지 매우 다양하다.[5] 그래서 숙의민주주의를 간단히 정리하기란 쉽지 않다. 숙의민주주의를 주장하거나 그 가능성을 모색하는 학자들이 워낙 많고 서로 다른 배경에서 제기된다는 점, 그리고 아직 논의의 초기 단계라는 점 때문이다. 하지만 엘스터(J. Elster)의 지적대로[6] 숙의민주주의 이론가들의 주장들 사이에는 중첩되는 부분이 있다. 참여민주적인 측

---

5) Richard Blaug(1996), "New theories of discursive democracy: A user's guide", *Philosophy & Social Criticism*, vol. 22, no. 1, p.49.

6) J. Elster(ed.)(1998), *Deliberative Democracy*, Cambridge: Cambridge University Press, p.8.

면과 숙의적 측면이 그것이다.

참여민주적 측면이란 결정에 의해 영향 받는 모든 이들의 참여에 기초한 집합적인 의사결정을 중시한다는 점이다.7) 숙의적 측면이란 합리성과 무사공평성의 가치를 수용하는 참여자들이 서로 주고받는 논증에 의한 의사결정을 중시한다는 점이다.

논의를 위해 숙의민주주의의 특징을 요약하면 다음과 같다.

첫째, 숙의민주주의는 참여민주주의적인 특징을 갖는다. 그것은 일반시민들의 참여에 기초한 집합적인 의사결정을 중시하기 때문이다. 그것은 소수의 대표만이 아니라 정책결정에 의해 영향 받는 모든 시민들이 '자유롭고' '평등하게' 논의과정에 참여해야 한다고 본다. 이런 점에서 숙의민주주의는 1970년대 이후 강렬해진 참여민주주의의 전통을 계승하며, 대의민주주의나 엘리트주의, 전문가주의와 구분된다.

둘째, 그것은 각 개인이 갖고 있는 이성능력에 대한 신뢰를 바탕으로 한다. 롤즈의 '공적 이성(public reason)'과 하버마스의 '의사소통적 이성(communicative reason)' 개념에 자극받아 숙의민주주의는 민주주의 국가의 시민이라면 누구나 다 사회적 현안에 대해 나름대로 합리적인 판단을 할 만한 능력을 보유하고 있으며, 동시에 사회적 공론 형성 과정에 참여해 대화와 토론을 할 능력이 있다고 믿는다. 이런 개인의 사고능력과 의사소통 능력을 전제로 할 때 숙의민주주의가 가능한 것이다.

셋째, 숙의민주주의는 공동체 지향적인 성향을 갖고 있다. 숙의

---

7) 하지만 예외도 있다. 가령 버크(E. Burke) 같은 경우는 숙의적 기능은 중시하지만, 대단히 보수적인 인물로 참여민주주의와는 거리가 멀다. 하지만 현대의 숙의민주주의 이론가들은 대개 숙의적 부분뿐만 아니라 참여적 부분을 강조한다는 점에서 엘스터의 이러한 정의에는 큰 무리가 없다.

민주주의는 공적인 문제에 시민의 참여를 장려한다. 그리고 이런 공적인 문제에 대해 시민들은 자신의 사적 이익이나 선호에 기초해 판단하는 것이 아니라 보편적 관점에서 또는 공동체의 관점에서 판단하는 것이기 때문에 기본적으로 공동체 지향적인 측면이 강하다. 이는 숙의과정에서 상대방을 설득하기 위해서는 자기 자신의 사익에 근거하기보다는 상대방의 이익이나 공동체의 이익의 관점에서 토론할 수밖에 없기 때문이다. 이런 과정을 통해 시민들은 단순한 사적 개인이 아니라, 공동체적 시민(citizenship)이 된다. 이런 이유에서 숙의민주주의는 자유민주주의의 양대 전통이라고 할 수 있는 자유주의 전통과 공화주의 전통 중에서 공화주의 전통에 가깝다.8)

넷째, 선호 교육의 의미를 지닌다. 숙의적 의사결정은 대중들이 갖고 있는 선호를 모아 그것에 기초해 선호 만족의 극대화를 추구하는 것이 아니라는 점에서, 시장이 전제하고 있는 선호 총합적(preference aggregative) 민주주의와 다르다. 선호 총합적 민주주의에서는 개인들의 선호를 미리 주어진(pre-given) 것으로 전제하고, 이것들을 공평하게 모으는 집합적 결정(collective choice)을 민주주의로 본다. 이에 반해 숙의민주주의는 참여와 숙의의 과정에서 선호와 가치정향이 변할 수 있다는 것을 인정한다. 즉 시민들의 선호는 고정되어 있지 않는 것이 아니라 대화, 토론, 숙의를 통하여 변화할 수 있다고 가정한다. 결국 숙의적 의사결정의 과정은 상호 발견, 설득, 교정의 과정을 통해서 집단적 의사를

8) 하버마스는 숙의민주주의가 자유주의와 공화주의 둘 중 어느 하나에 치우치지 않은 그것들의 발전적 결합이라고 주장한다. 하지만 자유주의가 일방적으로 지배하는 현 상황을 고려한다면, 숙의민주주의는 공화주의적 측면이 강한 이념이라고 볼 수 있다.

형성해 나가는 과정이다. 여기서 시민들은 자신의 선호를 형성하고, 자신의 잘못된 선호를 교정할 기회를 갖는다. 이것은 선호를 사회 맥락으로부터 독립해 존재하고 고정된 것으로 보는 시장경제학, 시장민주주의의 기본 전제와 충돌한다.

구체적으로 말하자면, 어떤 사안에 대해 아직 확실한 의견 형성이 이루어지지 않았거나, 또는 의견 형성이 이루어졌다 할지라도, 그 사안에 대한 일정한 정보를 갖고 타인들과의 충분한 대화와 토론 과정을 거쳐 자신이 이전에 가졌던 선호와 판단이 변화할 수 있다는 점이 중요하다. 이런 선호의 이행(transformation)을 통해 더 책임 있는 판단이 가능하며, 동시에 합의의 가능성도 높아진다는 것이 숙의민주주의자들의 기대이다. 이런 숙의의 특징은 피쉬킨의 공론조사(deliberative poll)의 개념을 통해 분명해진다.

> 통상적인 여론조사(opinion poll)는 유권자들이 이슈에 대해서 얼마나 알고 있느냐와는 상관없이 유권자들이 현재 생각하고 있는 바(what they think)를 조사한다. 공론조사는 만약 유권자들이 집중적인 토론과정을 거친다면 어떻게 생각할 것인가(what they would think)를 조사한다. 따라서 공론조사의 핵심은 그 결과가 예측적이기보다는 규범적 성격을 갖는다. 공론조사는 만약 전체 유권자들에게 광범위한 토의와 숙고, 그리고 정보에 대한 접근 기회가 제공된다면 어떤 이슈이나 후보자들에 대해 어떻게 생각할 것인가를 말해주기 때문에 권고적 효과(recommending force)를 가지고 있다.[9)]

숙의민주주의 제도에 참여한 시민들이 숙의과정을 통해 자신들

---

9) James S. Fishkin, 김원용 옮김(2003), 『민주주의와 공론조사』, 이화여자대학교 출판부, 155쪽.

의 선호와 가치를 변화시켰다는 점은 중요하다. 그것은 시장경제학, 합리적 선택이론, 비용편익분석, 대의제 등 선호 총합적 민주주의 모델의 기본 가정이 항상 옳지는 않다는 점을 잘 보여준다. 이 이론들은 선호를 사회 맥락에서 분리시키고, 그것을 하나의 고정된 것으로 본다는 점에서 공통의 한계를 갖는다.

4. 숙의민주주의의 제도

숙의민주주의의 이념은 다양한 분야에 적용될 수 있다. 미국의 정치학자들처럼 주로 국가제도(가령 의회제도나 사법제도)에 적용할 수도 있을 것이고, 유럽의 비판이론적 전통에서는 시민사회의 '공론영역'에 이것을 적용할 수도 있을 것이다.

환경철학 분야에서는 새고프(M. Sagoff)나 오닐(J. O'Neill)의 논의를 통해 경제학적 방법(구체적으로는 시장과 비용편익분석)에 대한 비판과정에서 유력한 대안으로 평가받는다. 또한 이것은 생명복제를 다룬 합의회의처럼 과학기술에 대한 평가로도 사용될 수 있을 것이다. 우리나라의 경우, 새만금이나 방폐장, 대운하, 지리산 케이블카 운행 등의 문제에 적용될 수 있을 것이다. 정치적, 경제적, 사회적, 도덕적 가치 등 다양한 가치들에 대한 종합판단이 요구되면서, 동시에 사회적으로 많은 관심을 받는 주제에 대해 우선적으로 적용될 필요가 있다.

숙의적 제도는 환경문제뿐만 아니라 일반적인 삶의 영역, 가령 교육, 치안, 작업장, 기술훈련, 민관 공동사업에도 적용될 수 있다.[10] 우리나라에서는 교육문제에 우선적으로 적용해 보는 것도

10) 브라질에서 있었던 참여적 시민예산, 교육 및 치안과 관련된 현안을 다루었던 미국 시카고 시의 주민위원회, 그리고 노동자 교육문제를 다루었던

좋을 것 같다. 교육문제처럼 한국 사회에서 문제가 되는 것도 없고, 또 많은 사람들이 관심을 갖는 것도 없기 때문이다. 그래서 입시제도와 같은 교육현안에 대해 시민들이 참여해 자료를 수집하고 관련 전문가들로부터 의견을 청취한 다음, 중요한 정책의 흐름을 결정할 수 있을 것이다. 자기 자신과 자식의 문제이면서 동시에 대한민국에 사는 모든 사회구성원과 더 나아가 우리 후손들의 문제라는 인식 아래 숙고하고 책임 있는 판단을 해야 할 것이다.

이때 사용될 수 있는 시민참여의 장치는 다양하다. 합의회의, 시민배심원제, 공론조사, 시민자문위원회, 시나리오 워크숍, 참여설계, 시민조사위원회, 포커스 그룹 등이 그것이다. 이 중에서 필자가 특히 관심을 갖는 것은 합의회의, 시민배심원제, 공론조사이다.

우선 합의회의(Consensus Conference)는 시민배심원제와 더불어 숙의적 의사결정의 대표적인 장치로 알려져 있다. 합의회의는 1987년 사회적 토론의 전통이 왕성한 덴마크에서 처음 시작되었고, 이후 네덜란드, 영국, 스위스, 노르웨이 등의 유럽 국가와 미국, 캐나다, 호주, 일본 등에서 시행되고 있다. 우리나라에서도 1998년 유전자 조작 식품과 1999년 생명복제를 주제로 유네스코 한국위원회 주최로, 그리고 2004년에는 원자력 발전 문제로 개최되었다.[11] 합의회의는 다른 참여모델에 비해 전문가의 비중이 큰

미국 밀워키 시의 사례에 대해서는 임혁백, 앞의 책, 172-176쪽 참조.

11) 다양한 시민참여제도와 관련해서는 다음을 참조. Ortwin Renn & Thomas Webler & Peter Wiedemann(1995), *Fairness and Competence in Citizen Participation*, Kluwer Academic Publishers; Susskind Lawrence(ed.)(1999), *The Consensus Building Handbook*, London: Sage Publication. 참여연대 시민과학센터(2002), 『과학기술, 환경, 시민참여』, 한울아카데미;

편이다. 구체적으로 합의회의는 시민패널 외에 전문가 패널을 두고, 이들이 시민을 상대로 관련사항을 강의하고, 질의응답을 하는 시간을 둔다. 그래서 예를 들어 생명복제나 핵방사능 처리 문제 등과 같이 복잡한 과학기술과 관계된 쟁점에 적합한 것으로 평가되어 왔다.

환경문제는 전문성을 요구할 때가 많다. 환경 관련 쟁점 중에는 물리학, 생물학, 사회학적 인과관계가 복잡하게 얽혀 있는 것들이 많고, 또한 환경변화 중 어떤 것들은 누적적 변화과정을 거쳐 오랜 시간이 흐른 후에나 식별이 가능해, 일상적인 지각으로는 제대로 그 위험성을 인식할 수 없을 때가 있다. 이때 전문적인 지식(expertise) — 가령 생태학적 지식 — 을 가진 전문가의 역할이 중요하다. 일반시민이 인지하지 못한 장기적인 위험을 알려주고, 복잡한 전문지식을 알기 쉬운 형태로 분석해 시민들이 이를 기초로 책임 있는 의사결정을 할 수 있도록 도와주어야 한다. 그런데 합의회의 모델은 전문가의 강의나 질의응답을 통해 대중들이 전문지식에 접근할 수 있는 기회를 제공해 준다.

환경문제에 관련 전문지식이 요구된다고 해서 전문가가 중요한 의사결정을 독점한다면, 그것은 불평등의 문제를 낳을 것이다. 중요한 것은 전문가의 인지적 권위(cognitive authority)를 인정해 주는 궁극적 주체로서 시민의 역할을 인정하는 것이다.[12] 합의회의는 이런 점에서 전문지식(expertise)을 보유한 전문가의 고유한 위상을 존중하면서, 민주주의적 요구를 만족시킬 수 있는 한 가

John Gastil & Peter Levine(2005), *The Deliberative Democracy: Handbook: Strategies for Effective Civic Engagement in the 21st Century*, John Wiley & Sons.

12) Stephen Turner(2001), "What is the Problem with Experts?", *Social Studies of Science*, vol. 31, no. 1.

지 대안이다.

시민배심원제(Citizens's Jury)는 1970년대 미국 제퍼슨 연구소의 크로스비(Ned Crosby)에 의해 시작된 시민참여 모델이다. 영국에서도 공공정책연구소(IPPR), 왕립 정책연구소, 지역정부관리위원회 등이 각각 시민배심원제를 운영한 바 있다. 시민배심원제는 미국 법정의 배심원제에 영향을 받은 것으로, 시민들이 증인들을 채택, 증언을 듣고 숙의하는 방식인데, 보건의료나 지역현안, 환경문제 등 다양한 영역에 적용되고 있다.[13] 독일에서는 부퍼탈 대학의 시민참여연구소의 디넬(Peter Dienel)에 의해 유사한 형태인 플래닝셀(Planungzellen)이 개최되었다.

공론조사(Deliberative Poll)는 다소 출발은 늦었지만, 중요한 숙의민주주의적 제도라고 할 수 있다. 영국, 미국, 호주, 캐나다, 대만, 덴마크, 불가리아, 헝가리, 중국에서 공론조사를 행한 바 있다. 미국 스탠퍼드 대학의 피쉬킨(James Fishkin)이 이론적으로나 실행적으로나 공론조사의 발전에 중요한 역할을 한 학자이다. 그는 1990년대 텍사스 대학(오스틴)에 재직할 때부터 다양한 주제로 여러 번의 공론조사를 직접 수행하고 평가해 왔다.

우리나라에서 공론조사는 2003년 북한산 관통도로 문제와 관련된 사회적 논란을 해결하기 위해 노무현 정부에 의해 제안되었

---

13) 영국의 예를 들자면, 같은 환경문제라도 방사능처리 같은 좀 더 기술적인 문제는 합의회의의 형식을 취한 반면, 습지보전같이 지역 현안의 성격이 짙은 문제는 시민배심원제를 선택했다. 한 예로 영국 케임브리셔의 일리(Ely) 습지지구 개발 문제에 대해서는 Jonathan Aldred & Michael Jacob (2000), "Citizens and Wetlands: Evaluating the Ely Citizens's Jury", *Ecological Economics* 34, pp.217-232. 그리고 방사능 폐기물 처리에 대해서는 Jane Palmer(1999), *UK National Consensus Conference on Radio-active Waste*, UK Center for Economic & Environmental Development 참조.

고, 이후 2005년 재정경제부가 부동산 정책에 관한 공론조사를 실시한 바 있다. 그리고 2006년 SBS는 한미 FTA에 관한 공론조사를 실시했다. 2007년 4월 제주도 의회 특위는 해군기지 유치 여부 결정을 위해 공론조사를 실시할 것을 제안했다. 2007년 5월 당시 노무현 정부는 대통령령으로 시행되는 '공공기관의 갈등예방과 해결에 관한 규정(안)'에서 사회적으로 파급효과가 큰 주요 정책에 대해서는 참여적 의사결정을 활용하도록 했고, 구체적으로는 합의회의, 시민배심원제, 공론조사 등을 제시했다.14)

5. 숙의민주주의의 과제

숙의민주주의 이념에 대해서는 그것이 민주주의 이념의 발전태라는 점에서 많은 학자들이 우호적 평가를 내린다. 반면 그것의 실현 가능성에 대해서는 상당한 우려와 회의가 있는 것도 사실이다.

우선 추첨을 통해 선발된 시민들이 과연 자신의 시간을 포기하면서까지 숙의과정에 참여할까 하는 우려가 있다. 이는 피쉬킨이 공론조사를 시행했을 때, 시민들을 숙의과정에 참여하도록 동기유발하는 데 별 무리가 없었다는 과거의 사례가 좋은 답변이 될 것 같다. 또한 미국에서 오랫동안 배심원제도가 사법제도의 근간을 이루어 왔고, 일반시민들이 배심원으로 소환되면 그것에 응하는 것이 훌륭한 시민의 의무라는 점을 인정한다는 사실도 중요한 증거이다. 그리고 우리나라에서 열렸던 세 차례의 합의회의 경우

---

14) 우리나라에서 실시한 공론조사와 그 문제점에 대해서는 오현철(2007), 「국가정책결정 거버넌스와 공론조사: 토의민주주의 관점에서」, 『사회과학연구』 제15집 2호.

에도 최소한 시민참여와 관련해서는 별 문제가 없었다는 점을 참고해야 한다.

한편 방대한 영토와 인구를 가진 근대 국가에서 직접민주주의적인 특징을 지닌 숙의민주주의가 과연 실현될 수 있는가 하는 의문도 제기될 수 있다. 이에 대해서는 고대 아테네의 정치 상황을 상기함으로써 간접적인 답변이 가능하다. 우리는 흔히 고대 아테네에서 직접민주주의가 실행되었다고 생각하지만, 아테네 민회가 열리는 장소인 프닉스 언덕도 6천 명 정도의 시민만을 수용할 수 있었다고 한다. 이는 아테네 전체 인구의 10분의 1 정도 인원이 모일 수 있는 공간으로, 그 당시에도 모든 시민들이 한곳에 모일 수는 없었음을 알 수 있다. 아테네인들은 이 문제를 추첨제(lot)를 통해 해결했다고 한다. 이는 오늘날의 무작위 확률표집과 같은 것이다. 완벽하지는 않겠지만 일정 수의 시민의 무작위 추출로 직접민주주의적인 요소를 도입한 것으로 볼 수 있다.[15)]

오늘날 숙의적 의사결정도 마찬가지다. 우리나라의 경우 수천만 명의 유권자가 있는데, 이들이 다 모일 수도 없고, 다 모일 경우 밀도 있는 숙의도 불가능하다. 가능한 대안은 일정 수의 일반시민을 추출하는 것인데, 통상 합의회의나 시민배심원제도의 경우 대략 15-20명, 공론조사의 경우 1백-2천 명 정도가 추출된다. 중요한 점은 이들은 국회의원이나 직업 정치인들과 달리 일반시민들 중에서 선발되며, 따라서 이들의 선택은 지도자들의 선택이 아닌 일반시민들의 선택이라는 점이다.

아마도 숙의민주주의가 궁극적으로 추구하는 것은 하버마스가 말한 '이상적 담론상황'에서 이성적으로 논의하는 대중들에 의한

---

15) James S. Fishkin, 김원용 옮김, 앞의 책, 19쪽.

합의일 것이다. 이상적 담론상황은 담론의 참여자들이 동등한 기회를 갖고, 의사소통에 작용하는 모든 체계적 왜곡이 배제된 상황이다. 여기서는 '더 나은 논증의 힘'만이 유일하게 합리적인 동기이며, 강요나 강제에 의한 합의는 거부된다. 중요한 사회적 쟁점은 이상적 담론상황에서 행해지는 참여자들의 합의에 의해 결정되어야 한다.

이상적 담론상황에서의 합의는 말 그대로 이상적 상황에서의 합의일 것이다. 물론 우리는 하버마스가 이야기하듯 이상적 담론상황에서 요구되는 규칙들을 준수하면서 대화와 토론, 그리고 합의를 추구해야 하겠지만, 현실의 숙의는 항상 이상적 숙의와는 거리가 있을 것이다. 실제 아렌트(H. Arendt) 등 숙의민주주의 이론가들에게 영감이 되었던 미국의 배심원제도도, 그 실제 운영은 이론이 가정하는 것과는 차이가 있다. 배심원들은 민주 공동체의 일원으로 시민의 대표자로 신성한 참여의 의무를 수행하고 보편타당한 숙의를 추구해야 한다는 사명감보다는 마치 민방위나 예비군 소집에 끌려온 사람마냥 진지한 숙의보다는 저녁에 있을 야구경기 시청을 위해 한시라도 빨리 숙의를 끝내기를 원하고, 공평무사한 제삼자의 역할을 수행하기보다는 직업이나 인종, 이해관계에 따른 편견을 숙의과정 전반에서 적나라하게 보여주기도 한다.[16] 이런 문제는 앞으로 숙의민주주의 이념이 해결해야 할 가장 어려운 문제 중의 하나일 것이다.

정치학자 임혁백에 의하면, 숙의적 의사결정이 제대로 실행되기 위해서는 다음 여러 가지의 조건이 충족되어야 한다. 첫째, 숙의 참여자들이 관련정보를 인지하고, 다른 참여자들이 행하는 논

16) 미국 배심원제의 운용과 관련해 실제 배심원이 느낀 바에 대해서는 다음의 체험기를 참조했다. http://kr.blog.yahoo.com/purpleitself/608.html.

변의 성실성과 타당성을 파악할 수 있을 정도의 능력을 보유해야 한다. 둘째, 숙의 참여자들은 자유롭고 평등한 구성원의 지위가 보장되어야 한다. 셋째, 숙의과정에서 시민들은 단순히 자신의 이익이 아니라 공공선을 지향할 수 있을 정도의 기본적인 이익을 공유하고 있어야 한다. 넷째, 다른 사람들이 이유를 제시하고 논의를 펼칠 때는 설사 그것이 자기의 입장과 다르다고 해도 이를 존중할 줄 아는 상호 존중을 전제한다. 마지막으로 기존의 대의민주주의 기구는 숙의민주주의의 육성을 위한 토대를 제공해야 한다. 의회는 모든 문제를 해결하려 하지 말고, 시민들이 숙의적 의사결정을 통해 문제를 스스로 해결할 수 있도록 힘을 실어 주고 장려해야 한다.[17)]

이 문제에 대한 하나하나의 섬세한 답변은 쉽지 않고 필자의 역량상 불가능하지만, 대략적이나마 필자의 견해를 피력해 보겠다. 결론은 아직 부족하긴 하지만, 우리나라는 숙의적 의사결정의 최소한의 토대는 마련했다는 것이 필자의 입장이다. 우선 우리나라는 6 · 25로 인해 전 국토가 전쟁의 참화가 되는 절망적 상황에서도 세계적으로 유례가 없는 짧은 시간에 산업화와 경제적 성장을 달성했다. 이는 숙의민주주의를 위한 물적 토대를 확보했다는 것을 의미한다. 또한 1980년대 끈질긴 투쟁의 산물로 인권보호와 같은 정치적인 민주화를 이루어 냈고, 또 선거를 통한 권력교체를 수차례 이루면서 민주주의를 위한 정치적인 기반도 마련했다고 할 수 있다. 아울러 1990년대 이후 진행된 지방자치제도도 어느 정도는 궤도에 올라섰다고 생각된다.

가장 부족한 것은 성숙된 시민의식이 아닌가 한다. 오랜 시간

---

17) 임혁백, 앞의 책, 168-170쪽.

권위주의 정권에 길들여진 탓에 민주주의의 역사가 오래된 서구 수준의 시민의식을 고양했다고는 할 수 없다. 우선 참여의식이 부족하다. 숙의민주주의나 참여민주주의의 기본은 시민들이 시민사회의 문제에 먼저 앞장서서 나서려는 참여의 의지인데, 이것이 부족하다. 언론을 통해 보이는 시민단체의 활동은 눈부신 것 같지만, 정말 그 내실을 들여다보면 그렇지도 않다. 추장은 많지만 인디언은 없다는 것이 시민단체 관계자들의 일반적인 탄식이다.

그리고 숙의민주주의가 실현되기 위해서는 토론문화의 정착이 필수적이다. 세계적으로 유명한 교육열로 한국인들의 교육수준과 지식수준은 대단히 높은 편이지만, 토론능력은 그것을 따라가지 못하고 있다. 또 한국인들의 대화는 일반적으로 감정에 치우치거나 동정심에 호소하는 경향이 강하다. 이는 합리적인 토론문화를 가로막는 커다란 장애물이다. 동시에 한국 사회에 뿌리박힌 연고주의 문화는 혈연과 지연, 학연을 넘어선 보편적인 시민의식의 형성을 막고 있다. 이런 점에서 서로의 의견을 존중하고 배려하며, 토론규칙을 지키고 합리성을 바탕으로 다른 시민들을 설득시키는 한편, 다른 시민이 더 나은 주장을 할 경우 그것을 받아들이는 토론문화가 정착될 수 있을지에 대해서는 확신하기 어렵다.

이런 점에서 우리나라에서 숙의민주주의가 실현되기 위해서는 시민교육의 역할이 대단히 중요하다. 린치(J. Lynch)는 다문화 사회의 시민교육에 대한 논의에서 정치 사회화, 민주시민 육성에 있어서 어린 시절의 교육이 결정적으로 중요하다고 보았다. 그는 타인에 대한 존중과 같은 기초적 가치들이 이 시기에 습득되어야 한다고 보고 있다.[18] 또한 아동들의 지능은 환경의 영향을 받으

---

18) J. Lynch(1992), *Education for Citizenship in a Multicultural Society*, London: Cassell. 여기서는 조기제(2002), 「다문화사회에서의 민주시민교

며, 그 중에서도 초기 경험이 아동의 지적 발달에 중요한 영향을 미친다는 심리학적 사실은 이를 뒷받침한다. 이런 점에서 초등학교 교육에서부터 아동들에게 숙의민주주의적 의사결정방법을 훈련시키고, 실생활에서 직접 일어나는 문제들을 스스로 결정하는 것을 습관화시키는 것이 필요하다. 미래에 이들이 능동적으로 숙의적 의사결정에 참여할 수는 시민이 될 수 있도록 노력해야 한다.

육: 심의민주주의 교육의 필요성」, 『초등도덕교육』 10집, 한국초등도덕교육학회, 234쪽에서 재인용.

4장 롤즈의 공적 이성과 숙의민주주의

1. 숙의민주주의와 롤즈

숙의민주주의는 기본적으로 '정치적 정당성(political legitimacy)'과 관련된 이념이다. 그것은 집합적 정치권력이 정당하게 행사되려면 자유롭고(free), 평등한(equal) 시민들의 '공적인 이성적 논의(public reasoning)'에 토대를 두어야 한다고 믿는 신념이다.

숙의민주주의를 주장하는 사람들은 다양해서, 공화주의부터 자유주의, 그리고 포스트모더니즘에까지 걸쳐 있다. 이 중 자유주의 유파의 주요 인물은 코헨(Joshua Cohen), 롤즈(John Rawls), 하버마스(Jürgen Habermas), 구트만/톰슨(Amy Gutmann & Dennis Thompson)이다.[1] 숙의민주주의에 대한 학계에서의 공론화를 주

---

1) Amy Gutmann & Dennis Thompson(1996), *Democracy and Disagreement*, The Belknap Press of Harvard University Press. 이들의 주요 논문과 책은 공동작업을 통해 이루어졌기 때문에 편의상 구트만/톰슨이라 표현하고, 앞으로 이들의 저작을 DD로 줄여 표기한다.

도한 코헨이 정치문제에 대해서 공적 이성에 기초한 접근에 초점을 둔다면, 롤즈는 정치문제에서도 주로 헌법과 관련된 중요한 문제에 관심을 두며, 그의 정의관에 연관된 공적 이성에 기초해 접근한다. 반면 구트만/톰슨은 숙의를 정치적인 현안을 넘어 가치문제 일반에 확대 적용하고 있으며, 하버마스는 공론영역과 생활정치에서의 숙의에 관심을 두고, 의사소통적 이성이라는 그의 담론윤리 이론에 토대를 두고 논의를 펼친다.[2)]

여기서는 롤즈의 공적 이성에 대한 논의를 토대로 그의 숙의민주주의 이론을 검토한다. 롤즈의 특징은 현대사회는 기본적으로 다원주의 사회라는 사실을 인정한 상태에서 서로 다른 가치관을 지닌 구성원들 사이에서 합의를 가능하게 하는 방안을 모색한다는 것이다. 이와 관련해 롤즈는 숙의를 통한 합의의 대상을 헌법과 관련된 중요한 정치적 주제로 제한하고, 합의의 방법 또한 도덕적 교설을 배제한 공적 이성으로 제한하는 이중의 배제전략을 구사한다.

여기서는 이런 롤즈의 전략을 숙의민주주의 이념의 실현 가능성과 관련해 검토한다. 이를 위해 우선 롤즈의 정치적 자유주의를 개괄하고 그의 이론체계에서 공적 이성의 위상을 살펴본다. 그 다음 공적 이성의 구체적인 내용들을 검토한다. 마지막으로 롤즈의 공적 이성에 대한 다양한 비판들을 검토한다. 그것은 숙의민주주의가 민주주의가 추구하는 가치인 자유와 평등을 구현하고, 사회발전의 청사진을 제시할 수 있는가 하는 관점에서 검토될 것이다.

---

2) 이들 네 명을 비교한 논문으로는 다음을 참조. Samuel Freeman(2000), "Deliberative Democracy: A Sympathetic Comment", *Philosophy & Public Affairs* 29, no. 4, pp.371-418.

2. 정치적 자유주의와 공적 이성

롤즈의 숙의민주주의 이론은 『정치적 자유주의』(1993) 6장 「공적 이성의 개념」과 『만민법』(1999) 6장 「공적 이성의 재음미」에서 전개된다.[3] 1971년 『사회정의론』에서의 롤즈의 입장을 '철학적' 자유주의적 정의론이라고 한다면, 1980년대 후반 이후의 롤즈의 입장은 '정치적' 자유주의적 정의론이라고 말할 수 있다. 이런 변화는 1980년대 급격히 부상한 다원주의적인 현실을 반영한 것이다.

1980년대에 샌들(Michael Sandel), 왈쩌(Michael Walzer), 매킨타이어(Alasdair MacIntyre) 등의 범 공동체주의 진영의 도전이 거세지면서, 롤즈의 『사회정의론』에서의 작업은 과도한 보편주의적 기획이라는 평가가 지배적이었다. 시대와 사회집단을 초월해 보편적인 정의의 기준을 확립하려는 시도는 시대적 특질, 공동체의 특질을 외면한다는 비판에 직면한 것이다.

다른 한편 1990년대 초에 발생한 소비에트 체제의 몰락은 그야말로 사건이었고, 학계로 하여금 민주주의와 숙의민주주의의 의미에 대해 관심을 집중시키는 결과를 가져왔다. 숙의민주주의에 대한 코헨의 선구적인 논의, 롤즈에 기초해 숙의민주주의 이론을 생명윤리 등 가치 일반에 적용해 왔던 구트만/톰슨의 논의, 그리고 1995년 *Journal of Philosophy* 지면에서 행해진 롤즈와 하버마스와의 논쟁은 롤즈에게 숙의민주주의와 공적 이성의 의미

---

3) 롤즈의 *Political Liberalism*(Columbia University Press, 1993)과 *The Law of Peoples*(Harvard University Press, 1999)는 장동진에 의해 『정치적 자유주의』(동명사, 1998), 『만민법』(이끌리오, 2000)으로 번역되었다. 앞으로 인용을 할 때 전자는 PL, 후자는 LP로 롤즈의 영어판 쪽수로 본문에서 표기한다.

를 재확인시켜 준 중요한 계기들이 아니었나 짐작된다.

돌이켜 보면 롤즈의 문제의식은 항상 시대적인 것이었고, 시대적 과제에 직면해 그 해결 방안을 모색하는 것이다. 또 그가 갖고 있는 균형의식은 자기 이론체계의 변화를 두려워하지 않는 것이었다. 그의 『사회정의론』도 1960년대 당시 소련의 평등주의에 맞서, 자유주의를 수정해 복지국가의 정치적 이념을 제시한 것이었고, 그것은 '최소수혜자(the least advantaged)'를 우선적으로 배려하는 '차등의 원칙(the difference principle)'으로 나타났다. 인간의 존엄성에 기초한 '자유의 원칙(the liberty principle)'을 확립했던 것도 당시 인종차별 극복이라는 미국 사회의 시대적 과제에 부합하는 것이었다. 롤즈가 『사회정의론』에서 합리적 선택이론을 적절하게 수용한 것도 형이상학 일변도의 방법의 청산이라는 시대적 요청에 따른 것이 아니었나 생각된다.

롤즈의 『사회정의론』에서의 의도는 공평성으로서의 정의관을 '하나의 포괄적인 철학적 학설'로 제시하고 이를 통해 정의로운 사회의 안정성(stability)을 확보하려는 것이었다. 하지만 이는 모든 시민들이 동질적인 도덕적 신념과 가치 있는 삶에 대한 동일한 견해를 가진다는 비현실적인 가정에 입각한 것이었고, '다원주의라는 실상(the fact of pluralism)'과는 맞지 않았다.[4)]

롤즈에 따르면 다원주의는 '단순한 다원주의(simple pluralism)'가 아니라 '합당한 다원주의(reasonable pluralism)'이다(PL xiv). 그 이유는 다양한 포괄적인 종교적, 도덕적, 철학적 교설들이 서

4) 『사회정의론』과 『정치적 자유주의』의 차이에 대한 롤즈 자신의 설명은 PL 서문 xiv-xvi. 그리고 롤즈가 『정치적 자유주의』를 저술한 목적과 특징에 대해서는 박정순(1998), 「정치적 자유주의의 철학적 기초」, 『철학연구』 제42집, 철학연구회, 275-305쪽 참조.

로 충돌하며, 합의가 불가능한 불가통약적인 성격을 지닌다는 것은 근대 사회의 영속적 특색이라는 점이며, 그리고 포괄적 교설은 오직 국가권력의 강압적 사용을 통해서 유지될 수 있다는 역사적 경험 때문이다(PL 36-37). 이는 롤즈가 '이성의 부담', 그리고 이후 '판단의 부담(the burdens of judgment)'을 강조한 것에서도 그렇다. 즉 판단을 내릴 때 많은 경우 양심적이고 충분히 합리적인 사람들도 동일한 결론을 얻기가 어렵다는 것이다.[5)]

하지만 롤즈가 다원주의적 현실을 인정했다고 해서, 상대주의로 빠져 규범적인 이론 정립을 포기하는 것은 아니다. 그는 여전히 안정된 민주사회는 어떤 기본적인 직관적 신념을 포함하고 있으며, 그것으로부터 정치적 정의관을 구축하는 것이 가능하다고 믿었다(PL 38, 주 41). 그리고 이를 부정하는 합당하지 않거나 불합리한 포괄적 교설들은 견제되어야 한다고 믿는다. 결국 『정치적 자유주의』의 출간 의도는 다원주의를 배경으로 하면서도, 근대 자유주의 국가의 기본구조에 관한 하나의 정치철학 이론을 제시하는 것이다. 그를 통해 국가 공권력 행사의 합법성과 사회의 기본 제도에 대한 정치적 정의관을 확보하는 것이다(LP 179-180).

정치적 정의관의 대전제는 논란의 여지가 있는 철학적, 도덕적, 종교적 교설들로부터 독립적이라는 것인데, 왜냐하면 그래야만 합의가 가능하다고 믿었기 때문이다. 또한 정치적 정의관은 근대적 입헌민주사회에만 적용되는데, 이는 형이상적 정의관이 보편적인 것으로 모든 사회에 적용되는 것과 대비된다. 이는 통시적인 합의를 포기한 것이기는 하나, 근대 입헌민주사회에만 효력을 발휘하는 '준'보편적인 합의만 확보한다고 하더라도 그것은 실로

5) PL 54-58. '판단의 부담'에 대해서는 다음을 참조. 황경식(1995), 「정치적 자유주의」, 『개방사회의 사회윤리』, 철학과현실사.

적지 않은 의미를 지닐 것이다.

1990년대 숙의민주주의의 확산은 롤즈로 하여금 숙의민주주의가 정착된 사회는 다름 아니라 자신이 이전부터 말해 왔던 '질서 정연한(well-ordered) 사회'와 동일한 사회라고 생각하게 했다. 그에 따르면, 이런 숙의민주주의가 유지되기 위해서는 다음 세 가지 근본 요소가 확보되어야 한다. 그 첫째는 공적 이성의 개념이요, 둘째는 입헌민주제도의 틀이며, 셋째는 공적 이성을 추종하고 정치 행동에서 이상적인 것을 실현하려는 시민들의 지식과 열망이다. 이를 위해서는 토론의 기회를 제공하는 한편 경제적 압박으로부터 자유로워야 한다. 이런 맥락에서 공적 자금 지원이 필요하다. 그렇지 않으면 거대한 기부금을 통해 공적 토론을 왜곡하고 지배하려는 이익집단의 입김에 의해 좌우되기 때문이다(LP 138-139).

프리만에 따르면, 롤즈 숙의민주주의의 특징은 '시민성의 의무(duty of civility)'와 입헌민주주의를 전제한다는 점이다. 그것은 개인 차원에서 각 시민들이 공적 이성을 추구할 자세, 그래서 공적 주제에 대해서는 이성적 논의를 통해 결정할 자세가 되어 있어야 한다는 것을 요구한다. 또한 사회 차원에서는 입헌민주주의 제도가 정착되어야 한다. 그래서 공적 이성은 모든 사회에 적용되는 이성은 아니며, 이런 것들이 확보된 사회에서만 적용된다. 가령 이란처럼 거의 모든 시민들이 코란과 이슬람 규범의 정치적 우월성을 확신하는 사회에서는 공적 이성이 적용되지 않는다. 공적 이성은 시민들이 서로를 자유롭고 평등한 시민으로 인정하는 자세가 되어 있고, 동시에 시민들의 정치적 자유와 자치를 보장하는 입헌민주주의적인 제도적 장치가 있을 때에만 가능한 것이다.[6]

3. 공적 이성

공적 이성에 대한 개념 규정은 학자마다 다양하다.[7] 롤즈가 생각한 '공적 이성'의 전모를 파악하기 위해서는 우선 '공적(public)'이란 말의 의미를 정확히 알 필요가 있다. 롤즈에 따르면, 공적 이성은 다음과 같은 의미에서 공적이다.

> 첫째, 공적 이성은 자유롭고 평등한 시민들이 갖고 있는 이성, 즉 공중의 이성이다. 둘째, 공적 이성은 그 주제가 근본적인 정치적 정의의 문제와 관련이 있는 공공선의 문제로 헌법적 요체와 기본적 정의의 문제이다. 셋째, 공적 이성은 그 본질적 성격과 내용에 있어 공적이다. 상호성의 기준을 만족시키는 일련의 합당한 정치적 정의관에 입각한 공적 사고를 표현된다는 점에서 공적이다(LP 133).

이 절에서는 공적 이성의 정의, 공적 이성의 적용범위, 공적 이성의 내용을 차례로 살펴본다.

---

6) Samuel Freeman, 앞의 글, p.398.

7) 공적 이성의 개념은 학자마다 다르다. 라모어(Charles Larmore)가 생각하는 공적 이성은 민주사회에서 시민들이 공유하는 중립적(neutral) 이성이다. 하버마스가 생각하는 공적 이성은 일정 정보를 가진(informed) 합리적인 시민들이 이상적인 담론절차에서 추리하는 것이다. 반면 자연법적 전통에서 공적 이성을 발견하는 토미즘적인 관점도 있는가 하면, 고티에(David Gauthier)처럼 오직 세속적 이성만이 공적 이성일 수 있다고 보는 학자도 있다. 그 외에 애커만(Bruce Ackerman), 왈드론(Jeremy Waldron), 가우스(Gerald Gaus), 마세도(Stephen Macedo), 아고스티노(Fred Agostino)도 자기 나름의 개념 정의를 한다. 롤즈의 공적 이성에 영향 받은 학자로는 스캔론(Thomas Scanlon), 프리만(Samuel Freeman), 네이글(Thomas Nagel) 등이 있다. Bruce W. Brower(1994), "The Limits of Public Reason", *The Journal of Philosophy*, vol. 91, p.6 참조. 그리고 Samuel Freeman, 앞의 글, pp.396-397 참조.

1) 공적 이성의 정의

우선 공적 이성은 건전한 시민이라면 누구나 다 갖는 이성이라는 점이 중요하다. 그런 점에서 사실상 소수의 철학자만이 가질 수 있는 전통적인 의미의 사변적 이성능력과 구분된다. 공적 이성의 이념은 지적으로 탁월한 소수에 의한 사적인 숙고 대신 평범한 일반시민들의 대화, 토론, 합의를 중시하는 민주주의적 이념을 깔고 있다. 결국 공적 이성은 다수가 이성적 논의를 통해 합의를 얻는 과정에서 작용하는 이성이다.

공적 이성의 또 하나의 중요한 특징은 그것이 '비공적(non-public)' 또는 '세속적(secular)' 이성과 대비되는 개념이라는 점이다. 비공적 이성은 포괄적인 철학적 도덕적 교설에 입각해 사고하는 반면, 공적 이성은 그래서는 안 된다. 어차피 다를 수밖에 없는 포괄적 교설에 기초해서는 다수의 합의를 이루기가 불가능하기 때문이다.

롤즈에 따르면, 비공적 이성은 여러 가지가 있을 수 있고, 실제로도 여러 가지이다. 예를 들어 신학적 교리를 토론하는 교회회의와 교육정책을 토론하는 교수회의, 과학 관련 쟁점을 다루는 과학자 회의에는 나름의 비공적 이성들이 존재하며, 이것들의 구체적인 기준과 원칙들은 서로 다르다. 반면 공적 이성은 특정 집단이 아니라 사회 전체 구성원들에게 통용되어야 하기 때문에 하나 이상이 되어서는 안 된다(PL 221).

공적 이성과 비공적 이성의 차이는 그 권위의 원천이 어디에 있는가에서 비롯된다. 비공적 이성의 권능은 관련 집단 구성원에 의해서만 인정된다. 따라서 본인이 싫으면 그 집단을 떠나면 된다. 반면 공적 이성은 사정이 다르다. 공적 이성이 다루는 주제는 정부의 공권력 행사와 관련되는데, 정부의 공권력은 그것이 적용되는 영토를 떠나는 경우를 제외하고는 피할 길이 없다. 따라서 그것은 만인이 승인할 수 있는 그런 근거에 기초해야 한다(PL 222).

하지만 종교적, 비종교적인 포괄적인 교리들에 대해 공적 이성은 그것들이 공적 이성의 본질과 민주정체와 양립할 수 없는 경우를 제외하고는, 그것들을 비판하거나 공격하지는 않는다(LP 132). 롤즈의 자유주의적 성향을 엿볼 수 있는 대목이다.

또한 공적 이성의 개념은 선호 총합적 방법과도 구별된다는 점도 잊어서는 안 된다. 최소한 공적 영역의 문제, 롤즈 식으로 이야기하자면 헌법적 요체와 기본적 정의의 문제에서는 각 시민은 자신들의 이익과 선호에 따라 판단해서는 안 되고, 반드시 공공선에 대한 이성적인 사유를 통해서 판단해야만 한다. 이는 롤즈가 『사회정의론』에서 부분적으로 인정했던 합리적 선택이론과의 결별을 의미한다. 롤즈는 최소수혜자에 대한 우선 배려를 주장하면서 그 논거로 합리적 선택이론을 사용한 바 있다. 즉 합리적으로 자기 이익을 추구하는 사람이라면, 자신이 어떤 상태에 놓여 있는지 모르는 상태에서는 최소수혜자에 대한 배려를 선택할 것이라고 주장했던 것이다. 공적 '이성(reason)'에의 주장은 합리적 선택이론에서 말하는 '합리성(rationality)'과는 상당한 거리가 있다.

2) 공적 이성의 적용범위

앞서 보았듯이, 공적 이성은 정치적인 주제, 그 중에서도 가장 중요한 '헌법적 요체(the constitutional essentials)'와 '기본적 정의의 문제(matters of basic justice)'에만 적용되며, 그것도 공적 정치토론(public political forum)에만 적용된다(PL 214). 이는 공적 이성의 적용대상에서 (1) 도덕문제와 (2) 헌법적 요체와 기본적 정의와 관련되지 않은 상당수의 정치문제, (3) 시민사회, 또는 배경사회에서 제기되는 문제를 배제한다는 뜻이다. 이것은 롤즈의 독특한 견해이다. 이는 숙의를 가치 일반에 적용하는 구트만/톰슨이나 시민사회 일반에 적용하는 하버마스와 대비된다.

롤즈가 공적 이성의 적용범위에서 도덕문제를 배제한 이유는 앞서 보았듯 이에 대한 합의가 어렵기 때문이다. 가령 동성애 문제에 대한 평가는 어떤 삶이 의미 있는 삶인가 하는 '완전한 인간선(full human good)'과 관련되며, 이는 개인이 취하는 포괄적인 도덕적 교설을 반영할 수밖에 없다. 포괄적 교설은 인간의 삶에서 가치 있는 것에 대한 다소간 체계적인 관점이다. 각자가 선택하는 포괄적 교설에 따라 동성애에 찬동하는 사람도 반대하는 사람도, 또 부분적으로만 인정하는 사람도 있을 것이다. 분명한 것은 합당한 다원주의적 사실로 인해 이에 대한 합의가 불가능하며, 그런 이유에서 공적 이성은 이에 개입할 수도 없고, 또 개입해서도 안 된다는 것이다. 다만 공적 이성은 동성애 금지가 시민들에게 보장된 권리를 침해하는가 하는 헌법과 관련된 논의에 한해서 개입할 수 있다(LP 148).

또 롤즈에 따르면, 공적 이성은 공적 정치토론에서만 적용되며, 사적인 숙고와 토론에는 적용되지 않는다. 구체적으로 그것은 교회, 대학, 시민단체와 같은 단체 구성원에 의한 정치적인 논의, 그리고 대중매체에서의 논의에는 적용되지 않는다. 시민사회 일반, 또는 롤즈가 배경문화라고 부르는 영역에는 다양한 형태의 비공적 이성이 존재하기 때문이다. 이는 시민사회 일반으로 숙의를 확장시켜 공론영역을 확보하고, 이를 보루로 해서 민주주의를 발전시키려는 하버마스와 확연하게 대비된다(LP 134).

롤즈가 예로 든 공적 정치토론에는 (1) 법관, 특히 대법원 법관의 논변, (2) 정부관료, 특히 수석 행정관과 입법가의 논변, (3) 공직 후보자와 그의 캠페인 매니저의 논변이 있다. 이 중에서도 롤즈가 공적 이성의 표본으로 삼는 것은 법원이다. 롤즈에 따르면, 법원이야말로 유일하게 공적 이성의 산물이고, 이것만으로 구성된 유일한 정부 부서이다(PL 215-216). 시민이나 의원은 헌법의 본질적 요건과 기본적인 정의가 걸린 문제가 아닐 때에는 자신들의 포괄적 견해에 따라 적절하게 투표할 수 있다. 반면 법관은 오로지 공적 이성에 의해 자신의 역할을 수행해야 하며, 정치적인 것 이외의 다른 가치, 예를 들면 개인의 도덕적 이상이나 덕목에 의존해서는 안 된다(PL 235-236).

중요한 것은 일반인들도 과연 공적 이성에 따라 판단하고 행위해야만 하는가의 문제이다. 롤즈는 일반시민들도 시민성의 의무에 따라 행위하는 것이 공적 이성의 이상(ideal)이라고 밝힌다. 하지만 어디까지나 이것은 도덕적인 의무이지 법적 의무는 아니다. 시민성의 의무를 법적 의무로 간주하게 될 경우 언론의 자유와 양립 불가능하다고 믿기 때문이다(LP 135-136).

3) 공적 이성의 내용: 상호성과 정치적 정의관

앞서 보았듯이 롤즈의 전략은 기본적으로 배제전략이다. 즉 문제를 '정치의 근본문제'로 한정하는 동시에, 합의의 방법을 '공적 이성'으로 제한하는 것이다. 여기서 우리는 합의의 방법으로 공적 이성에만 호소하고, 왜 포괄적 교설에 호소해서는 안 되는가 하고 물을 수 있다.

이에 대한 롤즈의 답변은, 정치권력은 하나의 강제력이고, 여기에는 신체의 자유를 제한해 구금하는 것까지 포함된다. 또 우리는 좋든 싫든 사회구조에서 이런 강제력과 더불어 평생을 살아야 한다. 따라서 이런 정치권력의 사용은 헌법과 합치되는 상황, 즉 모든 시민들이 이성적이고 합리적인 것으로 받아들이는 원칙과 이상에 비추어 합당한 것으로 인정하는 것에 의해서만 행해져야 한다는 것이다. 그렇다면 정치권력 행사의 정당성의 기초는 만인이 합의할 수 있는 공적 이성 이외의 다른 대안이 없다는 것이다 (PL 217).

이는 정치권력 행사의 정당성의 기준으로 '자유주의적(liberal) 원칙'을 재확인한 것이라고 볼 수 있다. 그것은 서로를 자유롭고 평등한 주체로 인정하는 것이고, 결국 칸트 이래 계약주의 전통에서 말하는 '상호 존중'으로 귀결된다. 그리고 집합적 의사결정을 할 때 모든 시민들은 자유롭고 평등한 시민으로서 다른 시민들이 역시 합당하게 받아들일 수 있으리라고 합당하게 생각할 수 있는 이유를 제시해야 한다는 것이다.

롤즈에 따르면, 상호성의 구체적인 내용은 기본권을 보장하고, 기본권과 자유를 효과적으로 사용할 수 있는 수단을 적절히 보장하는 것이며, 자유롭고 평등한 시민과 세대를 넘어서는 공정한 협동의 체계로서의 사회를 가정하는 것이다(LP 141). 이런 상호성의 틀에서는 다른 시민들의 종교의 자유를 침해하거나, 투표권에 재산요건을 부과하거나, 여성의 참정권을 거부하거나 하는 일들이 있을 수 없다(LP 138). 이것이 바로 롤즈가 염두에 두고 있는 상호성이며, 정치적인 의미의 상호성인 것이다.

결국 롤즈는 공적 이성의 구체적인 내용으로 정치적 정의관을 제시한 것이다. 여기에는 공적 이성에 대한 구체적인 내용 규정을 통해 공적 이성이 공허하거나 모호하다는 주장을 봉쇄할 수 있고, 또한 공적 이성에 대한 정당화의 토대를 마련할 수 있다는 생각이 깔려 있다. 만일 공적 이성을 정당화하는 토대가 없을 경우, 공적 논의 자체에 대해 논란이 생길 수 있으며, 비결정적이고 불완전할 수 있기 때문이다.

그런데 롤즈에 따르면, 공적 이성의 내용은 자신이 제시한 정치적 정의관뿐만 아니라 다른 일군의 정치적 정의관들에 의해서도 제시될 수 있다. 자신의 정의관, 즉 '공평으로서의 정의'도 이것들 가운데 하나에 불과할 뿐이다. 정치적 자유주의는 공적 이성을 하나의 정치적 정의관의 형태로 고정시키지는 않는다. 예를 들어 정치적 자유주의는 하버마스의 담론적 정의관을 인정한다고 밝히고 있다(LP 142).

롤즈와 하버마스를 비교한다면, 전자는 '정치적', 후자는 '인식론적'이라고 할 수 있다. 하버마스의 담론이론에서 공적인 숙의는 정의와 공공선에 대한 진리를 발견하는 데 필수적인 것이다. 롤즈에서는 이런 인식론적인 주장이 배제된다. 롤즈에서 숙의는 정치적 정당성을 충족하기 위한 요건일 뿐이다. 이 점에서는 롤즈가 하버마스보다 더 유리하다는 지적도 있다. 에스트런드(David Estlund)에 따르면, 숙의민주주의의 토대로 강한 인식론적 관점을 고집하다 보면 별로 달갑지 않은 결과에 도달할 수 있다. 구체적으로 말하면 우리는 숙의과정에서 만장일치의 합의에 도달하지 못할 경우 결국에는 다수결에 의존해야 한다. 그런데 만일 자신의 입장이 소수파에 속했을 경우, 우리는 자신의 잘못을 인정하거나, 또는 숙의결과가 잘못되었다고 해야 한다. 이는 바람직하지 않다. 그리고 만일 민주적인 숙의보다 더 나은 판단을 낳는 의사결정 시스템이 발견되었다고 가정해 보자. 도덕 전문가와 경제학자로 구성된 협의회나 또는 탁월한 도덕적 천재를 통한 의사결정체제가 그것이다. 만일 강한 인식론적 관점을 고집한다면, 우리는 부득불 그런 의사결정체제를 선택해야 한다는 결론이 나온다. 하지만 그렇다고 해서 민주주의자가 그런 체제에 궁극적인 정치권력을 줄 수는 없는 것이다.8)

4. 공적 이성을 둘러싼 논란들

롤즈의 관심은 다원주의라는 일견 보기에 합의 불가능한 사회 배경에서 사회구조의 근본원리에 대한 사회적인 합의를 이끌어내는 것이다. 따라서 그것은 숙의를 통한 진리의 확보라는 인식론적인 것이 아니라, 상호 존중과 사회 안정의 확보라는 정치적인 목적을 깔고 있다. 합의를 위한 구체적인 방안은 합의의 대상을 정치적인 주요 주제로 한정하는 동시에, 합의방법에서 포괄적인 도덕적 교설을 배제하는 것이었다. 또 공적 이성의 내용으로 상호성에 바탕을 둔 정치적 정의관이 제시되었다.

여기서 논점은 다음과 같다. 정치적 정의관과 공적 이성을 연결시키는 것이 과연 적절한가? 그리고 포괄적 도덕을 배제한 상태의 공적 이성에 의한 정책결정이 가능한가? 그리고 공적 이성의 대상을 '정치의 근본문제'로 제한한다는 것은 어떤 의미를 담고 있는가? 특히 공적 이성이 작동하는 숙의민주주의 사회의 실

8) Samuel Freeman, 앞의 글, p.379, p.388. 그리고 하버마스와 롤즈에 대한 비교로 유용한 우리나라 학자의 글로는 다음을 참조. 홍성구(2002), 「자율적 정치참여를 위한 의사소통의 조건: 롤즈와 하버마스를 중심으로」, 『한국언론정보학보』 19호, 한국언론정보학회.

현을 위한 구체적인 청사진 마련이라는 과제에 비추어 볼 때 롤즈의 주장은 과연 문제는 없는가?

1) 공적 이성과 정의관

많은 학자들이 롤즈가 공적 이성을 롤즈 특유의 정의관과 연결시킨 것에 불만을 표했는데, 그 대표자는 코헨이다. 코헨이 보기에, 롤즈는 정의관에서 공적 이성(숙의)을 도출해 내려고 하는데, 이는 가능하지도 바람직하지도 않다.[9)]

코헨은 롤즈가 말하는 숙의민주주의가 잘 정착된 '질서정연한 사회'의 이념을 분석하면서, 그 특징을 (1) 공동선에 대한 공적인 토론, (2) 정치적 자유의 평등, (3) 민주주의를 통한 시민들의 자존감과 정의감의 발전으로 본다. 코헨이 보기에, 롤즈는 원초적 입장의 당사자들은 "각 개인들이 갖는 정치적 자유들은 공평한 가치를 지닌다."는 단서 아래 모든 시민들은 헌법 제정 과정에 참여할 동등한 권리를 갖는다는 참여의 원리를 선택하리라는 논변을 피고 있다. 즉 롤즈는 '공평성(fairness)의 이념'으로부터 '숙의민주주의의 세 가지 특징'을 이끌어 낸 것이다.

코헨은 롤즈가 이 세 가지를 받아들인다는 점에서는 옳으나, 이 세 가지가 공평성 이념의 결과물이라고 본 것은 잘못이라고 주장한다. 코헨에 따르면, 이러한 논변은 지나치게 간접적이고 도구적이다. 그것은 존 스튜어트 밀이 자유를 공리주의적 관점에서 도출하는 것과 마찬가지로 매우 사변적인 심리적, 사회적 가정에

9) Joshua Cohen(1989/1997), "Deliberation and Democratic Legitimacy", James Bohman & William Rehg(eds.), *Deliberative Democracy*, The MIT Press, pp.68-71.

의존한다. 그래서 공평성의 이념에서 숙의민주주의의 세 가지 특징이 도출된다는 보장이 없다. 모든 사람이 공평하게 자기 이익을 추구하고, 표현하는 협상체제인 다원주의적 정치이념도 공평성의 이념에 어긋나지 않기 때문이다. 코헨의 주장은 이 세 가지 요소가 공평성(또는 평등한 존중)이라는 더 근본적인 이념으로부터 도출되는 이념이 아니라, 공적인 일에 대한 집합적 결정에 도달하는 적절한 방식에 초점을 두는 독립된 정치이념이라는 것이다. 이러한 민주주의라는 정치이념은 평등의 이념, 또는 공평성의 이념만큼 우리들에 의해 직관적으로 공유되는 이념이며, 오히려 평등의 이념이 민주주의의 이념으로부터 도출된다고 코헨은 보면서, 이와 관련된 일련의 작업을 수행한다.10)

코헨의 작업이 과연 성공했는지는 확언할 수 없고, 또 이 글의 목적도 아니다. 또 코헨의 글은 1989년에 발표되었고, 그가 비판의 대상으로 삼은 롤즈의 글은 『사회정의론』과 1980년대에 발표된 일련의 논문들이기 때문에, 『정치적 자유주의』와 『만민법』에서의 롤즈에 대한 비판으로는 한계가 있을 것이다. 하지만 1980년대 발표된 롤즈의 글들이 1993년 발표된 『정치적 자유주의』의 밑바탕이 되었고, 또 『만민법』을 포함해 1990년대에도 롤즈는 꾸준히 정의론과 공적 이성을 연결시키고 있다는 점에서 코헨의 논의는 롤즈에 대한 비판으로 의미가 있다. 어쨌든 코헨의 핵심은

10) 코헨은 민주주의 이념에서 평등의 이념을 이끌어 낸다. 코헨은 우선 숙의민주주의의 형식적 개념을 가정한 다음, 형식적 조건에 실질내용을 부여하기 위해 이상적인 숙의의 절차를 제기한다. 그리고 이런 과정을 통해 숙의의 실질적 조건으로 권력관계의 영향력과 무관하게 정치참여를 가능하게 하는 충분한 수입 등의 평등주의적 사회제도가 요구된다고 본다. 또 이는 절차주의의 외재적 조건이 아니라 내재적 조건이라고 본다. 같은 글, pp.72-91.

롤즈의 정의론이 없이도 공적 이성과 숙의민주주의의 토대를 마련할 수 있다는 것이다. 또 롤즈 자신도 앞서 보았듯이 『만민법』에서 자신의 정치적 정의관이 공적 이성과 숙의민주주의의 한 가지 토대이기는 하지만, 유일한 토대는 아니라는 점을 인정한 바 있다. 그렇다면 굳이 롤즈의 정의론을 매개로 하여 공적 이성과 숙의민주주의를 기초시킬 필요는 없다는 지적이 가능하다.

구트만/톰슨과 하버마스 또한 롤즈가 정의의 원리를 고집하는 것에 불만이다. 하버마스는 본질적 정의의 청사진을 제시하는 것은 철학자의 역할이 아니라고 본다. 정의에 대한 철학적 견해를 완고하게 고집하는 것은 시민의 정치적 자율을 위협하는 것이다. 오히려 민주적 숙의야말로 정의를 포함한 정치원리들을 밝히는 바람직한 방식이라고 주장한다. 반면 롤즈는 정의의 원리가 공적 이성과 공적 정당화에 반드시 필요하다고 본다. 정치적 가치들이 충돌하거나 그 의미가 모호할 때 공적 논의를 이끌 지침이 필요하며, 민주주의 국가에서 이 역할을 해줄 수 있는 것은 정의의 원리밖에 없다는 것이 롤즈의 생각이다. 즉 정의의 원리는 공적 이성의 내용을 공급해 주면서 공적 이성을 '완전하게(complete)' 하는 것이다. 또 롤즈가 말하는 정의의 원리는 모든 도덕적 교설로부터 '자유로운(freestanding)' 것이며, 도덕적이 아닌 순수한 의미의 '정치적인(political)' 것이다.[11]

하지만 앞서 지적했듯이 공적 이성과 관련된 분쟁을 해결하기 위해 정의의 표준이 필요하다는 것은 결국 시민들이 어떤 철학자나 정치가에 의해 이미 옹호된 원리에 의존해야 한다는 것이고, 이는 시민들의 정치적 자율을 훼손한다는 점이다.

---

11) Samuel Freeman, 앞의 글, pp.408-409.

또한 많은 학자들은 롤즈의 입장도 결국 '포괄적인' '도덕적인' 정치교설의 하나이며, 따라서 롤즈의 주장 또한 도덕적 교설로부터 '자유롭다'고 보지 않는다. 가령 롤즈는 정치관의 구체적인 내용으로 기본권을 보장하고, 기본권과 자유를 효과적으로 사용할 수 있는 수단을 적절히 보장해야 한다고 주장한 바 있다. 그런데 이런 구체적인 내용들은 롤즈의 '자유주의적 성향'을 분명히 드러내는 대목이며, 이 또한 어떤 의미에서 포괄적이고 도덕적인 주장에 속하는 것이라는 평가가 가능하다. 그래서 자신의 주장은 중립성을 표방한 것이며, 좋은(worthy) 삶에 대한 논쟁 가능한 견해에 입각한 반대자들의 비판으로부터 자유로울 수 있다는 롤즈의 야심은 그야말로 야심일 뿐이다. 반론자들이 보기에 롤즈를 포함해 자유주의자들은 보수주의자들만큼 '분파주의적(sectarian)'이다. 이는 자유주의자들이 말하는 자율과 인격의 개념은 보수주의자의 이념과 마찬가지로 좋은 삶에 대한 논쟁 가능한 견해이기 때문이다.[12]

2) 공적 이성의 완전성

앞서 보았듯이 롤즈는 근본적인 정치문제를 다룰 때는 도덕적인 접근을 배제하고 공동의 합의에 기초한 순수하게 '정치적인 접근'만 해야 한다고 주장했다. 하지만 정치적인 문제는 포괄적인 도덕적 교설과 관련이 있을 수밖에 없기 때문에 롤즈의 공적 이성의 틀만으로는 문제를 해결하기가 어렵다는 이른바 '완전성(completeness)'의 문제가 꾸준히 제기된다.

---

12) Robert Westmoreland(1999), "The Truth about Public Reason", *Law and Philosophy*, vol. 18, pp.271-296.

롤즈는 『정치적 자유주의』에서 공적 이성의 '배타적(exclusive)' 견해와 '수용적(inclusive)' 견해를 구분한 바 있다. 배타적 견해는 질서정연한 사회, 그러니까 숙의민주주의가 정착된 사회에 적용되는 것으로 공적 논의(public reasoning)에서 비공적 이성에 호소하는 것을 엄격히 금지한다. 반면 수용적 견해는 공적 논의에서 비공적 이성에 호소하는 것을 허용한다. 하지만 그것은 어디까지나 질서정연한 사회 이전의 사회에만 적용된다. 왜냐하면 헌법과 헌법을 통해 구현되는 공적 이성에 관련 내용이 없기 때문에 부득불 공적 이성 이외의 틀에서 그 논거를 구할 수밖에 없기 때문이다. 예를 들어 남북전쟁 전 노예 폐지론자들이 노예 폐지의 논거로 신의 의지라는 비공적 이성에 호소한 것이 대표적인 예이다(PL 247-254).

하지만 숙의민주주의가 정착된 사회에서도 과연 공적 이성만으로 헌법적 요체에 대한 논의가 가능한가의 물음이 제기된다. 비판자 라이디(David A. Reidy)에 따르면, 롤즈의 공적 이성의 틀만으로는 기본적인 정치적 주제에 대한 논의에서 확실한 이성적인 해결에 도달할 수 없다. 왜냐하면 롤즈가 말하는 자유주의적 공적 이성의 내용이 너무 얇기(thin) 때문이다.[13)]

라이디가 보기에 공적 이성의 불완전성을 보여주는 대표적인 두 유형은 (1) 엇비슷한 중요성을 갖는 정치적 가치들이 갈등하

---

13) David A. Reidy(2000), "Rawls's Wide View of Public Reason: Not Wide Enough", *Res Publica*, vol. 6, pp.49-72. 이런 라이디의 전략은 일종의 '내재적' 비판 전략이다. 그것은 다른 입장에 호소하는 것이 아니라 롤즈 자신의 입장은 실현하기 불가능해 스스로 무너진다는 주장이다. 이에 대한 롤즈주의자의 재반론으로는 다음을 참조. Andrew Williams(2000), "The Alleged Incompleteness of Public Reason", *Res Publica*, vol. 6, pp.199-211.

는 막상막하의 상황(stand-offs), (2) 자유주의적 공적 이성이 침묵하는 배경적(background) 주제이다.

동물권과 환경권의 문제가 배경적 주제와 관련된 사례이다. 라이디에 따르면, 자유주의적 공적 이성은 이 문제와 관련해 무력하다. 이런 주장에 대해 롤즈는 동물권의 문제는 근본적인 정치적 주제가 아니며 애당초 공적 이성의 대상이 아니라고 응답한다. 하지만 라이디가 보기에 이는 잘못된 것이다. 왜냐하면 동물권은 동물의 소유, 사용, 처분과 관계되는 사유재산권과 연관되며, 이는 곧 헌법과 관련된 문제이기 때문이다.

첫 번째 막상막하의 상황에는 낙태, 안락사, 역차별, 인간복제, 매춘 규제법, 포르노 규제 등이 해당한다.[14] 롤즈는 자유, 행복, 인간의 존엄성, 정치적 평등, 기회균등, 분배적 정의, 사회 안정, 우애, 다양성, 공동 방위, 일반 복지 등 실로 다양한 가치들을 자유주의적 정치적 가치로 인정한다. 그런데 이런 가치들이 충돌할 때 많은 경우 우리는 공적 이성의 틀 안에서는 그 해결 방안을 찾을 길이 없다. 만일 이런 가치들이 어떤 비공적 이성의 기준—포괄적인 도덕, 종교, 철학—에 의해 공약 가능한 것이라면, 그것에 의해 합리적으로 서열을 매길 수 있을 것이고, 그것도 안 되면 도덕적 직관이나 판단에 의존할 것이다. 하지만 이러한 방법은 공히 자유주의적 공적 이성의 범위를 넘고 있다는 점이 중요하다.

롤즈는 공적 이성의 완전성을 보여주는 사례로 낙태를 자주 언

14) 가령 안락사는 인간의 죽을 권리와 인간의 존엄성이 충돌하고, 인간복제의 경우는 생식의 자유와 인간의 존엄성이 충돌하는 상황이다. 자유주의 이념은 생식의 자유와 죽을 권리를 포함한다는 점에서 인간복제와 안락사는 헌법적 가치와 관련된다.

급한다. 하지만 여기서도 공적 이성은 롤즈가 가정하듯 완전하지는 않다. 롤즈에서 공적 논의는 정치적 정의관에 호소하고, 그리고 확인할 수 있는 증거와 공적 견해에 알려진 사실들에 호소하는 것이다. 그것은 우리가 이미 수용하고 있고, 그리고 다른 사람들이 합당하게 받아들일 수 있는 전제로부터 출발하여 이들 다른 사람들이 또한 합당하게 받아들일 수 있는 것으로 생각되는 결론에 도달하는 과정으로 진행되어야 한다(LP 155).

그런데 태아의 도덕적 위상에 대한 입장 선택 없이 낙태에 대한 논의가 가능한가? 물론 가령 태아는 잠재적 인격이고, 산모는 현재적 인격이라는 개념을 가지고 우리는 논의할 수도 있을 것이다. 하지만 잠재적 인격과 현재적 인격이라는 전제 자체는 공적 이성의 틀을 벗어난 것이 아닌가? 앞서 보았듯 롤즈에서의 공적 이성은 그 힘과 권위를 위해, 시민들이 공유한 공통적인 인간이성의 범위를 넘어서는 그 어떤 것도 전제해서는 안 된다. 하지만 잠재적, 현재적 인격 개념을 모든 시민들에 의해 공유되고 승인되는 전제로 보기는 어렵다. 여기서 우리는 공적 이성의 틀을 넘어서지 않고서는 낙태에 대한 논의 자체가 불가능하다는 점을 인정해야 한다. 라이디의 결론은 롤즈의 공적 이성 개념이 유효하기 위해서는 확장되어야 한다는 것이다.

롤즈는 이 점을 인정해 『만민법』에서 자신의 입장을 수정한다. 그것이 이른바 공적 이성의 '넓은(wide)' 견해이다. 그것은 질서정연한 사회에서도 포괄적 교설에 호소하는 것을 허용한다. 단 "소정의 절차를 통해 포괄적 교설을 정당화하는 충분한 공적 이성이 제시되어야 한다."는 단서(the proviso)가 붙는다(LP 152). 그것은 비공적 이성에서만 추론하는 것은 금지하지만, 공적 이성과 비공적 이성 동시로부터 추론하는 것은 금지하지 않는다는 뜻이다. 이것은 『정치적 자유주의』 초판(1993)과 재판 서문(1996), 『만민법』(1999)에서 있었던 가장 주목할 만한 변화이다.

하지만 비판자 라이디가 보기에, 롤즈의 이러한 수정은 의미 있는 것이기는 하나 한계가 없는 것은 아니다. 그에 따르면, 롤즈의 '공적 이성의 넓은 견해'는 첫째 단계에서는 비공적 이성에 기초하여 입장을 정하고, 둘째 단계에서는 소정의 절차를 거쳐 공적 이성에 의해 관련 주제를 '처음부터 다시(de novo)' 다루어 입장을 정하자는 것이다. 하지만 이때 많은 경우 두 번째 과정은 첫째에서 확인된 입장을 지지하는 수단으로 전락할 가능성이 높다. 예를 들어 첫째 단계에서 기독교에 근거해 낙태권을 부정한 사람은 첫째 단계에서 취한 입장에 의해 두 번째 단계를 자의적으로 구성하리라는 점이다.15)

3) 도덕적 숙의의 필요성

롤즈의 전략은 논의를 사회의 기본구조와 근본원리에 국한하는 것이다. 이를 통해 현대 정치에서 발생하는 많은 도덕적 갈등이 낳는 '비결정성'의 문제를 회피하려 한다. 이는 수많은 정치적인 쟁점들을 공적 이성의 영역에서 누락시킨 것이기도 하다.

롤즈는 『정치적 자유주의』에서 가장 중요한 합의의 대상이 되는 입헌적 요체에서 기회균등의 원칙과 차등의 원칙이 제외된다고 밝힌 바 있다. 이 두 원칙은 기본적 정의에 속하며, 그 적용 단계는 입헌적 단계가 아니라 입법적 단계라는 것이다. 이런 주장의 배경에는 기본적 자유를 규정하는 입헌적 요체를 확정하는

15) David A. Reidy, 앞의 글, p.67.

것이 더 시급하고 용이하다는 인식이 깔려 있다. 이는 롤즈가 그간 가졌던 '평등주의의 약화'를 보여주는 대표적인 대목이며,[16) 많은 이들이 롤즈에게 가졌던 기대에 어긋나는 것이기도 하다. '평등'에 대한 논의는 사회적 합의가 요구되는 정치철학의 주요 과제라는 점에서 이러한 논의의 중요성을 약화시킨 것을 바람직한 것으로 보기는 힘들다.

또한 롤즈가 공적 이성을 통한 논의를 헌법 제정 및 헌법 해석에 국한시킨 것은 숙의의 역할을 오로지 대법원에만 맡겨 놓고 정치 영역과 다른 영역에서의 숙의를 배제하는 결과를 낳는다. 대법원 판사뿐만 아니라 국회의원도 공적 이성에 기초한 숙의가 필요하다. 의원들은 지역구민의 선호를 고려해야 하지만, 자신들이 입안한 정책을 다양한 이해집단에 대해 방어해야 하기 때문에, 일반적으로 수용 가능한 정책을 입안하도록 요구받기 때문이다.

더 나아가 광범위한 다양한 영역에서 숙의 관행이 정착되어야 한다. 이른바 '중간 민주주의(middle democracy)' 영역에서 숙의가 필요한 것이다. 중간 민주주의의 영역은 일상적인 정치 영역으로, 이해집단, 시민단체, 학교, 미디어, 건강의료조직, 노조, 직업협회 등이 포함되는 실로 광대한 영역이다. 물론 롤즈가 정확히 관찰했듯이 중간 영역에서 민주주의의 작동은 불완전할 수밖에 없다. 하지만 이런 불완전성보다 더 문제가 되는 것은 이곳을 공론과 도덕의 영역에서 완전히 배제하는 것이다. '불완전성'은 인간이 사는 조건이지만, '무도덕성'이 인간이 사는 조건이라고 볼 수는 없다(DD 41).

또 헌법에 대한 논의로 숙의를 국한하는 것은 롤즈의 대전제에

16) 박정순, 앞의 글, 295쪽.

도 부합하지 않는다. 롤즈는 존 스튜어트 밀을 따라 정치 참여, 사익이 아닌 공익의 추구, 정의감을 말하면서 '시민성의 의무'를 강조한 바 있다. 그리고 정치적 자유는 단순한 수단이 아니라 시민들을 위한 가치 있는 삶의 방식이라고 주장한다. 이는 숙의민주주의의 근본정신을 고무한 것이라고 생각된다. 그런데 과연 이런 것들이 일상생활에서의 광범위한 숙의 없이 저절로 생길 수 있을까? 타자를 존중하고, 정의감에 의해 행위하려는 자세를 증진하기 위해서라도 광범위한 숙의가 필요한 것이다(DD 37).

물론 숙의가 더 큰 갈등을 야기한다는 주장도 있을 수 있다. 이전에 배제되었던 목소리가 정치의 장에 들어올 경우 갈등이 더 증폭될 가능성이 있기 때문이다. 또 참가자들이 도덕적 논변에 개입하게 되면, 주장들이 더 원칙의 문제가 되고 양보 불가능한 표준의 문제가 되어 타협의 가능성이 줄어들 것이라는 우려도 있다. 하지만 숙의가 없다면 설사 타협이 이루어진다고 할지라도 그것은 정당화 불가능한 타협이 될 가능성이 높다. 숙의야말로 도덕적 갈등을 억누르지 않고 다루는 유일한 민주적인 방법인 것이다(DD 44).

롤즈가 우려했던 것은 '도덕의 불일치(moral disagreement)'이다. 이것을 피하기 위해 도덕을 숙의의 영역에서 배제하는 한편, 숙의의 방법으로 거부했던 것이다. 하지만 도덕의 불일치가 항상 존재하는 것이라면, 도덕의 불일치는 정의로운 사회를 위해 극복해야 할 장애물이 아니라, 더불어 살아야 할 삶의 조건이라고 구트만/톰슨은 본다(DD 25-26).

그리고 불일치의 원인을 알아야 그 해결 방법도 알 수 있으며, 숙의는 불일치의 원인을 인식하는 중요한 계기가 된다는 점이 중요하다. 우리는 숙의를 통해 도덕적 갈등의 본질을 명확히 알 수 있다. 그래서 양립 가능한 가치와 양립 불가능한 가치들을 구분하고, 해소 가능한 갈등과 해소 불가능한 갈등을 구분한다. 그리고 해소가 불가능한 갈등에 대해서는 상호 존중이라는 나름의 결과를 이끌어 낼 수 있다.

낙태에 대한 논의에서 보았듯이 '상호 수용 가능한 근거'들만으로는 쟁점이 되는 정치적 주제들을 해결할 수 없다. 숙의의 일정 지점에서 공적인 또는 '상호 수용 가능한 근거'들은 고갈되고, 그럴 때 우리가 호소할 수 있는 논거들은 도덕적, 철학적, 종교적인 논거들이다. 그리고 이때 요구되는 것은 서로 화해 불가능한 차이에 직면하며 상호 존중을 유지하는 '수용성(accommodation)의 원리'이다. 그것은 자신과 반대되는 입장 또한 도덕적으로 존중받을 가치가 있다는 것을 인정하는 것이다. 예를 들어, 낙태 찬성자들은 낙태와 관련한 온건한 '생명존중론(pro-life)'에 대해 그런 입장이 도덕적으로 잘못된 것이라고 생각하면서도, 그런 입장은 나름대로 존중될 만한 것이라고 믿을 수 있다. 그것은 시민들이 자신들의 도덕적 확신을 손상시키는 것 없이, 반대자의 도덕적 확신을 최대한 수용하려고 노력하는 것이다. 구트만/톰슨은 이것이야말로 도덕적으로 건강하고 민주적인 삶에 있어 본질적인 것이라고 믿는다(DD 2-3).

5. 나가는 말

지금까지 숙의민주주의 정치이념의 한 축을 이루는 롤즈의 공적 이성에 대한 논의를 살펴보았다. 숙의민주주의가 해결해야 할 중요한 과제는 다수 시민의 이성적인 논의과정을 통해 확고한 대안을 창출함으로써 사회적인 의사결정능력을 확보해 내야 한다는 것이었다. 그것은 숙의의 불확실성이라는 반론에 응답하는 것이었다. 롤즈는 이 문제를 정의론을 도입함으로써 해결하려 했다. 그것은 합의가 쉽지 않은 다원주의라는 상황에 맞서 합의 대상을 근본적인 정치적인 주제로 한정하고, 논의방법에서도 도덕을 배제하는 이중의 배제 전략을 구사하는 것이기도 했다.

하지만 정의론과 공적 이성의 내용을 연결하려는 작업에 대한 비판이 만만치 않음을 보았다. 또 포괄적 교리를 배제한 공적 이성으로는 근본적인 정치적 주제에 대해서도 문제 해결이 용이하지 않다는 완전성의 문제가 제기되었다. 또한 숙의민주주의의 사회적 정착을 위해서는 광범위한 영역의 숙의와 이를 통한 시민들의 숙의능력 증진 및 분위기 조성이 요구되는데 롤즈가 이를 간과했다는 비판도 보았다.

한 가지 대안은 구트만/톰슨처럼 도덕적 불일치를 액면 그대로 받아들이면서도 광범위한 숙의를 주장하는 것일 것이다. 또한 영(Iris Young)처럼 사회적, 문화적 차이를 인정해 섣부른 합의를 기대하지 않는 것도 한 대안일 것이다.

숙의민주주의의 난제는 각 개인들에게 상당한 정도의 '시민성의 의무'를 요구한다는 점이다. 그것은 시민들에게 공동선이라는 도덕적 동기를 갖고 정치과정에 자발적으로 참여하며, 이와 관련된 민주적 절차를 준수할 각오를 요구한다. 상호성과 공평성(롤즈), 상호성과 수용성(구트만), 숙의결과에 의해 도달한 민주적 제도와 규범 준수(코헨) 등이 강조되는 것도 이런 배경에서이다. 하지만 많은 시민들이 그런 동기를 갖고 있지 않거나 또는 그런 동기에 반대한다는 점에서 숙의민주주의는 극복하기 쉽지 않은 장애물을 갖고 있다.

하지만 만약 숙의를 거부한다면 우리에게 남는 것은 무엇인가

자문해 볼 수 있다. 그것은 합리적인 대화와 공동체적인 삶을 거부하는 것이고, 그것은 "나는 네가 원하는 논거를 제시할 수 없고 단지 내가 하고 싶은 것을 할 뿐이야."라는 입장만 남지 않는가 하는 두려움이다. 이런 점에서 숙의민주주의의 갈 길은 험난하지만 그럼에도 불구하고 우리가 추구해야 할 한 가지 가능성이 아닌가 생각해 본다.

5장 하버마스와 환경

1. 들어가는 말

환경문제가 사회 전반에 공론화되면서 자연보전이 중요하다는 대원칙에는 별 이견이 없는 것 같다. 하지만 새만금, 천성산, 한반도 대운하 등 자연보전과 개발이익이 충돌하는 구체적 현안이 발생하면 상황은 달라진다. 천성산 터널 공사를 강행하려는 입장과 이에 반대하는 지율 스님의 단식에서 우리는 다양한 의견들의 충돌을 목격하고 있다.

여기서는 담론윤리와 그것의 정치적 표현인 숙의민주주의를 통해 자연에 대한 배려가 가능한지 살펴본다. 논의는 생태주의자들의 비판과 우려, 즉 담론윤리는 담론의 주체로 오로지 인간만을 허용하고 자연은 배제하는 부당한 인간중심주의라는 비판과, 민주적 숙의라는 절차가 자연을 배려할 보장이 없다는 우려를 의식하면서 진행된다.

논의의 순서는 다음과 같다. 우선 담론윤리의 특징과 이에 대한 생태주의자들의 비판을 살펴본다. 둘째, 생태주의 철학에 대한 담론윤리학 진영의 비판을 아펠의 논의를 중심으로 알아본다. 셋째, 대표적인 담론윤리학자인 하버마스의 동물에 대한 논의를 살펴본다. 넷째, 드라이젝, 포겔, 구딘 등 담론윤리의 토대 위에서 환경철학과 환경 정치학을 전개하는 논의를 살펴봄으로써 담론윤리가 환경문제에 대해서도 충분히 대응할 수 있음을 밝힌다. 마지막으로 환경문제에 대한 담론윤리의 대응 능력은 이론적인 것으로 그치는 것이 아니라 현실에서도 실현될 수 있음을 보인다.

2. 담론윤리의 특징

여기서는 하버마스와 하버마스를 계승하는 학자들의 담론윤리에 주목한다. 왜냐하면 코헨과 롤즈 같은 숙의민주주의의 핵심 이론가들은 합의 가능성을 중시해 숙의의 대상을 좁히고, 특히 가치와 연관되어 합의가 쉽지 않은 환경문제 등을 배제하고 외면하는 경향이 있는 반면,[1] 하버마스의 경우 숙의의 대상이 넓고 환경문제에 대해서도 끊임없는 관심을 표현해 왔기 때문이다. 동시에 드라이젝, 구딘, 에커슬리 등 숙의민주주의에 관심을 두는 환경 정치학자들이 담론윤리의 영향을 많이 받았기 때문이다.

담론윤리의 대표자는 잘 알려져 있듯이 아펠(Karl-Otto Apel)과 하버마스이다. 담론윤리에서 환경문제를 포함해 사회적으로 논란이 되는 중요한 문제들을 결정하는 주체는 대중, 더 정확히 말하자면 이성적으로 논의하는 대중(reasoning public)과 대중들의 논의의 장으로서 회합(conferences)이다.[2] 여기에는 중요한 사

1) 이런 경향은 특히 롤즈에서 두드러진다. 그는 숙의의 대상을 헌법과 관련된 주요 정치문제에 한정하고 있다. 이에 대해서는 4장을 참조할 것.

회적 결정은 그것에 의해 영향 받는 존재들에 의해 직접 이루어져야 한다는 전제가 깔려 있다. 또한 이들 대중들은 모든 사회구성원에게 구속력이 있는 보편적인 규범을 산출해야 하며, 그런 점에서 의사소통적 합리성에 기초해야 한다. 이 의사소통적 합리성은 체계 합리성, 그리고 전략적 합리성과도 구별되는 합리성이다.

보편화용론은 의사소통적 합리성의 전제들을 이론적으로 구성한 것으로 현실의 의사소통적 합리성을 정당화하고 규제한다. 하버마스는 영미 철학자인 오스틴(John Austin)과 써얼(John Searle)의 언어행위이론(speech act theory)에 기초하여 이른바 '효력주장(Geltungsanspruch)'이라는 개념을 내세운다. 하버마스에 따르면, 일종의 언어행위로 타당성 주장을 하기 위해서는 그것의 효력을 발생시킬 책임을 떠안아야 한다. 그래서 반론이 제기될 경우 왜 그것이 참이거나 옳은지, 또는 진지한 것인지 그 이유를 제시해야 한다. 논의에 개입할 각오가 되어 있다는 것이 이런 언어사용에 요구되는 전제조건인 셈이다. 결국 어떤 것이 옳다고 말하는 것은 그것의 옳음이 논거 제시에 의해 방어될 수 있다는 것을 의미한다.

보편화용론에서 핵심 역할을 하는 것이 아펠이 제시한 '수행적 모순(Performativer Widerspruch)'이라는 개념이다. 언어와 행위능력이 있는 자는, 어떤 효력주장을 검토하기 위해 토론에 들어서자마자 특정한 규범적인 전제들에 '언제나 이미' 발을 들여놓은 것이나 마찬가지다. 누군가가 토론을 하면서 토론의 구성규칙

2) Karl-Otto Apel(1992), "The Ecological Crisis as a problem for the Discourse Ethics", in A. Ofsti(ed.), *Ecology and Ethics*, Trondheim, Norway: Tapir Trykk, p.228.

을 인정하지 않는다면, 그는 토론의 존립조건 자체를 위협하는 수행적 모순을 범하는 것이다.[3]

아펠에 따르면, 이러한 생각은 칸트가 말한 '이성의 사실(Faktum der Vernunft)'이 의미하는 바를 선험화용론적인 반성을 통해 해독한 것이다. 그것은 우리가 진지하게 논증할 때, 우리가 항상 이미 필연적인 전제조건으로 인정한 문법적, 선험적 구조를 의미한다. 그래서 상호 주관적 타당성을 갖는 언어를 사용할 때 수행적 자기모순을 범하지 않고서는 이것에 대해 의문을 제기할 수 없는 것이다. 이것에 의해 우리는 우리들이 현실적인 의사소통 공동체의 일원이라는 것을 인정한 것이며, 동시에 이로 인해 이상적 의사소통 공동체의 조건을 반사실적으로 인정해야만 한다.[4]

아펠의 논의는 하버마스의 이상적 담론상황에 대한 논의로 연결된다. 이상적 담론상황은 담론의 참여자들이 동등한 기회를 갖고, 의사소통에 작용하는 모든 체계적 왜곡이 배제된 상황이다. 여기서는 '더 나은 논증의 힘'만이 유일하게 합리적인 동기이며, 강요나 강제, 즉 명시적이거나 혹은 은폐된 지배에 의해 강제된 합의는 거부된다. 참된 합의와 거짓된 합의의 구별은 바로 이상적 담론상황과 관련되어 규정되는 것이다.

물론 우리나라, 더 나아가 민주주의가 더 발전한 서구 사회일지라도 과연 하버마스가 가정하는 이상적 담론상황이 실현되었느

---

3) 수행적 모순에 대해서는 다음을 참조. 정호근(1994), 「하버마스의 담론이론」, 『철학과 현실』 23호, 철학문화연구소, 155쪽; 정원규(2001), 「도덕합의론과 공화민주주의: 롤즈와 하버마스의 이론을 중심으로」, 서울대학교 박사학위논문, 30-35쪽; 하버마스, 황태연 옮김(1996), 『도덕의식과 소통적 행위』, 나남출판, 123-129쪽.

4) Karl-Otto Apel, 앞의 글, p.242.

냐, 그리고 담론 참여자들이 과연 진정으로 자율적이고 성숙된 판단능력을 소유했느냐에 대해서는 회의가 드는 것도 사실이다.[5] 하지만 아펠은 의사소통 공동체의 조건이 현실 사회에서 어느 정도는 실현되어 있다고 믿으며, 또 진정한 의사소통 공동체를 실현하기 위해 노력해야만 한다고 전제한다. 즉 그는 현실의 의사소통에 대해 최소한의 기본적인 신뢰를 갖고 있으며, 동시에 그것이 이상적 의사소통에 의해 규제되고 안내되어야 한다고 믿는다. 아울러 이상적 의사소통은 현실의 의사소통에 기초해 그것을 규제하고 안내하는 역할을 하며, 그때 자신의 존재의미를 갖는다. 이런 점에서 현실의 의사소통과 이상적 의사소통의 조건들은 상호 의존적이라고 할 수 있다.[6]

담론윤리는 철학적으로는 칸트를 계승하는 동시에 정치적으로는 현대의 민주주의를 옹호하는 정치사회 철학이다. 그것은 후설(E. Husserl) 식의 선험적 유아론과 전통적인 형이상학을 거부하고, '의식철학'에서 '의사소통에 기초한 철학'으로의 패러다임의 변화를 촉구한다. 그것은 칸트의 선험적 보편주의를 매우 약한 형태에서, 그리고 오류 가능한 형태에서 계승한 것이라고 평가된다. 담론윤리의 특징은 절차주의적 성격을 지닌다는 것이다. 즉 옳고 그름의 주장의 정당성은 공적 담론의 조사에 달려 있다는 것이고, 그 어떤 구체적이고 실질적인 내용을 규정하지는 않는다

5) 정호근은 하버마스의 담론이론에는 인간성에 대한 무한한 신뢰가 근저에 놓여 있는데, 문제는 이 신뢰가 이론적이나 경험적으로 입증되고 있다기보다는 그의 믿음에 근거하고 있을 뿐이 아닌가 하는 점에서 우려를 표명한다(정호근, 앞의 글, 157-158쪽). 그리고 정원규는 숙의민주주의에 엘리트주의적 측면이 있다는 점에서 참여민주주의의 이상에 어긋난다고 비판한다(정원규(2005), 「민주주의의 두 얼굴: 참여 민주주의와 숙의 민주주의」, 사회와 철학연구회, 2005년 12월 발표문).

6) Karl-Otto Apel, 앞의 글, 243쪽.

는 것이다.7)

담론윤리에 대해서는 숱한 반론들이 제기되어 왔다. 반론들 중 생태주의 진영에서 제기된 가장 일반적인 비판은 담론윤리에서 동물과 자연이 갖는 위상에 관한 것이다. 동물과 자연은 인간의 환경정책에 의해 실제로 중요한 영향을 받는 존재이다. 가령 새만금 개발은 갯벌을 생활의 터전으로 삼는 뭇 생명의 안위를, 천성산 터널은 그 안에 거주하는 도롱뇽의 안위를 위태롭게 할 것이다. 이때 이들 자연의 존재들은 어떻게 의사결정에 참여해야 하는가?

에커슬리(Robyn Eckersley)에 따르면,8) 담론윤리 체계에서 의사소통 행위는 '효력주장'을 제기하고, 도전하고, 수행할 능력이 있는 존재에게만 해당된다. 이는 담론에 참여할 능력이 있는 존재, 즉 인간만을 주체로 인정하고, 자연을 배제하는 지극히 인간중심적인 발상이라고 에커슬리는 비판한다. 에커슬리는 극히 일부 생물의 능력인 의사소통적 능력이 아니라 모든 생물의 능력이라고 할 수 있는 자기지향성(self-directedness) 능력을 도덕적 고려 가능성의 기초로 받아들여야 한다고 주장한다.

또한 담론윤리는 기본적으로 절차에 관한 이념인 반면, 생태주의자들이 추구하는 것은 환경보전이라는 일종의 목적에 관한 이념이라는 것이다. 여기에서 담론윤리 또는 민주주의 같은 절차적 이념이 환경보전을 결과한다는 보장이 없으며, 이런 점에서 담론윤리나 숙의민주주의는 환경보전과 생태사회 건설이라는 생태주

---

7) Steven Vogel(1996), *Against Nature: The Concept of Nature in Critical Theory*, State University of New York Press, pp.145-148.

8) Robyn Eckersley(1999), "The Discourse Ethic and the Problem of Representing Nature", *Environmental Politics*, vol. 8, no. 2, pp.24-49.

의자의 목표를 달성하는 데 충분하지 않다는 주장이 제기된다.

3. 아펠의 생태주의 비판

담론윤리 진영에서 생태주의 철학에 대한 비교적 체계적인 비판은 아펠에 의해 행해졌다. 아펠이 비판한 철학자는 요나스와 네스이다. 요나스(Hans Jonas)는 독일어권 환경철학을 상징하는 인물이고, 네스(Arne Naess)는 근본생태주의의 대표자이다. 요나스는 생명형이상학을, 네스는 생명평등주의와 큰 자아실현을 내세운다. 아펠은 생태주의 철학의 유용성을 인정한다. 네스와 요나스의 생태주의 이념은 기존에 있었던 자연과 인간의 협소한 도구주의적 관계를 극복하고, 행동의 변화를 촉구하며 사람들에게 이를 받아들이게 하는 동기(motivation)로서 필요하다는 것이다.[9] 하지만 아펠이 볼 때 이들 철학이론에는 이론적이고 실천적인 결함도 적지 않다.

우선 아펠은 이들 생태주의 철학자들이 주장하는 이른바 '탈인간중심적 관점'이 가능한지에 대해서는 회의적이다. 아펠이 보기에 오늘날 점증하고 있는 자연에 대한 관심도 엄밀히 말하면 인간중심적 관점을 벗어날 수 없다. 이와 관련해 아펠은 '생태위기'의 의미를 분석한다.[10] 생태위기라고 했을 때 생태위기는 정확히 무엇을 의미하는가? 과연 자연이 위험에 빠졌다는 것인가, 아니면 현재 지구에 사는 인간과 인간 주변의 생명권이 위험에 빠졌다는 것인가? 아펠이 보기에 그것은 후자의 의미이다. 전자, 즉 자연이 위기에 빠졌다는 것은 인간의 파괴력을 과대평가하고, 자

9) Karl-Otto Apel, 앞의 글, p.238.

10) 같은 글, pp.236-237.

연의 존재를 잘못 이해한 탓이다. 전체로서의 자연은 인간의 간섭에 의해 파괴될 수 없으며, 파괴되는 것은 인간과 현재 인간 주변에 존재하는 생명권일 뿐이다. 자연과학자들에 따르면, 현재의 환경파괴가 상당 기간 지속된다 하더라도 물리학과 유기화학에서 말하는 자연은 건재해 지금과는 다른 지구의 생명권을 구성하리라고 예상한다. 지금까지 지구는 여러 차례의 혁명적 변환을 통해 자신을 변화시켜 왔고, 때로는 멸종되는 생명체에게는 독이었던 것을 자신의 생존의 기초로 삼아 왔다. 파괴되는 것은 자연이 아니라 인류, 그리고 인류와 생존조건을 공유하는 생명권의 일부이다. 물론 이런 파괴는 끔찍한 것이지만, 중요한 것은 그것이 인간중심적 관점에서 그렇다는 점이다.

둘째, 생태주의 철학의 지배적인 경향은 '독단적 형이상학'에 기초한다는 것이고 독단적 형이상학에 대한 칸트의 비판은 여전히 유효하다는 것이다. 형이상학은 담론윤리와 근대성이 거부하는 대상이다.[11] 이와 관련해 표적이 되는 학자는 요나스이다. 요나스에 따르면,[12] 자연은 그 자체로 고유한 가치를 가지고 있다. 또 식물, 동물, 그리고 인간은 서로 친족관계에 있기 때문에 인간의 정신을 인간에 앞선 생명의 역사와 비연속적인 것으로 설명하는 것은 불가능하다. 이런 맥락에서 그는 우리 인간만이 아니라 가장 단순한 것에 이르기까지 모든 유기체가 내면성과 주관성, 그리고 자유를 자체 안에 가지고 있다고 확신한다. 여기에 요나스 특유의 사변적 형이상학이 덧붙여진다. 그에 따르면, 존재가 무보다, 삶이 죽음보다 우위에 있으며, 따라서 자연은 생을 원하

---

11) 같은 글, p.240.

12) 요나스에 대해서는 박구용의 분석을 따랐다. 박구용(2003), 「자기보존과 자연보존」, 『철학연구』 61집, 철학연구회, 251-254쪽.

고 이를 스스로 긍정한다. 따라서 존재와 삶은 가치 있으며, 바로 이 가치 때문에 우리 인간에게는 자연과 생명을 보존하고 보호해야 할 책임이 있다. 하지만 아펠이 보기에, 이에 대한 규범적 정당화는 사실상 불가능하다. 요나스와 동일한 형이상학적 세계관을 갖지 않는 사람은 이제 더 이상 그와 담론을 통해 합의를 모색할 수 없는 지점에 이른다.

이런 점은 근본생태주의자들도 마찬가지다. 근본생태주의자들은 자신들의 입장, 즉 존재론적으로 개체주의가 아니라 전체주의를 선택하는 것을 '성숙한 상태'로 표현한다. 이런 식이 되면 근본생태주의에 동의하지 않는 사람들은 '아직 미성숙한 상태'가 되며, 여기서 논쟁은 불가능하게 된다. 유일한 방법은 성숙한 상태가 되어 근본생태주의자들의 깊은 뜻을 이해하는 방법밖에 없다. 이런 점에서 네스와 요나스는 민주적 담론의 여지를 허용하지 않으며, 비민주적인 권위주의로 전락하게 된다.13)

셋째, 형이상학에 기초한 환경철학은 정의와 평등의 원리를 결핍하고 있다. 아펠에 따르면, 요나스의 형이상학적 전제를 인정할 경우 어쩌면 미래에 인류가 생존할 수 있는 조건을 확보해야 할 의무가 우리에게 있다는 것을 도출해 낼지도 모른다. 하지만 문제는 이와 함께 인간들의 평등한 권리를 존중하는 의무를 도출하는 것은 불가능하다는 점이다. 즉 요나스의 체계에서는 칸트와 담론윤리가 지향하는 정의의 원리 내지 보편화의 원리와 유사한 것을 확보할 수 없다. 요나스의 체계에서는 생명이나 인간의 생존은 확보될 수 있을지 모르지만, 이를 위해 부정의한 방식, 가령

---

13) Bob Pepperman Taylor(1996), "Democracy and environmental ethics", William M. Lafferty & James Meadowcroft(eds.), *Democracy and the Environment*, Edward Elgar, pp.96-97.

인류의 생존을 위해 제3세계의 기아를 대가로 치르는 방식 또한 용인될 수 있는 것이다.14)

또한 요나스의 책임이론도 한계가 있다. 요나스의 책임이론은 더 큰 권력을 지닌 자와 그에 의존하는 자의 비대칭적 관계에 기초하기 때문에 상호성을 배제한다고 말해진다. 요나스는 구체적인 사례로 부모의 신생아에 대한 책임, 정치가의 국민에 대한 책임 등을 제시한다. 이것들은 직관적으로 보아 그럴듯해 보이기도 하고, 때로는 이런 비대칭적 관계가 책임의 특징이라는 사실을 부인할 수는 없다. 하지만 그렇다고 해서 이상적인 의사소통 공동체의 구성원들의 상호 책임이 갖는 '본원적(primordial)' 상호성을 전제하는 것 없이 누가 무엇에 대해 책임 있다는 규범적 원리의 가능성을 정초시킬 수는 없다고 아펠과 하버마스는 본다. 아펠과 하버마스가 보기에, 요나스가 말하는 비대칭적인 책임은 어디까지나 관습주의 시대, 즉 회의주의 이전 시대에만 의미 있을 뿐이다. 즉 그것은 계몽 이후의 근본적인 회의주의자들의 물음, 즉 내가 왜 그런 책임을 져야 하는가에 대한 답변이 될 수 없다. 반면 담론윤리는 그런 물음이 가능하기 위해서 전제되어야 하는 것을 문제 삼음으로써 그런 문제를 해결할 수 있다고 아펠과 하버마스는 본다.15)

마지막으로, 지금까지의 생태주의 철학자들은 인간과 자연의 이익이 충돌할 때 이를 해결할 수 있는 구체적인 기준을 제시하지 못했다. 앞서 보았듯이 상당수의 환경철학자들은 환경위기의 원인을 인간중심주의, 개체주의로 보고, 그 대안으로 생명평등주

14) Karl-Otto Apel, 앞의 글, p.241.

15) 같은 글, pp.245-246. 그리고 하버마스, 『도덕의식과 소통적 행위』, 84-94쪽.

의와 전체주의(holism)를 제안한다. 그리고 이런 각도에서 인간과 자연의 관계를 볼 때만이 비로소 환경문제가 해결될 수 있다고 본다.

하지만 구체적인 현실에서 인간의 이익과 다른 생명의 이익, 또는 생태계의 이익은 서로 다를 수 있다. 그럴 때는 어떻게 해야 하는가? 가령 천성산에서 인간의 이익과 도롱뇽의 이익이 충돌할 때 생명평등주의는 무엇이라고 말할까? 그리고 생명평등주의를 따를 경우, 우리는 집을 한 채를 지을 때도 그로 인해 삶의 터전을 박탈당할 미생물을 포함해 수많은 생명체에게 양해를 구하며 죄의식을 느끼면서 집을 지어야 할까? 또한 생명평등주의 같은 개체주의를 거부하고 대지윤리처럼 생태계 전체주의를 채택해도 문제는 남는다. 극단적으로 말하면, 생태계 입장에서는 인간이 있는 것보다 아예 없는 것이 더 나을 수 있기 때문이다. 이런 각도에서 생태계 보전을 제1원리로 보는 환경철학은 환경 파시즘이라는 레건(Tom Regan)의 비판이 나온 것이다.16)

이와 관련해 네스는 문제를 윤리의 틀이 아니라 존재론의 틀에서 보자고 제안하긴 한다. 그래서 네스는, 우리는 우리 자신을 억누를 필요가 없으며, 다만 우리의 큰 자아를 계발하면 될 뿐이라고 말한다. 그리고 인간과 자연의 이익의 충돌은 인간의 자아를 협소한 의미의 자아로 보았을 때에만 발생하는 것이고, 그렇지 않고 나를 큰 자아로 보면 발생하지 않는다고 주장한다. 요약하면 나를 큰 자아로 보고, 나를 구성하는 자아 안에 자연이 포괄되면 해소될 수 있다고 보는 것이다.

하지만 현실은 그렇지 않다. 물론 자연이 '나'라는 존재의 정체

---

16) Arne Naess(1989), *Ecology, Community and Lifestyle*, Cambridge University Press, p.174.

성을 구성하는 주요 환경이고, 현재의 나를 있게끔 하는 범주이기는 하다. 하지만 그렇다고 해서 나와 자연세계가 하나일 수 있겠는가? 나의 이익과 대한민국의 국익이 항상 일치하는 것은 아니듯이, 인간의 이익과 자연의 이익은 항상 일치한다고 보기 어렵다. 이 문제는 비단 네스뿐만 아니라 캘리코트(J. B. Callicott) 등 대개의 환경철학자들이 공통적으로 안고 있는 문제이다.

4. 하버마스와 동물

환경철학과 관련해 하버마스가 다룬 것은 주로 동물의 문제로 그의 저작『담론윤리의 해명』에서 이루어진다. 하버마스는 '좁은 의미'의 도덕문제들은 오직 언어능력과 행위능력을 갖춘 주체들의 영역 안에서만 제기된다고 전제한다. 왜냐하면 도덕은 인간 공동체의 구성원으로서 다른 사람들과의 공동작업과 합의와 연관되며, 또 이에 의존하기 때문이다.[17] 이런 점에서 볼 때 도덕의 영역을 동물들로 확장할 수는 없다. 왜냐하면 동물들은 인간과 상호성의 관계를 맺을 수 없기 때문이다.

그런데 하버마스가 보기에 문제는 동물에 대한 학대는 도덕적 명령에 어긋난다는 직관이 우리에게 분명히 존재하고 있다는 사실이다. 즉 우리의 직관은 고통을 느낄 수 있는 능력을 가진 동물에 대해 잔인한 행동을 하는 것은 실용적인 근거에서, 그리고 윤

17) 하버마스에서 도덕(좁은 의미의 도덕)과 윤리(넓은 의미의 도덕)의 구분, 그리고 실용적, 윤리적, 도덕적 판단의 구분에 대해서는『담론윤리의 해명』(이진우 옮김, 문예출판사, 1997), 123-145쪽을 참조. 그리고『담론윤리의 해명(*Eeläuterungen zur Diskursethik*)』(Suhrkamp, 1992)과 관련된 인용 각주는 우리말 번역본으로 표기하지만, 독일어본과 영어본을 참조하여 필자의 문체로 바꾸었다.

리적인 근거에서뿐만 아니라 도덕적인 근거에서도 금지된다고 느낀다는 것이다. 그리고 이러한 동물학대에 대한 혐오는 자신의 삶을 올바로 영위하지 못하거나 또는 실패한 삶을 살고 있는 사람들에 대한 경멸의 태도보다는 도덕적 명령을 위반한 사람들에 대해 느끼는 분노에 더 가깝다는 것이다.[18]

여기서 역설이 발생한다. 동물은 도덕의 영역에 속하지 않는다고 보면서, 정작 동물을 학대하는 것은 도덕적 의무를 어긴 것이라고 우리가 느끼는 것을 어떻게 설명할 것인가이다. 하버마스는 파치히(G. Patzig)의 논의를 검토하면서 이에 대한 자신의 입장을 드러낸다. 하버마스가 보기에 파치히의 입장은 형이상학 없이 공리주의와 의무론을 적절히 결합한다는 점에서 논의의 좋은 발판이다.

하버마스에 따르면, 파치히의 핵심 명제는 다음과 같다.

> 우리는 괴로움과 고통이 무엇인지를 알고 있으며, 괴로움과 고통을 가능한 한 피하고자 하는 자신의 관심을 다른 모든 사람들이 존중해 주기를 기대한다. 그런데 우리는 비인간적 생명체 역시 괴로움과 고통을 느낄 수 있다는 것을 가정할 수 있으며 그러는 한에서, 인간과 비인간적 생명체를 철저하게 구별하는 것은 이성적이지 않을 것이다. '따라서' 자의적으로 고통을 가하고 또 가혹하게 경시하는 것에 대한 금지는 인간의 영역을 넘어서 비인간적 생명체에게로 확장된다.[19]

하버마스는 위의 인용문에서 '따라서'가 잘못된 추리라고 본다. 하버마스는 윤리학의 기본 틀이라고 할 수 있는 '일반화의 원리'

---

18) 하버마스, 『담론윤리의 해명』, 264쪽.
19) 같은 책, 266-267쪽.

를 인정한다고 해서 다른 사람에게 고통을 가하지 말라는 규범을 고통을 느낄 수 있는 모든 동물로 확대 적용해야 한다는 결론이 도출되지는 않는다고 본다. 왜냐하면 사람들에게 '예' 또는 '아니요'를 묻는 것 없이 과연 그런 규범이 타당한지 그 여부를 알 수가 없기 때문이다.[20)]

이와 관련해 하버마스는 파치히 논변의 결함을 드러내 주는 구체적인 반례로 우리 사회에 존재하는 다른 직관들을 내세운다. 그가 보기에 우리 사회는 동물들의 고통스러운 죽음을 초래하는 동물실험을 금지하지 않고 있으며, 또한 육식을 하면서도 대다수의 사람들은 별다른 양심의 가책을 느끼지 않는다. 하버마스에 의하면 이런 역설은 의무의 감정은 우리가 의사소통 행위를 수행하면서 이미 전제하고 있는 '기초적 인정관계(fundamentalen Anerkennungsverhältnissen)'에 토대를 두고 있다는 사실을 상기한다면 해결될 수 있다.[21)]

여기에서 우리는 도덕에 대한 하버마스의 정의를 다시 확인해

---

20) 같은 책, 267쪽.

21) 같은 책, 268쪽. 이와 관련해 스티븐 포겔의 벤담 비판을 참조할 필요가 있다. 포겔은 수행적 모순 개념을 활용해 동물해방론의 원조라고 할 수 있는 벤담을 하버마스보다 효율적으로 비판하는 것으로 보이기 때문이다. 포겔에 따르면, 동물해방론 진영에서 금과옥조처럼 인용하는 벤담의 주장, 즉 "중요한 것은 이성을 갖느냐, 말하느냐가 아니라 고통을 겪는가 여부이다."라는 명제 자체가 일종의 수행적 모순을 범하고 있다. 벤담이 이런 주장을 하면서 빠뜨린 것은 자신의 주장 자체가 언어 안에서 형성되는 것이고, 언어 안에서 힘을 발휘한다는 것이다. 또 그것은 동물이 아니라 언어 사용자를 대상으로 근거가 제시되고 있다는 것, 즉 담론에 참여하고 있다는 것이다. 그런데 벤담은 인간과 동물 사이에는 도덕적으로 관련된 어떤 차이도 존재하지 않는다고 말하면서 동시에 동물에게는 없는 도덕적 논의에 참여하는 '도덕과 관련된 능력'을 전제하지 않을 수 없다. 결국 벤담은 자신의 논변을 펼치면서, 자신이 부정하려는 도덕적 차이를 전제하고 있는 것이다(Steven Vogel, 앞의 책, p.162).

볼 필요가 있다. 하버마스에서 도덕은 상호성과 사회적 상호작용을 전제한다. 그래서 하버마스에 따르면, 도덕은 상호작용과 사회문화적 삶의 양식 자체에 함의된 구조적인 위험을 보완하기 위한 보호장치이다. 구체적으로 도덕은 언어적으로 매개된 상호작용의 구조에 내재하고 있는 만성적으로 취약한 인격적 불가침성을 보호하기 위한 것이다. 그리고 인격적 불가침성은 신체적 불가침성의 훼손 가능성과도 밀접하게 연관되어 있지만, 그것에 우선한다.[22)]

그렇다면 동물학대를 금지하는 도덕적 명령의 직관적 타당성을 어떻게 설명하는가가 문제가 된다. 하버마스는 동물, 특히 우리 주변의 가축들이 우리와 상호작용한다는 사실로 이것을 설명한다. 하버마스에 따르면, 우리는 동물(가축)들과 비대칭적이기는 하나, 나름의 의사소통과 상호작용을 하며, 여기에서 동물들에 대해 도덕적 책임과 유사한 일종의 '준도덕적(moralanaloge)' 책임이 발생한다. 동물들은 우리의 사회적 상호작용에 참여하는 한, 보호받을 필요가 있는 대상으로 우리와 만나게 된다.[23)]

요약하면 하버마스는 동물에 대한 의무를 인정하지만, 그것은 어디까지나 담론윤리의 틀 안에서 인정한다는 것이다. 중요한 것은 동물의 고통 그 자체라기보다는 일부 동물이 갖고 있는 의사소통 능력과 이로 인한 상호작용 가능성이다. 이런 점에서 동물

---

22) 하버마스, 『담론윤리의 해명』, 268-269쪽. 이와 관련해 이진우는 인격적 불가침성이 신체적 불가침성에 우선할 수 있는지에 대해 의문을 제기한다. 도덕에 대한 정의, 그리고 인격적 불가침성과 신체적 불가침성의 관계는 매우 어려운 문제로 다음 과제로 남긴다(이진우(1996), 「말없는 자연은 윤리적 책임의 대상이 될 수 없는가: 하버마스의 담론이론과 환경위기」, 『사회비평』 15호, 179-180쪽). 하버마스를 비판하고 요나스에 우호적인 이진우에 대한 재비판으로는 앞에서 인용한 박구용의 글을 참조할 것.

23) 하버마스, 『담론윤리의 해명』, 270쪽.

에 대한 인간의 관계는 일종의 '준도덕적'인 관계이며, 동물에 대한 의무도 '준의무'라고 할 수 있다. 이런 의무는 의사소통의 세계에서만 발생하며, 인간이 상호작용을 하고 상호작용을 느끼는 한에서만 발생한다. 그래서 동물에 대한 우리의 준도덕적 책임의 영역은 우리 인간이 동물을 우리와 더불어 상호작용하고 의사소통하는 영역에 속한 존재가 아니라, 우리와는 다른 종의 구성원으로 볼 때 끝나게 된다. 이런 점에서 육식과 동물실험도 정당화될 수 있다는 우리의 직관이 설명된다.24)

하버마스에 우호적인 학자들을 포함해 다수의 환경철학자들은 하버마스의 입장에 만족하지 못한다. 이들이 볼 때, 동물의 가치는 반드시 우리와 상호작용하는 일부 동물에 국한되는 것은 아니기 때문이다. 또한 하버마스가 인정하는 책임은 동물에 대한 책임이지, 식물, 그리고 종, 자연 생태계에 관한 것은 아니기 때문이다.

물론 하버마스가 동물에만 관심을 두고 자연의 문제를 완전히 도외시한 것은 아니다. 하버마스에서 자연의 가치는 다양한 각도에서 인정된다. 하버마스는 자연보전에 대한 '실용적' 근거와 '윤리적' 근거, 그리고 '심미적' 근거를 동시에 인정한다. 우선 하버마스는 현재 생태계를 위협하는 간섭은 실용적인 근거에서도 바람직하지 못하다고 인정한다. 동시에 실용적 고려와는 별도로, 식물과 종을 보전해야 할 훌륭한 윤리적 근거들이 있다고 본다. 윤리적인 근거를 구체적으로 말하자면, 그것은 우리가 문명적인 지구 사회의 구성원으로서 지구에서 어떻게 살아야 하는가, 그리고 인류라는 종의 구성원으로서 다른 종을 어떻게 대우해야 하는가

24) Steven Vogel, 앞의 책, p.158.

를 진지하게 묻는다면 명확해지는 근거라고 말한다. 그리고 때로는 윤리적 근거보다는 미적 근거들이 환경보전과 관련해 한층 더 큰 힘을 발휘한다고 본다.[25)]

하지만 하버마스 스스로 인정하듯이 윤리적 근거들은 행위자가 선택하는 선의 개념들 내지 삶의 방식에 따라 달라진다는 점에서 자연보전의 보편적인 논거는 될 수 없다. 개인의 주관적인 체험에 의존하는 심미적 경험은 더더욱 그러하다. 이는 자연보전의 절대적 근거를 추구하는 환경철학자들의 관점에서 보면 매우 불만족스러운 것이다. 환경철학자들에게 특히 비판 대상이 되는 것은 하버마스가 자연의 목적적 가치를 인정하지 않는다는 점이다. 하버마스에서 자연의 고유한 가치를 인정하는 것은 쉽지 않다. 담론윤리에서 가치는 기본적으로 담론과정을 통해 부여되는 것이기 때문이다.

이런 점에서 하버마스의 입장은 온전한 의미의 환경철학이 되기 어렵다. 포겔의 분석에 따르면, 하버마스의 전략은 일정한 자연의 세계를 도덕의 영역으로 옮기는 것이고, 그것은 인간과의 유사성, 불완전성, 준도덕적 관계 등의 담론을 통해 수행된다. 하지만 이것은 문제를 다른 식으로 정의함으로써 문제를 해결하는 것이다. 따라서 이것은 인간과 자연의 관계에 대한 철학적 검토 작업을 수행하는 환경철학자들의 문제의식과는 다르다. 환경철학에서 다루려고 하는 문제는 인간과 자연의 윤리적 관계이지, 인간과 준인간의 관계는 아닌 것이다.[26)]

과연 하버마스의 가정대로 자연의 목적적 가치는 인정될 수 없는 것인가? 과연 동물은 그것이 인간과의 유사함, 또는 인간과 상

---

25) 하버마스, 『담론윤리의 해명』, 271-272쪽.

26) Steven Vogel, 앞의 책, p.159.

호작용하는 한에서만 가치 있는 존재인가? 동물 아닌 자연, 가령 식물, 종, 자연 전체는 그 자체로는 가치가 없는 것인가? 그것들은 오로지 인간의 실용적 대상 또는 미적 대상으로서만, 인간의 윤리적 삶과 관련한 대상으로만 존재하고, 의미 부여되는가?

5. 하버마스 이후

앞서 보았듯이 하버마스에서 자연에 대한 배려는 자연 전체가 아니라 동물에 대한 것, 그것도 인간과의 상호작용이 가능할 때에만 제한적인 것으로 그치고 있다. 이런 문제점으로 인해 많은 학자들이 하버마스의 담론윤리를 비판하고 보완해 배려의 대상을 자연 전반으로 확대하려 한다. 여기서는 하버마스 이후의 몇몇 학자들의 후속 논의를 간단히 소개함으로써 환경문제에 대한 담론윤리의 가능성을 확인하고자 한다.

생태주의 진영 내에서 담론윤리, 숙의민주주의에 대한 최초의 가장 저명한 옹호자는 드라이젝(John Dryzek)이다. 드라이젝은 하버마스를 계승하면서도 하버마스에서 점차 두드러지는 자유주의 경향을 거부하고 하버마스의 이론을 비판이론과 급진 민주주의 방향으로 발전시키려는 대표적인 학자이다. 환경문제에 관련해 드라이젝은 하버마스의 관심이 동물로 제한되어 있다고 비판하면서, 담론윤리를 자연 전반에 확대 적용하고 있다.

드라이젝은 동물뿐만 아니라 자연과 인간과의 의사소통이 가능하다고 본다. 동물뿐만 아니라 자연도 하나의 행위자이기 때문이다. 이런 각도에서 드라이젝은 행위자(agency)와 주체성(subjectivity)을 구분한다. 그에 따르면 자연은 주체성을 함축하는 자기의식을 가진 존재는 아니지만, 그렇다고 하버마스나 다수의 사람들이 가정하듯 그렇게 수동적이고(passive), 활동하지 못하고(inert), 마음대로 변형되는(plastic) 존재도 아니다. 자연은 실제로 살아 있고, 자기 나름대로 우리에게 신호를 보내는 행위자이다. 우리와 자연과의 이성적 토론은 불가능하지만 우리는 자연으로부터 오는 신호를 들을 수 있고, 들어야 한다. 구체적으로 드라이젝은 자연이 인간에게 보내는 의사소통의 예로 보디랭귀지, 제스처, 얼굴 표정(facial display), 페로몬(pheromone) 등을 거론한다.[27] 가령 농작물을 심어 둔 땅의 표토가 움츠러든다면 그것은 분명히 자연이 나에게 무엇인가를 '말하는' 것이다. 생태계는 목적론적이지는 않더라도 자발적이고 자기 조직적이고 자기 조절적인 속성을 갖는데, 이렇게 되면 생태계는 미약하나마 주체적 지위를 갖는다고 주장할 수 있게 된다.[28]

하지만 드라이젝의 주장에는 무리가 따른다는 것이 일반적인 평가이다. 우선 담론(discourse)과 신호 보내기(signaling)는 근본적으로 차원이 다른 것이다. 담론윤리의 핵심은 신호 보내기 등의 단순한 의사소통이 아니라 담론에 참여하여 '효력주장'을 하는 것이다. 도덕적 주체들과 의사소통한다는 것은 타당성 주장을 제기할 능력을 보유해야 한다는 것이고, 이는 곧 자신의 주장을 의미론적으로 유의미한 명제로 표현해야 한다는 것이다. 이는 드라이젝이 말하는 자연의 의사소통 능력, 가령 신호, 보디랭귀지 등과는 차원이 다르다. 또 자연이 말한다고 하는데, 그것은 일종의 메타포일 따름이고, 진정한 의미의 의사소통 및 담론과는 거

27) John Dryzek(2000), *Deliberative Democracy and Beyond*, Oxford University Press, pp.148-149.

28) John Dryzek, 최승 외 옮김(1995), 『환경문제와 사회적 선택』, 신구문화사, 304쪽.

리가 있다. 자연의 존재들이 의도를 갖는 것처럼 행동한다는 것과 의사소통에 참여한다는 것은 다르다. 의도를 갖는 것처럼 행동한다는 것은 목적론적으로 행위할 능력이지, 타당성 주장을 제기할 능력은 아닌 것이다.[29]

요약하면, 자연은 자기 나름의 행위자일지는 몰라도, 그렇다고 해서 담론윤리에서 말하는 도덕의 주체로 보기에는 어려움이 따른다는 것이다. 왜냐하면 자연은 담론과정에 참여하여 효력주장을 제기할 수 없기 때문이다. 이를 다시 생태주의 진영에서 본다면 담론윤리는 진화과정을 통해 우연하게 언어기술을 습득한 인간이, 이런 특정 재능을 도덕적으로 유일하게 중요한 속성으로 과장하는 일종의 쇼비니즘이 아닌가 하는 비판을 제기할 수 있을 것이다.

이와 관련해 포겔(Steven Vogel)의 논의는 유용하다. 이 논의의 요점은 담론윤리가 인간중심주의의 틀을 벗어나지는 않지만 그렇다고 해서 정당화될 수 없는 인간중심주의는 아니라는 것이다. 포겔에 따르면, 담론윤리는 인간과 동물 사이의 차이를 단순히 종차이로 보는 종차별주의가 아니다. 또 동물을 도덕적으로 대우한다고 해서 얻어질 것이 없다는 주장, 즉 동물은 우리에게 해를 가할 수도 없고, 계약을 맺을 능력도 없다는 합리적 선택이론이나 계약론적 입장과도 다르다. 그것은 규범성에 대한 효력주장이 기본적으로 언어 안에서 발생한다는 것이고, 의사소통이 없다면 그런 주장도 성립할 수 없다는 것이다. 또 규범적 주장을 한다는 것은 자기의 입장에 반대하는 사람들에 대하여 그것을 담론적으로 옹호할 태세가 있다는 것이고, 따라서 규범적 가치 그 자

29) Steven Vogel, 앞의 책, p.162.

체가 언어 및 언어 사용자, 그리고 근거 제시를 통한 담론적 정당성에 기초한다는 것이다.[30)]

포겔에 따르면, 그렇다고 해서 담론윤리는 언어 사용자인 인간이 언어 비사용자보다 더 높은 도덕적 지위를 갖고 있다거나 더 가치 있다고 가정하지 않으며, 또 모든 가치는 인간의 필요와 관심에 한정된다고 가정하지도 않는다. 요점은 언어 사용자인 인간이 없다면, 가치뿐만 아니라 무가치도 마찬가지로 존재할 수 없다는 것이다. 즉 가치와 관련된 범주 자체가 설정될 수 없다는 것이다. 이런 점에서 포겔은 언어 사용자만이 도덕의 '주체(subjects)'가 될 수 있다고 본다. 동물은 담론에 참가하여 근거를 제시할 수 없기 때문에 도덕의 주체가 될 수 없다. 하지만 포겔에 의하면, 동물은 도덕의 대상은 될 수 있다. 동물, 식물, 그리고 자연은 그것들이 갖는 특징으로 인하여 가치를 보유한 대상으로 담론과정을 통해 평가될 수는 있다. 요컨대 자연은 담론과정에 참여해서 가치를 결정할 수는 없지만, 그렇다고 해서 가치를 가질 수 없다는 것은 아니다.[31)]

포겔의 입장은 환경철학자들 사이에서 정교한 논의로 정평 받는 테일러(Paul Taylor)의 '내재적 가치(inherent worth)'와 '목적적 가치(intrinsic value)' 개념과 연결시켜 보면 그 의미가 명확해진다. 테일러에 따르면,[32)] 내재적 가치는 가치 부여자인 인간과 무관하게 어떤 대상 스스로가 갖는 가치이다. 테일러는 생명체는 자기 생존과 번영, 재생산을 자기 스스로 추구한다는 점에서 고

30) 같은 책, p.160.

31) 같은 책, p.161.

32) Paul Taylor(1986), *Respect for Nature: A Theory of Environmental Ethics*, Princeton University Press, pp.71-80.

유의 가치를 가지며, 이를 내재적 가치라고 표현한 바 있다. 담론윤리는 모든 가치가 담론 참여자들에 의한 담론과정에서 확립된다는 이유에서 생명의 내재적 가치를 인정하지 않는다. 반면 담론윤리에서도 자연 또는 생명의 목적적 가치는 인정할 수 있다. 우리는 담론과정을 통해 생명이나 자연이 갖는 특질에 주목해 그들이 단순히 도구 이상의 존재의미를 지닌다는 점을 인정해 이들에게 목적적 가치를 부여할 수 있는 것이다. 이런 점에서 보면 담론윤리는 가치가 어디까지나 담론 참여자, 즉 인간들의 담론과정을 통해 부여된다고 주장한다는 점에서 인간중심주의를 피할 수 없다. 하지만 여기서 말하는 인간중심주의가 주장하는 바는 가치가 오로지 인간을 통해서 결정된다는 것이지, 오직 인간만이 가치 있다는 것은 아니라는 것이다. 즉 인간은 도덕의 주체이지만, 그렇다고 가치의 유일한 담지자는 아닌 것이다. 동물 및 자연에 가치가 있는지 없는지를 결정하는 것은 우리 인간이고, 이런 결정은 항상 의사소통적으로 이루어진다는 것이다. 이런 이유에서 포겔은 담론윤리가 인간중심주의라는 사실은 부정할 수 없지만, '정당화 가능한 인간중심주의'라고 주장한다. 이는 오로지 인간에게만 가치를 부여하는 인간중심주의와는 다른 것이다.[33)]

포겔의 논의는 구딘(Robert Goodin)이 말한 자연의 '후견인' 개념과 연결될 수 있다.[34)] 구딘은 기본적으로 자연이 인간과 마찬가지로 보호받을 이익을 갖고 있다고 전제한다. 그리고 자연의 이익을 보호하기 위해서는 인간들이 자연의 관점에서 자연의 이

33) Steven Vogel, 앞의 책, pp.164-165.

34) 구딘에 대해서는 다음을 참조. Robert E. Goodin(1996), "Enfranchising the Earth, and its Alternatives", *Political Studies*, XLIV, pp.835-849; Goodin(2000), "Democratic Deliberation Within", *Philosophy & Public Affairs* 21, no. 1, p.83.

익을 보호, 후견해야 한다고 본다. 그래서 우리는 자연의 후견인이 되어 자연이 원하는 것이 무엇이고, 무엇을 필요로 하는지 생각해 배려한다. 즉 자연의 이익은 자연과 마음을 같이하는 사람(sympathetic humans)들에 의해 내재화되고 대표되어야 한다.

이것은 숙의적 의사결정에 참여한 숙의자들에게 요구되는 일종의 역할놀이(role-playing)를 확대한 것이라고 할 수 있다. 하버마스에서 숙의자들은 자기의 이익이 아니라 타자의 이익과 관점을 고려하고, 제안된 규범의 결과의 수용 가능성과 관련한 논변에서 타자의 이익과 관점을 동등하게 평가해야 한다. 이는 칸트, 헤어, 롤즈 등 근대 이후의 서양철학이 가정하는 보편주의 윤리학, 그리고 예수의 황금률, 공자의 역지사지(易地思之) 등 오래 전부터 나타난 생각이다. 구딘은 이런 생각을 자연으로 확대하자는 것이다. 자연은 우리의 실제적인 대화 상대자는 될 수 없지만, 우리의 머릿속에서 우리와 대화하는 가상적인 대화 상대자가 될 수 있으며, 따라서 이들을 우리의 대화의 상대자로 포함시켜야 한다고 구딘은 주장한다. 이런 면에서 구딘은 숙의적 의사결정의 과정이 타자의 이익을 내재화하고, 실로 더 큰 세계를 고려하게 되는 과정이 될 수 있다고 본다.

실제로 숙의민주주의의 실험들은 이런 가능성을 확인해 주고 있다. 한 예로 1999년 생명복제 합의회의 시민패널들은 다수(16명 중 12명)가 생명복제에 반대했는데, 그것은 미래세대가 될 수 있을 배아의 존엄성에 기초한 것이었다. 즉 우리 동시대인의 장기이식과 질병치료도 중요하지만, 그것을 위해 미래세대가 될 수도 있을 인간배아를 희생시켜서는 안 된다는 것이다. 또한 16명 중 6명은 동물복제까지도 제한해야 한다고 주장했다. 그들은 자신들의 보고서에서 "동물이 자신의 의사를 구체적으로 표시하지 못한다고 하여, 무분별하게 복제실험에 이용될 수 있다는 생각은 매우 위험한 것이다. 이것은 강자로서의 인간이 약자인 동물에게 일방적으로 행하는 지배와 폭력에 다름이 아니다."[35]라고 주장한다. 이는 이상적인 숙의를 통해 숙의자들이 자기와 숙의에 참여한 참여자의 관점을 넘어서, 미래세대와 자연의 관점을 취할 수 있는 가능성을 보여준다.

6. 담론윤리와 실제

이론적으로 담론윤리가 자연의 내재적 가치까지는 아니더라도 목적적 가치를 인정함으로써 자연에 대한 배려를 가능하게 해준다고 하지만, 현실에서 담론윤리의 실현태라고 할 수 있는 '대중들의 회합'도 과연 그러한지는 실천적 측면에서 중요한 과제이다.

담론윤리와 숙의민주주의의 구체적인 의사결정장치로 거론되는 것은 합의회의(Consensus Conference), 시민배심원제(Citizens' Juries), 공론조사(Deliberative Polls) 등이다.[36] 이런 숙의적 장치들은 비용편익분석이나 협상, 중재, 주민투표 같은 다른 의사결정장치들과 비교해 볼 때 다음과 같은 몇 가지 특징을 갖는다. 그리고 이런 특징으로 인해 숙의적 장치를 활용한 여러 사례들은 숙의를 통해 '항상은 아니지만', '일반적으로는' 자연에 대한 배려가 가능하다는 점을 보여준다.[37]

---

35) 「생명복제합의회의 시민패널보고서」, 유네스코 한국위원회, 1999, 5장.

36) 시민배심원제, 합의회의, 공론조사에 대해서는 3장을 참조할 것.

37) 여기서 참조한 숙의적 의사결정을 지지하는 연구 사례는 Adolf Gundersen (1995), *The Environmental Promise of Democratic Deliberation*, Madison: University of Wisconsin Press; Hugh Ward(1999), "Citizen's Juries and Valuing the Environment: A Proposal", *Environmental Politics*, vol. 8,

첫째, 숙의적 장치들은 많은 정보를 인지한 상태에서 숙고하는 기회를 제공하기 때문에, 다른 대안들에 비해 '더 나은 결정'에 도움이 된다. 가령 다른 유력한 대안인 비용편익분석(Cost-Benefit Analysis)은 자연의 무형적 가치를 측정하는 방법으로 주로 설문조사 방법(Contingent Valuation Method)을 이용하는데, 여기서는 시간의 제약으로 인해 응답자에게 제공되는 정보가 매우 한정되어 있다. 또 응답자는 질문도 할 수 없고, 토론도 할 수 없다. 많은 경우, 응답자들은 사전에 제시된 틀대로 답변할 수밖에 없다. 반면 시민배심원제하의 배심원들은 다양한 전문가 패널과 증인들의 증언을 통해 비용편익분석의 응답자보다 더 광범위한 견해를 접할 수 있고, 이를 통해 '충분한 정보에 기초한(informed)' 판단이 가능하다.

둘째, 숙의를 통해 시민들은 자연의 가치에 대한 학습의 기회를 갖게 된다는 점이 중요하다. 환경문제를 다루면서 그것과 관련된 최소한의 생태학적 사실을 외면할 수 없고, 그래서 애초에 자연환경에 관심이 없었던 사람들도 점차 환경가치에 대해 눈을 뜬다는 것이다. 때로는 그 결과 자신의 최초의 입장과는 정반대의 입장을 채택하기도 한다. 최근 수년간 새만금 문제가 사회적으로 공론화되면서 갯벌에 대해 일반시민들이 갖고 있는 인식의 변화가 그 한 예일 것이다. 이전에 시민들은 갯벌을 무가치한 쓸모없는 땅으로만 생각했는데 공론화 과정을 거쳐 갯벌이 갖고 있는 생태적 가치를 인식하게 된 것이다.

---

no. 2, pp.75-96; Jonathan Aldred & Michael Jacob(2000), "Citizens and Wetlands: Evaluating the Ely Citizens's Jury", *Ecological Economics* 34, pp.217-232. 그리고 이를 이용한 우리나라의 새만금 연구 사례는 김명식(2002), 『환경, 생명, 심의민주주의』, 범양사, 14장 참조.

셋째, 숙의과정을 통해 배심원들은 타자에 대한 관심을 발전시켰고, 덜 이기적인 방향으로 자신의 입장을 변화시키는 경향이 있다. 이는 서구의 일반적인 상황인 '개체화' 현상과는 정반대이다. 이는 앞서 구딘의 논의에서 보았듯이 숙의과정 자체가 사람들로 하여금 다른 이의 관점을 고려하게 해주는 특성이 있기 때문이다. 이런 점에서 참여자들은 숙의 이전의 입장과는 달리 개인의 특수이익보다는 사회의 일반이익에 관심을 갖게 된다. 그런데 드라이젝에 따르면, 생태계의 지속 가능성(sustainability)과 온전성(integrity) 같은 환경이익은 탁월할 정도로 일반이익에 가깝기 때문에 환경이익을 지지하는 논변들이 숙의과정에서 점차 중요한 역할을 하게 된다. 그래서 숙의는 환경분쟁에서 흔히 발생하는 님비 현상과 무임승차의 문제를 방지하는 한편, 더 나아가 인간세계뿐만 아니라 자연세계의 입장도 고려할 수 있게 하는 계기가 된다.38)

반면 부정적인 사례가 없었던 것은 아니다.39) 1996년 영국 케임브리지와 헌팅던셔 보건당국은 시민배심원들을 소집해, 한 소녀의 골수이식 수술에 대한 지원을 거부한 보건당국의 결정이 정

38) John Dryzek(1990), *Discursive Democracy: Politics, Policy, and Political Science*, Cambridge University Press, p.15, p.55. 그런데 구체적인 현실에서는 숙의자들이 친환경적 가치관을 갖고 있거나 또는 그들의 생활 및 생계가 지역 환경의 지속 가능성에 의존하지 않을 경우, 환경에 유리한 결과가 나오지 않을 수 있다는 비판도 있다. 아울러 환경이익이 일반이익인가는 맥락에 따라, 숙의자에 따라 달리 해석될 가능성이 있다는 주장도 있다. 이에 대해서는 Ivan Zwart(2003), "A Greener Alternative?: Deliberative Democracy Meets Local Government", *Environmental Politics*, vol. 12, no. 2, pp.23-48 참조.

39) David Price(2000), "Choices without Reasons: Citizens' Juries and Policy Evaluation", *Journal of Medical Ethics* 26, pp.72-276.

당했는가 여부를 판정하게 했다. 4일 동안 시민배심원들은 관련 전문가의 증언을 듣고, 관련 자료를 읽고 토론했다. 첫째 날 대다수의 배심원들은 어린 소녀에 대해 동정적이었지만, 마지막 날 배심원들은 한정된 보건의료예산 집행에서 효율성(effectiveness)이 중요하며, 이 기준에 비추어 볼 때 보건당국의 지원 거부 결정은 정당한 것이라고 결정한다. 이는 일반시민들로 구성된 배심원들이 효율성과 같은 주류 사회의 담론기준에 매몰되어, 가난한 자, 사회적 약자의 이익을 배제하고 무시한 정책결정을 정당화했다는 점에서 많은 이들에게 실망감을 가져다주었다. 이를 환경문제에 적용 해석해 보면, 어쩌면 가장 약자라고 할 수 있는 자연의 이익이 숙의적 장치를 통해 체계적으로 왜곡되고 배제될 가능성을 보여준다.

이와 관련해 많은 학자들은 숙의민주주의의 이념인 '최선의 논증에 의한 결정'이 사실은 주류 담론이 가정하는 신화에 불과하다고 본다. 한 예로 저명한 정치철학자 왈쩌(Michael Walzer)는 숙의민주주의자들이 강조하는 논쟁은 결국 말싸움꾼들 간의 경기이며, 목적은 상호 이해가 아니라 승리라고 비판한다. 그리고 숙의는 최선의 입장이 아니라 힘의 균형을 반영하며, 그 결과는 '기브 앤 테이크'에 가깝다고 비판한다.[40)]

그리고 많은 생태주의자들이 민주주의는 절차에 관한 것인 반면 환경보전은 목적에 관한 것이기 때문에 민주적 절차가 환경보전을 결과한다는 보장이 없다는 이유에서 숙의민주주의에 대해 제한적인 신뢰만을 보내는 것도 사실이다. 또 선우현의 주장처럼, 공론영역의 활성화를 통해 환경파괴의 심각성이 알려져 새로운

---

40) Michael Walzer, 김용환 · 윤형식 외 옮김(2001), 「토론정치와 그 한계」, 『자유주의를 넘어서』, 철학과현실사, 79쪽.

공생적 자연관이 정립될 수도 있겠지만, 반면 이와는 정반대로 여전히 자연을 조작적 대상으로 바라보는 자연관을 유지하는 데 합의할 수도 있다는 점에서 새로운 공생적 자연관은 담론윤리와 숙의민주주의가 제공할 여러 가능성 중 단지 하나일 뿐이라고 말할 수도 있을 것이다.41) 여기에다 현재의 대중들을 과연 신뢰할 수 있겠느냐 하는 문제마저 제기되면 사태는 더욱 어려워질 것이다. 가령 최근 황우석 파동에 나타난 대중들의 몰이해와 광기를 상기해 보자.

이에 대해 숙의민주주의 입장에서 말할 수 있는 것은 숙의민주주의는 액면 그대로의 대중에 대한 신뢰가 아니라는 점이다. 그것이 염두에 두고 있는 대중은 숙의적 장치라는 제도 안에서 숙고하는 대중이다. 구체적으로 우선 시민배심원제나 합의회의에서는 배심원이나 시민패널로 해당 사건과 직접적인 이해관계가 있는 사람은 배제한다. 이것은 자기 이해관계에 기초해 협소하게 바라보는 것을 방지하고, 일반이익을 추구하기 위한 일종의 장치이다. 또한 배심원과 시민패널들은 관련 사안에 대해 아무런 정보도 없는 상태에서 즉흥적인 판단을 내리지는 않는다. 그들은 관련 전문가들로부터 관련 주제에 대해 일정한 정보를 숙지한 상태에서 판단한다. 의사결정에 필요한 정보를 숙지한 대중들은 상호 대화를 통해 다른 사람들의 다양한 가치들을 접한 상태에서 그야말로 고뇌에 찬 결정을 내리는 대중이다. 이런 과정을 통해 대중들은 자신이 최초에 가졌던 무반성적 선호를 변화시키는 계기를 갖는다. 따라서 중요한 것은 공정한 숙의의 주체 설정과, 그리고 어떻게 숙의를 진행시킬 것인가 하는 방법의 문제이다. 물

41) 선우현(2002), 「생태학적 위기와 비판적 사회이론의 역할」, 『위기시대의 사회철학』, 울력, 135-138쪽.

론 이 문제는 결코 쉬운 문제는 아니나, 그렇다고 해서 완전히 불가능한 문제도 아니라고 필자는 본다. 이와 관련해 이상적 담론 상황의 조건에 대한 하버마스의 주장은 중요한 의미를 지니고 있으며, 제도적으로 진지하게 연구될 필요가 있다.[42]

더불어 생태주의자들에게 한 가지 지적하고 싶은 것은 생태주의자 내부에 잠재되어 있는 권위주의로부터 벗어나야 한다는 것이다. 생태주의자들은 사실 일반시민들에 비해 대단히 자기희생적이고, 도덕적 이상에 충실하다고 생각된다. 반면 생태주의자들은 다른 것은 몰라도 환경보전의 원리만큼은 논의의 여지가 없는 것으로 규정함으로써 녹색원리를 타협이 불가능한 절대명령으로 보려는 충동을 갖는다. 그래서 인간과 자연의 관계에 대한 철학적 재개념화는 의심될 수 없고, 단지 복종되어야 하는 원칙으로 볼 때가 많다.[43] 그런데 생태주의 진영 내부에서도 다양한 스펙트럼이 있다는 것에 유념할 필요가 있다. 우선 바람직한 인간과 자연의 관계는 무엇이며, 진실로 중요한 가치의 핵심은 과연 무엇인가와 관련해 생태주의 진영 내의 학자들 사이에서도 다양한 견해가 있다는 사실이 중요하다. 우리가 잘 알고 있듯이, 생명중

---

42) 환경문제를 다룬 시민참여제도의 평가기준을 설정하면서 하버마스를 이용한 학자로는 웨블러(Webler)를 들 수 있다. 그는 유능성(competence)과 공평성(fairness)을 시민참여제도의 중요 기준으로 선정한다. 이에 대해 생태주의자들은 이 두 가지 기준 이외에 환경친화성 또는 지속 가능성 같은 기준을 추가하자는 주장을 할 수도 있을 것이다. 물론 어떤 기준을 선정할 것인가는 맥락과 제도에 따라 달라질 것이고, 담론윤리의 틀에서는 이 또한 중요한 숙의의 대상이 될 것이다. Ortwin Renn & Thomas Webler & Peter Wiedemann(eds.)(1995), *Fairness and Competence in Citizen Participation: Evaluating Models for Environment Discourse*, Kluwer Academic Publishers.

43) Graham Smith(2003), *Deliberative Democracy and The Environment*, Routledge, p.67.

심주의와 동물해방론 등의 개체중심주의, 그리고 레오폴드(Aldo Leopold) 등의 생태계 중심주의, 스톤(Christopher Stone)과 같은 다원주의 등은 구체적인 쟁점에서 각자 내리는 지침이 다르다. 따라서 이런 다양한 가치들을 질서 지우는 단 하나의 원리가 없다면, 우리는 이들 다양한 가치들이 표현되고, 도전받고, 성찰되는 기회를 제공하는 이성적 논의의 여지를 인정해야 한다는 것이다. 그리고 적어도 숙의적 장치에서는 다른 어떤 장치에서보다 자연과 관련된 가치들이 심도 있게 표현되고, 옹호될 수 있다는 점을 되새길 필요가 있다.

우리나라의 경우 환경문제와 관련해 제대로 된 숙의적 장치가 가동되지 않았다. 새만금과 천성산, 그리고 북한산에 이르기까지 합의회의나 시민배심원제가 시행된 적이 없는 것이다. 이는 다양한 의견들이 서로 진솔하게 드러나지 않았고, 양 극단의 생태주의 진영과 성장주의 진영을 매개할 장치가 없었다는 점에서 대단히 불행한 일이다. 결국 이는 지율스님의 단식이라는 극단적 투쟁 방식으로 나타난다. 지율의 단식은 생명의 소중함을 일깨우고, 현행 환경영향평가제도의 문제점을 환기시켰다는 점에서 중요한 의미를 지닌다. 하지만 민주주의에 기초한 환경운동의 발전이라는 관점에서는 아쉬움이 있다.

지율스님은 도롱뇽 또는 천성산의 이익을 대변했다는 점에서, 앞에서 다룬 구딘이 말하는 자연의 후견인에 가장 근접한 인물이라고 할 수 있다. 이런 점에서 지율스님에 대한 평가는 이 글에서 중요한 의미를 지닌다. 지율스님이 제기한 도롱뇽 소송은 '자연물에 법적 지위가 있는가?' 하는 문제와 관련되는데 이는 1970년대 미국의 미네랄 킹 계곡을 보전하기 위해 시에라 클럽이 제기한 소송 및 스톤의 기념비적인 논문 「나무도 법적 지위를 갖는가?」

와 같은 맥락에 있다.[44] 하지만 필자가 보기에 법적 소송은 대중들의 관심을 환기시킨다는 점에서는 의미가 있지만, 그 한계도 명확하다. 법적 해결은 법관의 숙의에 맡기는 것으로, 법관의 숙의는 기본적으로 현행 합의수준인 현행법에 기초한다. 필자가 보기에 애당초 자연물의 법적 지위는 불가능했다. 만일 자연물의 법적 지위를 법관이 인정했다면, 그는 현행법을 잘못 해석하고 독단을 범하는 것이다. 중요한 것은 현행법의 기초는 어디까지나 다수의 통념, 롤즈 식으로 말하면 공적 이성 저변의 '주변문화', 하버마스 식으로 하면 의사소통적 합리성 저변의 '공론영역'에 기초한다는 점이다. 따라서 주변문화와 공론영역이 변하지 않는 한 법적인 문제제기는 한계가 있는 것이다.

결론적으로 주변문화와 공론영역 내부에서 자연에 대한 광범위한 숙의가 필요하다. 이를 통해 시민들은 생명의 가치와 생태계의 상호 의존성에 눈뜨게 될 기회를 갖는다. 그리고 이 과정은 아울러 상호 존중, 관용 및 배려 같은 민주주의의 고전적 덕목을 학습하면서 동시에 생명존중과 아울러 다른 생명과의 공존이라는 생태주의 덕목을 학습하는 공간이다. 숙의민주주의와 환경가치 간의 필연적 연관은 없다. 즉 숙의가 우리 사회의 녹색화를 가져다준다는 보장은 없다. 하지만 숙의는 현존하는 다른 의사결정장치보다는 자연에 대한 배려가 가능하며, 무엇보다 다양한 환경가치와 자연세계에 대한 다양한 관점이 공론영역에서 발언되고 고려되는 통로를 제공하며, 이를 통해 시민들의 생명 생태 의식을 고양시킨다는 점에서 여전 생태주의자들이 추구해야 할 방향이라고 생각된다.

---

44) 이에 대해서는 지율(2005), 『초록의 공명』, 삼인; Christopher Stone, 허범 옮김(2003), 『법정에 선 나무들』, 아르케.

6 장 롤즈와 동물실험

1. 들어가는 말

동물실험은 말 그대로 동물을 대상으로 하는 실험을 통칭한다. 동물실험에는 화학물질이나 새로운 기법 등에 대한 시험 행위, 생명과학의 지식과 기술을 다음 세대에게 전달하는 교육 행위, 연구소재나 의약품 원료의 재료 채취 행위가 모두 포함된다. 최근의 추세는 동물실험의 용도를 제한하고, 절차 또한 엄격히 규제하는 방향으로 나아가고 있다. 1986년 영국에서 연구기관의 동물실험 남용을 감독하기 위해 과학실험법을 제정한 것이나, 2000년에 들어와 유럽의회가 동물실험을 이용한 화장품의 판매를 금지한 것이 좋은 예이다.[1] 우리나라는 1991년 5월 동물보호법이 제정되었으나, 동물보호를 위한 법적, 제도적 장치는 미약한 편이었다. 하지만 동물권 단체들의 꾸준한 노력이 결실을 맺어 2007

1) 김진석(2001), 「동물이용연구윤리」, 『과학연구윤리』, 당대, 122-128쪽.

년 1월 동물보호법은 전면 개정되었고, 2008년 1월부터 시행되고 있다. 개정된 동물보호법은 생명의 존엄성과 가치를 인정하고, 동물실험 및 동물 사육관리에 대한 비교적 구체적인 규정을 담고 있다.2)

동물실험 논쟁은 인간배아복제 논쟁과 더불어 가치판단이 개입되는 대표적인 논쟁이다. 그것은 동물실험은 과연 필요한가, 필요하다면 어느 분야에서 얼마만큼 필요한가라는 문제 이외에 동물은 과연 인간이 존중해야만 하는 고유의 존엄성과 가치를 갖고 있는가, 만일 가치를 갖고 있다면 어느 정도의 가치를 갖고 있는가, 그리고 인간의 필요와 동물의 복지가 충돌할 때 과연 우리는 어떤 방법으로 결정해야 하는가의 문제이기 때문이다. 이 문제에 대한 종합적 판단을 내리기 위해서는 우리는 과학적 사실의 문제뿐만 아니라 고도로 가치와 관련된 문제를 해명해야 한다. 중요한 점은 가치와 관련된 결정에서는 누구도 판단의 권한을 독점할 수 없다는 점이다. 특히 오늘날처럼 가치가 다원화된 사회에서 가치와 관련된 결정은 사회구성원들의 심도 있는 논의과정과 합의를 거쳐야 된다.

이는 심의 또는 숙의(deliberative) 민주주의라고 불리는 정치이념과 정확히 일치한다. 숙의민주주의는 사회적으로 영향을 미치는 주제에 대한 결정은 그것에 의해 영향 받는 대중들의 대화와 토론을 거쳐 합의되어야 한다고 믿는 신념이다. 이런 맥락에서 시민배심원제, 합의회의, 공론조사 등의 심의적 의사결정방법이 제안되고 있다.

---

2) 개정 동물보호법(법률 제8282호) 참조. 그리고 동물보호법 개정운동에 대해서는 박창길(2005), 「동물윤리와 한국의 동물보호법 개정」, 『환경철학』 4집, 한국환경철학회, 29-53쪽 참조.

여기서는 서구에서 행해진 일련의 제도적 실행 과정이나 결과를 다루지는 않는다. 대신 주로 숙의민주주의의 주요 이론가인 하버마스와 롤즈의 입장에서 본 동물실험의 문제를 탐구할 것이다. 따라서 이 글에서 다루는 것은 실제의 심의적 의사결정 행태가 아니라 숙의민주주의 주요 이론가들이 본 동물실험에 대한 가치판단이다. 이것은 한편으로는 숙의민주주의 이념이 갖고 있는 이론적 특질을 추출하는 과정도 될 수 있을 것이다. 동물실험에 대한 가치판단이라는 실제 사례 적용을 통해 다소 추상적으로 다가왔던 심의이론이 갖는 구체적인 특징들이 그대로 드러날 수 있기 때문이다.

이 글은 다음의 순서로 진행된다. 첫째, 동물실험 논쟁을 개괄한다. 둘째, 숙의민주주의 이념의 중요한 인물인 롤즈 입장에서 바라본 동물의 지위 문제를 다룰 것이다. 마지막으로, 이를 통해 심의이론, 구체적으로는 하버마스의 담론윤리와 롤즈의 반성적 평형의 방법이 갖는 특징을 파악한다. 그것들은 도덕이론의 기원 및 정당성과 관련해 공히 계약주의적 틀을 전제하며, 이는 동물해방을 주장하는 싱어와 레건이 의존하고 있는 보편주의 윤리학과 대비된다는 점을 밝힐 것이다.

2. 동물실험 논쟁

동물실험과 관련된 쟁점은 크게 보면 두 가지다. 과연 동물은 인간이 그들의 삶과 복지에 대해 고려해야만 하는 존재인가 하는 이른바 동물의 '도덕적 지위(moral standing)' 논쟁과 과연 동물실험은 필요한가 하는 '필요성' 논쟁이다. 도덕적 지위 논쟁부터 살펴보자. 그동안 서양의 종교와 철학의 주류는 동물의 지위를 인정하지 않았으며, 설사 부분적으로 인정한다 하더라도 인간의 그것과는 비교할 수 없다는 입장을 취했다. 중세의 철학자 아퀴나스의 말을 들어보자.

> 야수를 죽이는 것이 죄라고 주장하는 사람은 오류를 범하고 있는 것이다. 왜냐하면 신의 섭리에 의해 동물은 자연의 과정에서 인간이 사용하도록 운명지어졌기 때문이다. 따라서 동물을 죽이거나 다른 방식으로 사용한다고 하더라도, 이는 결코 부정의한 것이 아니다. 신은 노아에게 말했다. "나는 너희에게 목초와 더불어 고기를 주었다."[3)]

물론 생태성인이라 불리는 프란체스코 같은 사람이 전혀 없었던 것은 아니지만, 그리고 현대에 들어와 가톨릭이 교단 차원에서 동물과 자연에 대해 관심을 보이는 것은 사실이지만, 그리스도교의 오랜 역사는 인간에게 신의 창조과정에서 특별한 위치를 부여하는 것을 부인할 수 없다. 이른바 인간중심주의는 기독교뿐만 아니라 데카르트에서 칸트로 이어지는 근대 철학의 주류적 사고이기도 하다. 동물을 기계 취급했던 데카르트는 물론 칸트 또한 여기에서 예외는 아니다. 칸트에 따르면, 인간은 이성능력을 갖고 있어 도덕과 관련된 사고와 행위를 할 수 있지만, 동물은 이성이 없기 때문에 도덕의 영역 바깥에 존재한다. 우리 인간은 동물을 배려할 직접적인 도덕적 의무를 갖고 있지 않다. 다만 동물을 잔혹하게 다루는 것은, 습관화될 경우 다른 사람을 대하는 태도에 영향을 미치기 때문에 문제가 있을 뿐이다.

1970년대 들어와 동물해방운동이 본격화되면서, 주류 담론에

---

3) Thomas Aquinas, 『신학대전』 3권 2부. 여기서는 Desjardins, 김명식 옮김(1999), 『환경윤리』, 자작나무, 162쪽에서 재인용.

대한 도전이 시작된다. 그 선봉장은 피터 싱어(Peter Singer)이다. 그는 공리주의에 내재한 보편화의 원리를 강조함으로써 동물해방 운동의 이론적 근거를 제공한다. 싱어에 따르면 공리주의의 원리대로 우리가 추구해야 할 것이 쾌락의 증진이고 고통의 회피라면, 그리고 나의 쾌락이 아니라 관계된 모든 자의 쾌락이라면 왜 그것이 반드시 인간의 쾌락과 고통으로 한정되어야 하느냐고 반문한다. 만일 쾌락의 증진과 고통의 회피가 그토록 중요하다면, 우리는 인간이 아니라 쾌락과 고통의 감정을 느낄 수 있는 모든 존재의 쾌락과 고통을 문제 삼아야 한다고 역설한다. 만일 이를 거부하고 동물의 고통을 외면한다면, 그것은 종(種)을 근거로 상대방을 차별하는 종차별주의(speciesism)에 해당되는데, 이는 인종차별주의(racism) 및 성차별주의(sexism)와 마찬가지로 잘못된 것이다. 인종이나 성(性)을 근거로 해서 차별하는 것이 그른 것처럼, 종(種)이 다르다고 해서 차별하는 것 또한 잘못이다.

싱어가 벤담의 공리주의에 의존하고 있다면, 동물해방운동 진영의 또 다른 주요 이론가 레건(Tom Regan)은 칸트의 방법을 이용해 동물의 권리를 주장한다. 칸트가 도덕적 주체의 기준으로 이성능력의 소유를 설정했다면, 레건에서는 '삶의 주체' 여부가 기준점이 된다. 레건에 따르면, 삶의 주체(subject of a life)라는 것은 단지 살아 있다는 것 이상을 의미한다. 삶의 주체가 된다는 것은 믿음, 욕구, 지각, 기억, 미래에 대한 의식을 갖고, 쾌락과 고통의 감정을 느낄 수 있고, 자기의 욕구와 목표를 위해 행위할 수 있는 능력이 있고, 순간순간의 시간을 넘어서 자신의 아이덴티티를 느낄 수 있고, 타자와는 별도로 자신의 삶이 좋을 수도 나쁠 수도 있다는 의미에서 자신의 복지를 갖고 있다는 것이다. 이런 존재에게는 그에 걸맞은 대우가 요구되는데, 최소한 몇몇 포

유류는 이에 해당한다고 레건은 본다.[4)]

동물의 도덕적 지위에 대한 입장 차이는 동물실험이 과연 필요한가에 대한 입장 차이를 예고한다. 동물해방운동가들은 싱어와 레건의 이론적 토대 위에서 동물실험이 일반적으로 생각하는 만큼 필요하지 않으며, 이를 대체할 만한 대안도 있다고 주장한다. 이를 구체적으로 하나하나 살펴보자.

첫째, 현재의 동물실험 관행은 의학 연구의 기본 방향을 잘못 이끌고 있다. 동물실험은 질병기제에만 초점을 맞추고, 예방에는 관심이 없다. 그런데 오늘날 선진국에서 발생하는 주요 질병들은 인간의 라이프스타일과 관련되어 있다. 현재의 의료체계는 이것은 문제 삼지 않고, 환자를 진단하고 치료하는 데 전념한다. 이는 병원 수익과 관련된다. 만일 사람들이 예방의학의 지침대로 살아 좋은 식습관을 유지하고, 적절히 운동하고, 스트레스를 적절히 통제한다면, 지금의 질병은 상당 부분 발생하지도 않을 것이다. 하지만 이 경우 예방의학이 벌어들이는 돈은 없다는 것이 문제이다. 연구가 동물실험에 집중된 나머지 다른 중요한 분야인 질병통계학, 임상관찰, 시체검시학 등은 발전하지 못하고 있다. 과거 동물실험으로 인해 과학이 발전했다는 것은 연구 관행이 동물실험만 허용했기 때문이다. 따라서 연구 관행이 바뀌면 상황도 바뀔 것이다.[5)]

둘째, 동물실험은 일반적으로 생각되는 것보다 실효성이 없다. 동물의 질병과 인간의 질병은 그 종류도 양태도 다르다. 인간이

4) Tom Regan(1983), *The Case for Animal Right*, University of California Press, p.243.

5) Nancy Day(2000), *Animal Experimentation: Cruelty or Science?*, Enslow Publishers, pp.64-66.

가진 질병 3만 가지 가운데 동물이 공유하는 질병은 1.16%뿐이다. 인간과 동물이 비슷해 보이지만, 인간과 동물이 공유하는 질병은 극히 적은 것이다. 그리고 동물과 인간이 전혀 다른 반응을 보이는 것도 적지 않다. 또 동물실험에 사용되는 방법과 복용량은 인간이 처한 실제 상황과는 차이가 있다. 한 예를 들자면, 커피의 카페인 성분 제거제로 사용되는 트리클로로에틸렌의 발암효과에 대한 실험에서는 사람으로 치면 5천만 잔에 해당하는 양이 하루 동안 쥐에게 주어진다. 이 실험결과는 실제 사실을 두 가지 측면에서 왜곡한다. 동물의 세포와 조직을 심하게 파손시켜 있을 수 있는 발암반응을 막아 버리거나, 또는 대사작용을 극심하게 변형시켜 일어나지 않을 수 있는 발암반응을 유발하기 때문이다. 그리고 대부분의 경우 인간은 급성 중독으로 사망하는 것이 아니다. 이런 것들은 동물실험 대신 인간에 대한 세밀한 연구를 통해서만 밝혀질 수 있다.[6)]

셋째, 동물실험을 대체할 수 있는 대안들도 있다. 동물실험 반대자들은 다양한 방안을 제시하는데, 여기에는 환자 관찰, 사체 연구, 시험관에서 배양한 인간세포와 조직을 통한 실험, 컴퓨터 그래픽을 통한 인체기능 연구, 교육현장에서 시청각 자료 활용 등이 포함된다. 이는 살아 있는 동물 개체를 사용하지 않는 실험 방법이다. 미국에서는 부식제 실험을 할 때 토끼 대신 인공피부를 사용하고, 캐나다에서는 포유류 대신 어류, 생쥐 대신 고통을 덜 느끼는 동물이나 미생물(박테리아)을 사용한다고 한다. 또 동물의 반응을 본뜬 컴퓨터 모델링으로 동물실험을 대체하는 방법도 있다.

---

6) Alix Fano(2000), 「잔혹한 관행, 동물실험」, 『녹색평론』, 2000년 10월 참조.

그러나 동물실험 옹호자들의 생각은 다르다. 동물실험 연구자들은 대부분 여기에 속하는데 이들의 입장을 들어보자.

첫째, 동물실험의 옹호자들에 따르면, 동물실험은 현대 의학의 발전에 반드시 필요하다. 물론 동물실험 반대자들이 주장하는 예방의학, 공중보건, 전염병 연구, 임상실험도 중요하겠지만 동물을 대상으로 한 실험도 의학적 사실을 규명하는 데 긴요하다. 실제로 동물실험에 기초한 과학적 발견의 목록은 너무나 길어서 일일이 언급할 수 없을 정도이다. 짧게 언급해도 백신, 항생제, 마취제, 인슐린, 암치료, 심장약, 외과 절차, 이식 등은 동물실험 연구가 없었다면 불가능했다. 1901년 이후 노벨 의학상을 받은 88명 중 65명의 연구는 동물실험과 관련된 것이다. 1985년 콜레스테롤과 심장병의 연관관계에 대한 연구는 개를 사용한 연구이며, 1966년 바이러스와 암의 관련성 연구는 닭을 사용한 것이다.7)

둘째, 동물실험 옹호자들은 동물과 인간은 서로 다르다는 점, 그리고 질병의 형태와 양상에서도 차이는 있다는 점을 부인하지는 않는다. 동시에 분명한 사실은 지구상에서 동물만큼 인간과 유사한 존재는 없다는 점이다. 사실 동물실험 반대자들은 동물을 배려해야 한다는 이유, 특히 영장류나 고등동물을 배려해야 한다는 논거로 인간과 동물이 유사하다는 점을 강조해 왔다. 가령 인간이 침팬지와 유전자의 98.7%를, 고릴라와는 97.7%를 공유하고 있다는 사실이 영장류 보호 논거로 흔히 등장한다. 그런데 인간과 동물의 유사성을 강조하면서 동물해방을 말하다가 갑자기 인간과 동물의 생리적 차이를 강조하는 것은 논리 일관성에서 문제가 있다.

7) Nancy Day, 앞의 책, pp.72-73.

셋째, 동물실험 옹호자들은 동물실험을 대체할 수 있는 확실하고 신뢰할 만한 대안이 없다고 본다. 현재까지 개발된 대체실험들은 실험용 동물들로부터 얻은 자료들이 주는 정도의 확실성을 주지는 못한다. 물론 대체실험에 대한 경험이 증가하면 점차 동물실험의 필요성은 줄어들 수 있겠지만, 그렇다고 해서 지금 당장 동물실험이 필요 없다고 말할 수는 없다. 무엇보다 대체실험이 불가능한 종류의 실험이 있다는 점이 중요하다. 가령 고혈압은 심장과 맥박이 있는 동물을 통해서만 연구가 가능하고, 관절염은 뼈와 관절이 없는 조직을 배양하는 것으로는 연구에 한계가 있다. 또 무엇보다 동물실험의 대체수단인 조직배양을 통해서는 전체 신체기관의 작용을 확인할 수 없다는 제약이 있다. 이런 점에서 동물실험에 대한 부분적인 대체는 가능하다고 할지라도, 동물실험 전체가 불필요하다는 점은 설득력이 없다. 살아 있는 동물을 상대로 실험이 필요하다는 점은 인정해야 할 것 같다. 이런 맥락에서 동물실험 연구가들은 동물보호론자들이 쓰는 '대안'이란 말 대신 '보조적', 또는 '보완적' 방법이란 말을 선호한다.[8)]

넷째, 동물실험이 금지될 경우, 인체 대상의 실험이 증가할 가능성이 매우 높다. 현재도 인간을 대상으로 한 실험이 행해지고 있다. 20달러를 받고 접착테이프 실험에 응하는 대학생부터 죽음을 앞두고 신약실험에 동의하는 말기암 환자까지 다양하다. 1796년 제너(Edward Jenner)는 소의 천연두 바이러스에서 추출한 천연두 백신을 하인의 아이들에게 주입했다. 인류의 역사를 보면 죄수나 다른 인종 대상의 생체실험이 상당수 있었고, 최근에는 인간 배아와 태아 대상의 실험으로 이어지고 있다. 사회적 약자

8) Franklin M. Loew, 김완구 외 옮김(2003), 「연구에 이용되는 동물들」, 『탄생에서 죽음까지』, 문예출판사, 520쪽.

가 실험대상으로 사용되고 있는 것이다. 동물실험이 금지된다면, 이들 약자를 대상으로 실험하고 싶은 유혹이 증가할 것이다.[9]

마지막으로, 동물실험 옹호자들은 반대자들에게 다음과 같이 묻는다. "만일 당신의 가족이 불치병에 걸린다고 해도 당신은 동물실험에 반대할 것인가?" 동물실험 옹호자들은 "나는 환자의 부모에게 가능한 모든 수단을 다 사용할 수 없기 때문에 당신의 아이가 죽을 것이다."라는 말을 차마 할 수 없다고 항변한다. 만일 당신이 아이의 아빠라면, 당신의 아이를 구하겠는가 아니면 쥐의 생명을 구하겠는가? 채식주의자로 동물실험의 중요한 반대자였던 음악가 폴 매카트니(Paul McCartney)도 아내 린다가 유방암에 걸리자 입장이 바뀌었다고 한다. "나는 이제 정말 다양한 종류의 동물실험이 있다는 사실, 그리고 그 중 상당수는 반드시 필요하다는 사실을 깨달았다."[10]

양측의 입장을 종합적으로 검토해 보면 동물실험이 필요 없기 때문에 모든 동물실험을 금지하자는 폐지론은 무리가 있다고 보인다. 현대 의학이 발전한 이면에는 동물실험이 있었다는 사실, 그리고 동물과 인간의 생리상의 차이는 존재하지만 그럼에도 불구하고 동물보다 인간에 유사한 존재는 없다는 사실, 동물실험에 대한 부분적인 대체는 가능하겠지만 동물실험이 필요한 영역이 존재한다는 사실, 그리고 동물실험이 폐지될 경우 인체 대상이 실험이 증가한다는 사실을 부정할 수는 없기 때문이다. 그렇다고 해서 동물해방운동가들의 주장이 무의미한 것은 아니다. 그들의 주장대로 우리가 필요 이상으로 동물실험에 의존하고, 필요 이상으로 동물에 고통을 준다는 점도 부인할 수 없기 때문이다. 이런

9) Nancy Day, 앞의 책, pp.83-96.

10) 폴 매카트니의 사례에 대해서는 같은 책, p.82 참조.

점에서 필자는 동물실험 폐지론과 동물실험 제한론을 구분할 필요가 있다고 본다. 또 실제로 동물실험에 반대하는 대다수는 모든 동물실험에 반대하는 것은 아니다. 그렇다면 동물해방운동가들의 주장을 "모든 동물실험에 반대한다."는 식의 동물실험 폐지론으로 규정해 놓고 비판하는 것은 일종의 '허수아비 논증'이다. 이런 점에서 필자는 동물실험 제한론에 더 무게를 두고 논의를 전개해 갈 것이다. 이를 위해서는 동물실험은 왜 도덕적으로 문제되는지, 만일 문제가 된다면 어느 정도에서 그것을 허용해야 하는지, 그 기준과 근거는 무엇인지를 더 탐색할 필요가 있다.

3. 롤즈와 동물

2002년 타계한 롤즈의 사상은 잘 알려져 있듯이 전기와 후기로 구분된다. 전기 입장이 『사회정의론』에서 드러나듯 '무지의 베일(ignorance of veil)'이라는 가상적 사유실험에 기초한 철학적 접근이라면, 후기의 입장은 『정치적 자유주의』와 『만민법』에서 제시되고 있듯이, 일반 대중들이 갖고 있는 능력인 '공적 이성(public reason)'과 '중첩적 합의(overlapping consensus)'에 토대를 둔 정치적 접근이다. 후기에서는 합의의 대상도 가치와 관련된 윤리적 문제가 아니라 사회 유지에 필수불가결한 헌법의 중요사항으로 국한된다. 따라서 동물의 지위 같은 지극히 가치와 관련된 규범적 물음들에 답하기 위해서는 오히려 전기의 『사회정의론』의 방법, 구체적으로는 계약이론과 '반성적 평형(reflective equilibrium)'의 방법에 눈을 돌릴 필요가 있다. 롤즈 자신은 반성적 평형의 방법을 윤리학자 개인의 이론구성을 위한 사유방법으로 사용했지만 그것은 가치와 관련된 정책과 관련해 사회적 합의

의 방법으로도 폭넓게 이용될 수 있다.[11)]

『사회정의론』의 방법을 동물문제에 적용할 수 있는지에 대한 롤즈 자신의 답변은 다소 복잡하다. 『사회정의론』의 시작 부분에서 롤즈는 자신의 접근은 분배의 정의라는 오직 인간과 인간의 관계만을 포함할 뿐, 인간이 동물이나 자연과 가지게 될 관계는 논외로 한다고 말한다. 하지만 그러면서도 정의 이외의 다른 도덕 덕목으로 확대되는 더 포괄적이고 일반적인 이론이 될 수 있을 가능성을 배제하지 않는다고 말한다.[12)] 또 『사회정의론』 거의 끝 부분에서 동물문제를 다시 한 번 언급한다. 그에 따르면, 동물학대는 부당하고 죄악이 될 수 있지만, 동물에 대한 도덕 덕목은 어디까지나 정의가 아니라 동정과 자애의 의무에 해당되기 때문에 정의론의 범위를 벗어나 동물 및 자연과 우리의 관계에 대한 형이상학적 세계관의 범주라고 주장한다. 하지만 그러면서도 롤즈는 자신의 주장인 공정으로서의 정의관이 인간들 간의 정의에 대한 해명으로 타당한 것이라면, 인간과 동물의 관계라는 더 넓은 관계들이 고려되는 경우에도 크게 잘못될 수는 없다고 본다.[13)]

이처럼 롤즈 자신은 동물문제를 자신의 논의 범위에서 제외하긴 하지만, 그럼에도 불구하고 자신의 접근이 동물문제에도 적용될 수 있는 가능성을 배제하지 않는다. 이 글은 이 점에 주목해 롤즈의 입장에서 동물문제를 다룬다. 하지만 아쉽게도 롤즈 자신이 동물문제를 상세히 다루지는 않기 때문에 여기서는 롤즈의 입장을 계승해 동물문제를 다룬 학자, 캐러서스(Peter Carruthers)의

11) 반성적 평형에 대한 세부적인 논의는 7장을 참고할 것.

12) 존 롤즈, 황경식 옮김(1983), 『사회정의론』, 38쪽.

13) 같은 책, 521쪽. 그리고 이른바 롤즈 '이론의 확장'과 관련해 『정치적 자유주의』에서의 해당 부분은 장동진 옮김(1999), 26쪽, 304쪽 참조.

논의를 토대로 할 것이다.

앞서 보았듯이 싱어나 레건의 입장은 서로 출발점은 다르지만, 공히 보편화의 원리를 사용해 도덕적 고려 대상의 범위를 동물로 확대하고, 이에 반대하는 것은 논리적 일관성을 훼손하는 것이라고 주장한다. 특히 레건은 롤즈의 핵심 가정이 '무지의 베일'이라는 점에 주목한다. 그래서 만일 원초적 상태의 계약자들이 자신들의 계급과 신분, 가치관과 성격, 인생계획 등에 대해 무지해야 한다면, 자기의 종에 대해서도 무지해야 일관성이 있다고 본다. 그리고 만일 우리가 어느 종에 속했는지 알지 못한다면, 우리는 모든 종에 공평한 대안을 선택할 것이고, 그렇다면 동물을 도덕적 고려 대상에서 배제하지 않을 것이라고 주장한다.[14)]

이에 대해 캐러서스는 레건이 무지의 베일을 오해했다고 주장한다. 캐러서스에 따르면, 무지의 베일은 '원하지 않는 것'을 배제하는 편의적 장치일 뿐이다. 롤즈에서 도덕은 원초적 상태의 계약자들이 무지의 베일 상태에서 선택한 규범이다. 이들은 자기 자신에 대한 특정 사실(지능, 육체적 특징, 인생계획, 욕망)에 대해서는 무지하지만, 심리학, 경제학 등의 일반 사실들은 안다. 즉 롤즈에서 합리적 주체들은 모든 사실에 대해 무지한 것은 아니다. 롤즈에서 요구되는 것은 넓은 자기 이익의 견지에서 선택하는 것이고, 이것에 장애가 되는 몇몇 개인 관련 사실에 대해 무지하도록 요청된 것뿐이다. 그런데 무엇보다 중요한 사실은 도덕은 어디까지나 인간에 의한 구성물이라는 점이다. 즉 롤즈에서 도덕은 상호 협조체제인 사회에서 합리적인 주체들 간의 상호작용을 지배하는 규칙체계로, 인간들 사이의 상호작용을 용이하게 하기 위

14) Tom Regan, 앞의 책, pp.163-174.

해서, 협력적인 공동체 생활을 가능하게 하기 위해서 존재한다. 반면 동물은 애당초 이 범주 안에 속하지 않기 때문에 도덕적 지위를 부여받지 못한다. 이런 사실을 전제한다면 레건의 주장처럼 원초적 상태의 계약자들이 자기 종에 대해 무지할 필요는 없다. 무지의 베일은 원하지 않은 지식을 배제하는 하나의 편의적인 장치일 뿐이기 때문이다.[15)]

이에 대해 레건은 다음과 같이 주장한다. 롤즈의 주장대로라면, 원초적 상태의 계약자들은 합리적 능력을 소유한 존재들로 국한된다. 그렇다면 도덕은 이들만을 위한 규칙이기 때문에 동물뿐만 아니라 유아나 노인, 회복불능의 혼수상태 인간도 같이 배제되어야 한다. 이들 또한 합리적 능력을 가졌다고 보기는 어렵기 때문이다. 도덕이 합리적 능력을 가진 존재들만의 리그라면 그렇지 않은 존재들은 모두 배제되어야 한다. 그런데 이는 매우 위험한 발상이다. 만일 이런 위험을 피하기 위해 유아나 노인, 회복불능의 혼수상태 인간의 도덕적 지위를 인정한다면, 롤즈 체계의 일관성이 손상될 것이다. 동시에 유아나 노인, 회복불능의 혼수상태 인간에게 부여하는 것을 동물에게 부여하지 않는 것은 자의적이라는 비판이 가능하다.

이에 대해 캐러서스는 롤즈 체계에서 유아나 노인, 회복불능의 혼수상태 인간에 도덕적 지위를 부여하는 것에 논리적인 하자는 없다고 주장한다. 그 논거는 대략 다음과 같다. 우선 무지의 베일에서 각 개인은 인간에 대한 기본적이고 일반적인 사실을 알고 있다. 거기에는 자신들이 아이를 가지고 있고, 아이에 대해 관심을 갖고 있다는 사실이 포함된다. 그렇다면 아이들에 대한 관심

15) Peter Carruthers(1992), *The Animal Issue: Moral theory in Practice*, Cambridge University Press, pp.98-100.

은 자의적인 것이 아니라 롤즈의 무지의 베일에 대한 규정에서 도출된 것이 된다. 또한 우리는 우리도 언젠가는 늙을 것이고, 또 사고로 심각한 정신지체자가 될 가능성을 인정해, 그런 사람들의 도덕적 권리를 인정할 수 있다. 또한 원초적 상태의 계약자들은 '사회적 안정성'의 문제도 심각하게 고려한다. 사회의 안정, 구성원들 간의 원활한 협력을 위해서라도 모든 인간에게 권리를 부여하는 것이 바람직하다고 본다는 것이다. 이 또한 인간의 심리에 기원하는 것이다.[16)]

롤즈와 레건의 차이는 도덕의 본질에 대한 견해 차이에서 비롯된 것으로 판단된다. 주지하듯이 롤즈의 토대는 계약주의이다. 앞서의 하버마스가 그랬던 것처럼, 롤즈에서 도덕은 인간들 간의 상호작용을 용이하게 하기 위해서, 협력적인 공동체 생활을 가능하게 하기 위해서 존재한다. 이것이 롤즈의 출발점이다. 그리고 계약주의는 우리 종의 생존을 증진하는 데 기여했기 때문에 존재했고, 진화과정에서 선택되었다는 측면이 있다. 그런데 만일 우리가 계약주의를 포기하고 동물권을 인정한다면, '도덕이 어디에서 발생했는가?'라는 도덕의 기원 문제, 그리고 '우리가 왜 도덕을 지켜야 하는가?'라는 도덕적 실천의 동기 문제와 관련해 심각한 난관에 봉착한다. 레건과 싱어는 이 문제를 해결하지 못한다. 레건과 싱어는 도덕은 인간의 마음과 무관하게 구성된다고 주장하는 셈이 된다. 그래서 실천적 적용과 관련해 나름의 통일적인 지도원리도 제시하지 못하지만, 설사 제시한다 하더라도 문제는 그것을 받아들일 수 없다는 점이다. 인간 입장에서는 동물에게 동등한 지위를 부여하는 이론을 받아들이느니 차라리 도덕에 대한

---

16) 같은 책, pp.110-118.

어떤 이론도 없이 지내는 것이 더 합리적일 수 있기 때문이다. 이는 우리에게 세계에 대한 어떤 지식도 주지 못하는 인식론을 받아들이느니 차라리 인식론 없이 지내는 것이 합리적인 것과 마찬가지 이치이다.[17)]

롤즈 입장에서 볼 때, 레건과 싱어의 또 한 가지 문제점은 도덕이론의 구성에서 차지하는 직관의 역할을 간과하고 있다는 것이다. 레건과 싱어는 동물의 삶을 인간의 삶과 동일한 것으로 받아들일 것을 요구한다. 하지만 우리의 직관은 동물의 삶과 인간의 삶을 동일하게 보는 것을 거부한다. 싱어는 직관과 논리가 충돌할 경우, 포기해야 할 것은 논리가 아니라 직관이라고 말할 것이다. 하지만 롤즈에서 직관, 그리고 이에 기초한 '숙고된 판단(considered judgment)'은 그리 간단하게 포기되지 않는다. 인간중심주의는 단순한 편견에 기초한 것이라기보다는 인류의 오랜 역사를 통해서 성장하고 자연과정에서 선택된 이념이기 때문이다. 물론 직관이 항상 동일한 형태로 유지되는 불변적인 것은 아니며 직관을 위해 항상 논리가 포기되어야 하는 것도 아니다. 하지만 직관의 존재가치를 너무 쉽게 무시해서는 안 된다. 이런 맥락에서 직관의 존재가치와 수정 가능성을 동시에 인정하는 롤즈의 반성적 평형의 방법이 강점이 있어 보인다. 반성적 평형의 방법은 직관에 기초한 숙고된 판단, 도덕원칙, 그리고 배경적 사실간의 끊임없는 상호 교정과정을 제안함으로써 직관의 수정 가능성을 인정함과 동시에 직관의 존재의미를 인정한다. 반면 레건과 싱어는 도덕이론 구성에서 직관이 갖는 위상을 너무 안이하게 보고 있다.

---

17) 같은 책, pp.194-196.

상식적 직관을 이론 내에 포함하지 않을 경우, 이론은 실천적 적용과정에서 쉽게 약점을 드러낼 수밖에 없다. 구명정 보트에 사람과 개가 타고 있다면 누구를 구해야 하는가?[18] 이에 대해 레건은 당연히 개가 희생되어야 한다고 주장한다. 이유는 개의 삶이 인간의 삶보다 가치가 적기 때문이며, 개가 가질 수 있는 삶의 경험과 폭, 그리고 그 질이 인간의 그것과 비교할 수 없을 정도로 하등한 것이기 때문이라고 간단히 말한다. 그래서 설사 인간과 개 10만 마리가 있다고 하더라도 선택은 항상 언제나 인간이라고 말한다. 이런 레건의 답변은 상식적 직관을 반영하는 것이긴 하지만, 최소한 레건 입장에서 할 소리는 아니라는 비판이 가능하다. 이것은 레건이 자기 이론의 기초로 그토록 강조하는 일관성을 훼손하는 대답이기 때문이다. 즉 인간과 동물의 생명이 다 같이 '삶의 주체'로서 동등한 것이고, 특히 레건은 내재적(inherent) 가치라고 했는데, 문제는 내재적 가치라는 개념은 그 자체로 절대적이고 소중한 가치인 것이지, 다른 가치와 비교해 그 값이 상대적으로 결정되는 가치가 아니기 때문이다.[19]

4. 보편주의, 계약주의, 진화론

지금까지 살펴보았듯이, 싱어와 레건의 전략은 보편화의 원리를 이용해 도덕적 고려 대상의 범위를 동물로 확대하고, 이에 반대하면 그것은 논리적 일관성에 어긋난다고 공격하는 것이다. 실

18) 구명정 보트에 대한 논의는 Tom Regan, 앞의 책, pp.324-325, pp.351-353 참조.

19) 구명정 보트와 관련해 레건을 비판한 것으로는 남유철(2005), 『개를 위한 변명』, 유미디어, 180-184쪽.

제로 보편화의 원리, 논리적 일관성, 무사공평성은 헤어(R. M. Hare)에 의해 윤리학의 근본원리로 주장되었고, 현대 대부분의 윤리학자들에 의해 인정되는 것이기 때문에 이 전략은 나름대로 위력이 있다. 반면 하버마스와 롤즈는 보편화의 원리를 부정하지는 않지만, 도덕은 어디까지나 인간에 의해 구성되는 것이기 때문에 보편화의 원리를 확대하려면 인간들의 승인과정을 밟아야 한다고 본다. 한편 진화윤리학자들은 도덕은 인간들의 생존과 적응을 위한 도구로 진화과정에서 선택된 것이라는 점에서 보편주의 윤리학에 반대하는 경향이 있다.[20]

싱어는 이 문제를 도덕의 기원과 정당화의 구분으로 돌파하려 하는 것으로 보인다. 그는 도덕의 기원은 동료에 대한 애정에서 출발하며, 그것이 적응상의 이점을 가짐으로써 오늘날의 윤리로 발전했다는 진화론자들의 주장에는 동감한다. 하지만 도덕의 기원과 정당화는 서로 별개라고 싱어는 본다. 그에 따르면, 진화과정을 통해 일정 단계가 되면 이성이 발달하면서, 이성과 그것에 기초한 도덕은 적응상의 이점이란 애초의 목적에서 벗어나 자기의 고유논리에 의해 나아간다는 것이다. 싱어는 이것을 '이성의 에스컬레이터'로 부른다.[21] 즉 애초에는 자연선택과정에서 적응을 위한 도구로 출발했던 이성이 이제 자기 논리에 기초해 자신

20) 도킨스나 윌슨, 루즈 등 대부분의 진화생물학자들은 보편주의가 인간의 생물학적 본성과 유리되어 있다는 점에서 반감을 보인다. 이에 대해서는 M. Ruse(1986), *Taking Darwin Seriously: A Naturalistic Approach to Philosophy*, Basil Blackwell, pp.235-238 참조. 한편 진화론은 인간과 동물의 질적 구분을 거부한다는 이유에서 동물에게 도덕적 지위를 부여하는 토대로 간주될 수 있다. 이런 입장에서 쓰인 글로는 김성한(2006), 「동물의 도덕적 지위에 대한 진화론의 함의」, 『철학연구』 98집, 대한철학회 참조.

21) Peter Singer(1983), *The Expanding Circle: Ethics and Sociobiology*, Oxford University Press, p.88.

의 최초 목적이었던 적응이라는 이기적인 목적을 제압할 수 있다는 것이다. 이는 과학철학의 합리주의자와 비합리주의자의 논쟁 과정에서 합리주의자들이 발견의 맥락과 정당화의 맥락을 구분한 것과 유사하다. 포퍼(Karl Popper) 등 합리주의자들은 이런 구분을 통해 형이상학이나 우연 등의 비합리주의적 요소가 실제 과학적 발견에서 차지하는 역할을 인정하면서도 동시에 정당화의 맥락에서는 합리주의적 요소가 근본적인 것을 주장할 수 있었다.

어쨌든 싱어의 주장은 실천적인 원리로는 부적합하다고 필자는 생각한다. 우선 캐러서스의 지적처럼, 싱어와 레건은 우리는 왜 도덕을 실천해야 하는가 하는 '도덕의 동기' 문제를 해결할 수 없다. 동물에게 동등한 도덕적 지위를 인정하는 부담을 감수하느니 차라리 도덕 자체를 포기하자는 주장도 제기될 수 있기 때문이다. 가령 롤즈가 자신의 분배적 정의의 기본 요건으로 '재화의 적절한 부족 상태'를 전제한 것도 이런 맥락에서가 아닌가 싶다.[22] 재화가 절대적으로 부족해 생존경쟁이 모든 것을 압도하는 상태에서는 분배적 정의에 대한 논의 자체가 공허하기 때문이다. 이것은 도덕과 적응의 관계에도 거의 그대로 적용될 수 있다. 도덕의 존립 근거는 자기 생존과 자손의 보전과 무관하지 않다. 도덕이 그러한 자신의 목적을 도외시하는 것은 가능하지 않다. 이러한 측면에서 도덕의 기원과 정당성은 완전히 구분되기 어렵다. 이런 맥락에서 우리는 부모들이 자식에 대해 느끼는 특별한 관심, 인간들이 서로에 대해 느끼는 종(種) 유대의 중요성을 음미할 필요가 있다. 이것을 단순히 인간중심주의라는 한마디로 단칼에 베어버릴 수는 없다. 종족유대가 갖는 진화상의 강점을 인정해야 한

22) 존 롤즈, 『사회정의론』, 145-146쪽.

다.[23)]

이런 맥락에서 보편주의(universalism)와 보편화의 원리 또는 보편화 가능성(universalizability)을 구분할 필요가 있다. 우선 '이익 평등 고려의 원칙(the principle of equal consideration of interests)'으로 요약되는 싱어의 보편주의는 실천 가능성이 없다. 싱어의 논리대로 하자면, 우리는 자기의 자식과 아프리카에 사는 생면부지의 아이를 똑같이 비중 있게 고려해야 한다(더 나아가 아마도 이웃집 가축의 새끼에 대해서도 같은 비중으로 고려해야만 할 것 같다). 하지만 이것은 도저히 실현될 가능성도, 바람직하지도 않다. 만일 그렇다면 어떤 여인도 그 혹독한 산고를 치르면서까지 자기 아이를 갖고 싶지는 않을 것이다. 차라리 그것보다는 각자가 자기 아이를 남의 아이보다 더 애정을 갖고 보살피는 것이 낫다. 그것은 인간의 생물학적 본성과 부합되는 동시에, 원리상 보편화 가능한 것이기도 하다. 즉 정상적인 인간이라면, 누구나 아이를 가질 수 있고, 자기 아이에 대해서 각별한 애정을 쏟고 싶어 한다. 그것은 전체 인류의 복지를 위해서도 나쁠 것이 없으며, 또한 기본적으로 배타적인 것도 아니다. 이것은 무차별적이고 형식적인 보편성이 아니라 어떤 의미에서는 실질적인 보편성인 것이다. 즉 보편화의 원리, 또는 보편화 가능성은 그 자체로 동등한 대우를 의미하지는 않는다. 그래서 인간은 자기의 행위와 관계된 모든 사람의 이익을 극대화하려고 노력해야 한다는 공리주의나 인간은 자기 이익을 극대화하려고 노력해야 한다는 이기주의나, 원리상 모두 보편화 가능하다는 헤어의 지적도 음미해야 한다.[24)] 보편화 가능성과 관련해 중요한 것은 '논리적인 보편화

---

23) Lewis Petrovich(1999), *Darwinian Dominion: Animal Welfare and Human Interest*, Massachusetts Institute of Technology, pp.183-184.

가능성'뿐만 아니라 '규칙의 보편적 수용 가능성'이다.[25] 보편화 가능성의 원조격인 칸트에서도 도덕의 기본 요건은 도덕은 누구에게나 언제나 항상 요구할 수 있는 명령이어야 하고, 그럴 때에만 그것은 당위로서 의미를 지니다. 소수만이 동의하고 또 지킬 수 있는 것이라면 그것은 이미 보편화가 불가능하다. 그것은 이성적 주체라면 누구나 다 승인할 수 있고, 지킬 수 있는 것이어야 한다.

5. 나가는 말

이 글의 입장은 현재 동물실험 관행에 문제가 있고 그 필요성 또한 과도하게 강조되는 측면이 있음을 부정할 수는 없지만 동물실험은 현대 의학의 발전에 반드시 필요하다고 본다. 또 동물실험을 부분적으로 대체할 수 있고, 또 대체하려는 노력을 계속해야 하지만, 현 단계에서 이를 전적으로 대체하는 것은 불가능하다고 본다. 그리고 동물실험이 금지될 경우, 인체 대상의 실험이 증가할 가능성이 높다는 점을 우려한다.

동시에 동물도 인간과 마찬가지로 쾌락과 고통을 느끼고, 고등동물의 경우 자기의식 수준의 의식세계를 갖고 있다는 사실을 외면할 수 없다. 이런 점에서 동물은 단순한 무생물과는 다른 대접을 받아야 한다. 하지만 레건과 싱어의 요구는 과도하다고 본다. 현실적으로 동물의 내재적 가치를 존중하거나, 인간과 같은 수준

24) R. M. Hare(2001), "Universalizability", Lawrence C. Becker(ed.), *Encyclopedia of Ethics*, vol. 3, Routledge, p.1736.

25) 보편화 가능성의 의미를 논리적 보편화 가능성, 규칙의 보편적 적용 가능성, 규칙의 보편적 수용 가능성으로 구분하고, 상세히 분석한 것으로는 P. Taylor, 김영진 옮김(1985), 『윤리학의 기본원리』, 서광사, 135-148쪽 참조.

에서 이익 평등 고려의 원칙을 적용하는 문명은 불가능하다고 생각하기 때문이다. 또한 하버마스와 롤즈가 강조하듯이 도덕은 어디까지나 인간들의 사회적 협력을 위한 하나의 구성물이라는 점을 간과할 수 없다. 레건과 싱어의 입장을 극단적으로 밀고 갈 경우 그것은 다수의 통념을 무시하는 동시에 '우리는 왜 도덕적이어야 하는가?'라는 '도덕의 실천 동기'와 관련해 심각한 난관에 봉착할 우려가 있기 때문이다. 그것은 도덕의 존립근거 자체를 붕괴시킬 위험마저 있다. 이런 점에서 롤즈의 반성적 평형 방법의 장점을 재삼 강조하고 싶다. 그것은 현실의 인간들이 갖고 있는 직관의 존재를 인정하는 동시에 그것과 도덕원리 및 배경적 사실과의 평형을 추구함으로써 직관의 수정 가능성을 열어 두고 있기 때문이다.

한편 하버마스가 제기하는 도덕과 윤리의 구분도 주목할 만하다. 하버마스는 동물에 대한 도덕적 의무는 부정하지만, 좋은 삶과 관련해 동물에 대한 윤리적 책임은 인정한다. 동물의 고통에 대해 고민하고 동물에 대한 책임감을 느끼는 것은 현 단계에서 모든 사람에게 요구되는 의무라기보다는 예민한 감수성의 소유자와 그야말로 자연친화적인 세계관을 가진 사람에게만 해당되는 내용이라고 보이기 때문이다. 다원주의 사회를 살아가는 우리들은 우리들이 서로 다른 가치관, 서로 다른 세계관을 갖고 있다는 현실을 인정할 필요가 있다. 롤즈의 용어를 빌리자면, 우리는 '포괄적 교설'의 차이를 마음 깊은 곳에서부터 인정하는 상호 존중의 세계로 나가야 한다. 그래서 우리는 동물이 느끼는 고통에 대해서도 고민해야 하지만, 동시에 동물의 고통에 민감한 사람들이 느끼는 고통에 대해서도 고민할 필요가 있다. 그리고 이 글은 인간문명의 질적인 발전, 그리고 동물세계에 대한 지식의 증가에 따른 배경적 사실의 변화, 그리고 이에 따른 계속되는 직관의 변화로 인해 먼 미래에는 그야말로 인간과 동물이 하나가 될 수 있다는 가능성을 배제하지 않는다.

동물의 도덕적 지위와 관련해 필자의 결론은 다음과 같다. 동물은 인간을 위해 존재하는 단순한 수단이 아니며, 그런 점에서 특히 의식이 있는 동물에 대해서는 각별히 배려해야 한다. 하지만 동시에 우리의 현재 직관, 즉 같은 종(種)으로서, 그리고 같은 사회를 구성하는 구성원으로서 인간을 다른 종과 구별하는 것은 잘못되었다고 할 수 없다. 동물에 대한 배려는 인류의 생존과 문명의 발전이 병행되는 수준에서 이루어져야 한다.

동물실험과 관련해 이 글의 최종적인 결론은 다음과 같다. 우리는 동물실험을 되도록이면 삼가야 하지만 대안이 없을 경우 동물실험은 정당화된다. 하지만 이 경우에도 동물의 고통을 최소화하도록 노력해야 한다. 이런 점에서 점점 일반화되는 추세인 3R, 즉 감소(reduction), 개선(refinement), 대체(replacement) 대안법이 이 글의 결론에 부합한다고 본다. 이 세 가지 원칙은 우리 사회에서 더 적극적으로 수용되어야 한다. 아울러 동물실험 이외에 공장식 사육, 모피, 동물원 사육 관행 등에 대한 비판적 성찰이 요구된다.[26)]

---

26) (1) 감소 대안법은 더 적은 수의 동물을 이용하여 동일한 양의 데이터를 얻거나, 주어진 수의 실험동물을 이용하여 더 많은 정보를 얻는 실험방법이다. (2) 개선 대안법은 동물의 고통이나 불만족을 최소화하거나 실험동물의 복지를 개선하기 위하여 사용하는 방법이다. 여기에는 마취제나 진통제의 사용, 실험환경의 개선 등이 포함된다. (3) 대체 대안법은 살아 있는 동물 전체의 사용을 필요로 하지 않는 실험방법을 뜻한다. 개체 대신 세포나 조직배양을 통해 실험한다. 그래도 개체를 사용해야 할 경우 되도록이면 하등동물(예를 들어 무척추동물, 어류) 등을 사용한다.

7 장 반성적 평형과 동물의 지위

1. 들어가는 말

이 글의 목적은 동물의 도덕적 지위(moral standing)를 둘러싼 논쟁을 살펴보고 이에 대한 한 가지 입장을 정당화하려고 하는 것이다. 동물의 지위에 대한 학계의 논쟁은 1970년대 후반에 들어와 피터 싱어의 『동물해방』이 출판되면서 본격화된다. 이 논쟁이 중요한 이유는 그것은 곧바로 법적, 실천적 문제와 직결되기 때문이다. 즉 동물의 지위를 인정할 경우 육식, 동물실험 등 현재의 관행에 대한 수정이 불가피하기 때문이다.

동물의 도덕적 지위에 대한 입장은 (1) 이것을 전적으로 부정하는 입장, (2) 원리적으로 인간과 동등하게 인정하는 입장, (3) 제한적으로만 인정하는 입장으로 구분할 수 있다. 이 중 필자의 입장은 동물의 지위를 제한적으로만 인정하는 입장에 속한다. 그것은 비교적 중간적인 입장이라고 할 수 있다. 우선 그것은 동물은 단지 인간을 위한 수단에 불과하기 때문에 동물실험은 도덕적으로 전혀 문제될 것이 없다는 인간중심주의를 거부한다. 그리고 동물은 인간과 동일한 존엄성을 갖고 있기 때문에 어떠한 형태의 동물실험도 도덕적으로 정당화될 수 없다는 동물복지론도 거부한다. 그것은 동물이 자기 고유의 삶을 영위하는 삶의 주체라는 사실을 인정한다. 하지만 동시에 자연의 한 존재로서 인간 또한 다른 종에 속하는 생물을 이용하고 때로는 죽일 수밖에 없다는 사실을 인정한다. 그리고 인간이 같은 종의 구성원에 대해 갖는 유대의식을 인간중심적이라고 폄하할 수 없다고 본다. 그래서 동물실험은 그것이 반드시 필요한 경우에, 그리고 동물의 고통을 줄이려는 실험자의 노력이 있을 경우에는 정당화된다고 본다. 필자는 이러한 필자의 입장을 반성적 평형의 방법을 사용해 정당화하고자 한다.

아울러 이 글이 갖는 또 하나의 목적은 실천윤리의 방법론으로서 반성적 평형(reflective equilibrium)의 가능성을 확인해 보는 것이다. 특별히 반성적 평형의 방법에 주목하는 이유는 우선 그것이 탄력적이고 개방적인 의사결정의 방법이라는 점 때문이다. 구체적인 윤리적 문제에 봉착했을 때 윤리학자들이 기존에 주로 사용했던 방법은 연역주의 방법이다. 그런데 연역주의적 방법은 고정적인 원리원칙에 집착해 다양성과 사회변화를 설명하지 못한다는 약점이 있는데, 반성적 평형의 방법은 이런 문제점을 훌륭하게 극복하고 있다.

이 글에서 사용하는 방법은 '넓은(wide)' 반성적 평형의 방법이다. 넓은 반성적 평형의 방법은 배경이론의 역할을 인정해 사회과학이나 자연과학의 연구 성과들을 흡수하기 용이하기 때문이다. 이 점은 실천윤리학에서 중요한 의미를 지닌다. 실천윤리학에서 다루는 대부분의 주제가 그렇지만, 그 중에서도 생명의료윤리나 환경윤리의 문제들은 상당한 정도의 자연과학 지식이 필요한 전형적인 학제적인 문제이다. 생명의료윤리가 의학적인 지식을 요구한다면, 환경윤리는 생태학적 지식을 요구한다. 가령 천성산 도롱뇽 논쟁에서 도롱뇽이 생태계에 존재하는 단순한 뭇 생명 중 하나인지, 아니면 생태계에서 없어서는 안 되어 반드시 보호해야 하는 희귀종인지는 중요한 문제인데, 이를 알기 위해서는 상당한 정도의 생태학적 지식이 요구된다. 이것은 생명윤리학에서 다루는 낙태 논쟁도 마찬가지다. 가령 하늘에서 천사가 내려와 영혼이 수태되는 시점인 임신 후 4개월 정도부터 태아의 도덕적 지위를 인정해야 한다는 주장은 적어도 오늘날의 의학적인 관점에서는 근거 없는 주장이 될 것이다. 물론 생태학이나 의학적 지식으로부터 곧바로 가치명제를 도출한다면 그것은 자연주의적 오류를 범하게 된다는 문제가 발생한다. 하지만 우리가 신봉하는 가치가 과학적 사실에 어긋나서는 안 된다는 것은 자명하다.

이 글은 반성적 평형의 방법의 가능성에 주목한다. 그래서 반성적 평형의 방법을 동물의 도덕적 지위 문제에 적용해, 이에 대한 나름의 결론을 이끌어 내려고 한다. 동시에 반성적 평형의 방법이 갖는 의미와 문제점을 밝히고자 한다.

2. 반성적 평형

1) 반성적 평형 방법

반성적 평형은 애당초 1950년대 중반에 과학철학자 굿맨(N. Goodman)이 귀납의 정당화 문제를 다루기 위해 사용했다. 그런데 이를 윤리학자이자 정치철학자인 롤즈가 『사회정의론』에서 자신이 제안한 '정의의 두 원칙'을 정당화하기 위한 방법으로 도입했다.

하지만 반성적 평형이 좀 더 주목받게 된 것은 롤즈의 제자인 다니엘스(Norman Daniels, 1979)의 논문을 통해서이다. 그는 '좁은(narrow) 반성적 평형'과 '넓은(wide) 반성적 평형'을 구분한다. 그에 따르면, 좁은 반성적 평형은 '도덕원칙들(moral principles)'과 '숙고된 도덕 판단들(considered moral judgments)'[1] 사이의 정합성을 추구하는 방법이다. 반면 넓은 반성적 평형은 숙고된 판단, 도덕원칙들, 배경이론들(background theories)[2] 간의 정합성을 추구하는 이론이다. 넓은 반성적 평형 방법은 좁은 반성적 평형 방법이 갖고 있는 문제점을 극복한다. 즉 좁은 반성적 평형에서는 숙고된 판단이 차지하고 있는 비중이 지나치게 크다. 특히 최초의 숙고된 판단이 편견, 역사적 우연, 이데올로기의 산물이어서, 이것들이 자신들에 맞게 도덕원칙을 고치도록 하는 부당한 압력을 행사할 우려가 있다.[3] 반면 넓은 반성적 평형에서는

---

1) 숙고된 판단은 롤즈에 따르면 정의감이 작용하기에 좋은 여건 아래서 이루어진 판단만을 말하며, 따라서 잘못을 저지른 데에 대한 아주 평범한 핑계나 변명이 있을 수 없는 상황에서 이루어진 판단이다. 그래서 판단을 내리는 자는 올바른 결정에 도달하기 위한 능력과 기회와 욕구를 가졌다고 생각된다. John Rawls(1971), *A Theory of Justice*, Harvard University, pp.47-48.

2) 배경이론은 상식인들의 반성적 판단들을 가장 잘 설명하는 이론으로 사회 전문가들에 의해 폭넓게 받아들여지고 있는 이론을 지칭한다. 롤즈가 든 배경이론은 사회에서 도덕의 역할에 관한 이론, 인격에 관한 이론, 절차적 정의론, 도덕발달이론, 일반적인 사회이론 등이다. 정의의 원칙을 수립하는 데에는 이런 것들이 배경이론이 되겠지만 생명윤리나 환경윤리에서는 생물학, 생태학, 의학 등 자연과학 분야의 지식들을 대거 배경이론으로 인정해야 한다고 필자는 생각한다. 즉 다루는 주제에 따라 요구되는 배경이론도 다르다는 말이다.

3) Norman Daniels(1979), "Wide Reflective Equilibrium and Theory Accep-

도덕원칙 이외에 배경이론들이 숙고된 판단을 견제할 수 있다. 가령 배경이론이 숙고된 판단과 어긋날 경우, 숙고된 판단을 수정해야 한다.[4)]

반성적 평형의 방법은 특히 생명윤리학계에서 가장 활발하게 활용되고 있다. 반성적 평형은 이 분야의 개척자이자, 이미 고전이 된 보챔/칠드레스(Beauchamp & Childress, 2001/5판)의 저작에서 도덕적 판단의 정당화의 방법으로 인정된 바 있다. 그것은 특정 도덕이론(기독교, 의무론, 공리주의 등)을 현실에 그대로 적용하려는 연역주의 또는 원리주의(Principlism)에 대한 비판으로, 동시에 개별 상황만을 강조하는 존슨/툴민(Johnson & Toulmin, 1998)의 결의론(Casuistry)을 대체하는 방안으로 모색되어 왔다.

우리나라에서도 반성적 평형에 대한 몇 가지 연구가 있다. 반성적 평형은 황경식이 롤즈의 주저 『사회정의론』을 번역 출판하면서 처음 그 내용이 알려졌고, 다니엘스의 넓은 반성적 평형은 이민수(1996)와 김상득(1996)에 의해 소개되었다. 특히 김상득은 반성적 평형의 방법을 인공중절이라는 구체적인 주제에 적용했다는 점에서 중요한 의미가 있다. 또한 최경석(2003, 2004)은 반성적 평형의 방법을 안락사 문제에 적용하는 한편, 윤리위원회와 같은 집단의 의사결정방법으로 모색한 바 있다.[5)]

---

tance in Ethics", *Journal of Philosophy*, p.76, p.262.

4) 같은 글, p.267.

5) 최경석은 집단의 논의방법으로서 넓은 반성적 평형의 가능성을 모색했다. 그에 따르면, "넓은 반성적 평형의 그룹 방법은 한 그룹의 구성원으로서 서로 다른 이성적인 포괄적 믿음 체계를 지닌 사람들이 함께 받아들이는 믿음들의 세 가지 집합들 – 즉 (1) 함께 받아들이는 숙고된 도덕 판단들의 집합, (2) 함께 받아들이는 도덕원칙들의 집합, (3) 함께 받아들이는 관련된 배경적 믿음들이나 이론들의 집합 – 사이의 정합성을 산출하고자 하는 시도이다." 이에 대해서는 최경석(2004), 「생명의료윤리를 위한 도덕적 추

2) 반성적 평형 방법의 강점

반성적 평형 방법의 장점은 응용윤리학에서 사용되는 다른 방법들과 대비를 통해서 이루어져야 한다. 지금까지 철학자들이 가장 많이 의존했던 방법은 연역주의 방법이고, 이에 대한 대안으로 모색된 것이 사례접근법, 즉 결의론이다.

우선 연역주의는 특정 원리원칙을 전제한 상태에서, 그것을 그대로 개별사례에 적용하는 방식이다. 이런 점에서 연역주의는 원리주의적 사고방식이라고 할 수 있다. 공리주의자들이 '최대다수의 최대행복의 원칙'을 구체적인 맥락에 적용하는 것이 연역주의의 한 예라고 할 수 있다.

그런데 문제는 적용기준이 되는 원칙에 대한 합의가 이루어지지 않고 있다는 것이다. 특히 현대처럼 다원화된 사회에서 모든 사람들이 다 동의할 수 있는 원칙을 확립하기란 앞으로도 쉽지 않을 전망이다. 또한 서로 다른 다수의 원칙들이 충돌할 때 이를 해결할 방법이 없다는 점도 연역주의가 갖고 있는 맹점이다. 가령 낙태와 관련해 기독교를 중심으로 하는 보수주의 진영과 페미니스트들을 중심으로 하는 자유주의 진영 간의 대립은 오랜 역사를 지닌다. 이러한 대립은 적어도 원리주의를 버리지 않는 한 해소될 가능성이 없다. 또한 이런 원리주의를 신봉하는 사람들은

론으로서의 넓은 반성적 평형의 방법」, 『철학과 현실』 60호, 철학문화연구소, 205-206쪽. 또한 최경석은 반성적 평형 방법을 통해 자발적 능동적 안락사와 의사 조력 자살 유형은 도덕적으로 허용 가능하다는 결론에 도달한다. 그리고 집단적 반성적 평형 방법을 통해 자발적 안락사의 법제화에는 도달할 수 없지만, 절충안으로 '자발적 수분과 영양공급 중단'에는 도달할 수 있다고 주장한다. 최경석(2003), "Moral Reasoning and Justification in Medical Ethics", Michigan State University, 박사학위논문 참조.

도덕을 사회와 연관해 파악하지 않고, 사회로부터 독립된 영역의 것으로 본다. 이런 접근방식은 도덕의 기원과 변화에 대한 설명을 제공하지 못한다. 가령 노예제는 고대에는 허용되었는데, 왜 현대에 들어와서는 허용되지 않는지 그 이유를 설명하지 못한다.[6]

연역주의에 대한 대안으로 거론되는 것이 결의론이다. 그것은 전형적인 사례를 만들어 놓고, 문제가 되는 개별사례를 전형적인 사례에 맞추어 보는 방법이다. 이 방법은 중세 때 신부들이 고해성사에 적용해 온 방법인데, 현대에 들어와 존슨과 툴민에 의해 재조명되었다. 하지만 이 또한 적지 않은 문제점을 갖고 있다. 첫째, 결의론은 비교기준인 전형적 사례(paradigm case)에 대한 견해차가 존재할 경우, 이를 조정할 수 있는 방법이 없다. 둘째, 기존에 확립된 전형적인 사례에 무비판적으로 의존하기 때문에 관습주의와 보수주의라는 비판이 제기될 수 있다. 셋째, 무엇보다도 생명윤리나 환경윤리 영역처럼 새롭게 제기된 문제들에 대해서는 관련된 전형적인 사례를 추출할 수 없다는 점에서 결정적 한계가 있다.

이런 점에서 우리는 반성적 평형의 방법에 눈을 돌릴 필요가 있다. 반성적 평형은 숙고된 판단, 도덕원리, 배경적 지식 간의 정합성을 추구하는 방법이다. 그것은 숙고된 판단, 도덕원리, 배경지식 간의 무한한 상호 수정과정(back-and-forth process of revision)을 통해 문제에 대한 적절한 대답을 찾아가는 과정이다.

반성적 평형 방법이 갖고 있는 매력은 우선 그것이 대단히 탄력적이고 개방적인 방법이라는 것이다. 그것은 우리가 갖고 있는 기존의 숙고된 판단과 도덕원칙에서 출발하지만, 그것들이 서로

---

6) 김상득(1996), 「응용윤리학 방법론 연구: 반성적 평형의 방법과 임신중절의 도덕성」, 서울대학교 박사학위논문, 29-38쪽.

에 의해 수정된다는 점, 그리고 배경이론에 의해 재차 수정된다는 점에서 탄력적이고 개방적이다. 동서양을 막론하고 지금까지는 원리주의적 사고가 지배적이었다. 동양의 유교나 서양의 기독교, 중동의 이슬람교가 그것이다. 그런데 이런 원리주의적 사고는 2백 년 전의 조선이나 천 년 전의 영국처럼 사회변동이 없는 지극히 획일화되고 안정된 사회에서는 가능하겠지만, 적어도 현대처럼 다원화되고 급변하는 사회에서는 적절할 것 같지가 않다. 그런데 반성적 평형은 이런 원리주의적 사고를 교정할 수 있는 있는 장치를 그 자체 내에 갖고 있다. 자신의 종교원칙을 완고하게 고집하는 종교사상가들을 숙고된 판단과 배경이론을 가지고 설득할 수 있기 때문이다. 반성적 평형의 방법은 도덕원칙과 숙고된 판단을 신축성 있게 변화시킬 수 있는 열린 사유방식인 것이다.

반성적 평형이 갖는 장점은 우선 배경이론이 갖는 역할을 인정하고 있다는 점이다. 앞서 지적했듯이 실천윤리학이 다루는 주제에서 배경적 지식이 차지하는 비중은 적지 않다. 상당수의 실천윤리학의 주제들은 배경지식에 정통하지 않을 경우 아예 접근 자체가 불가능하다. 가령 낙태 문제에서 태아의 지위를 판단하기 위해서는 태아의 발달상황에 대한 배경지식이 필요하다. 실천윤리학의 방법이라면 이런 사실적 영역에 대한 판단능력을 자체 내에 갖고 있어야 한다. 또한 학문의 발전에 따라 배경적 사실은 변화하는 경향이 있고, 배경이론의 변화에 맞게 우리의 숙고된 판단도 변화하는데, 반성적 평형은 이러한 사실을 잘 설명해 준다. 가령 14세기 천동설에 기초한 입장과 21세기 지동설에 기초한 입장은 다를 것이다. 반성적 평형의 방법은 학문의 발전에 맞게 윤리적인 결론을 도출할 수 있게 해준다.

3. 반성적 평형과 동물의 도덕적 지위

동물의 도덕적 지위와 관련해서는 그야말로 다양한 입장이 있다. 하지만 필자는 논의의 편의를 위해 일단 다음과 같이 세 가지로 단순화하고자 한다.

(1) 동물은 도덕적 지위를 갖고 있지 않다.

(2) 동물은 인간과 동등한 도덕적 지위를 갖는다.

(3) 동물은 제한된 도덕적 지위를 갖는다.

[1단계][7)]

(1) 숙고된 판단

반성적 평형의 방법을 따를 경우, 어떤 입장이 선택될 것인가? 반성적 평형의 방법에서 출발점은 숙고된 판단이다. 숙고된 판단은 일시적인 감정이나 선호가 아니라 자기 나름의 최선을 다해 심사숙고한 판단이다. 일단 필자는 숙고된 판단으로 세 가지 입장에서 (1)의 입장, 즉 "동물은 도덕적 지위를 갖고 있지 않다."를 채택하고자 한다. 이른바 인간중심주의에 기초한 판단일 것이다. 이러한 판단에 따를 경우, 동물은 인간보다 열등한 존재이며, 우리 인간이 편의대로 이용해도 되는 수단이 된다.

이것을 숙고된 판단으로 채택한 이유는 인간우월주의와 인간중심주의는 인류가 오랫동안 간직해 온 통념이기 때문이다. "인간

7) 1단계, 2단계, 3단계, 그리고 (1) 숙고된 판단, (2) 도덕이론, (3) 배경이론의 단계는 반성적 평형을 찾고자 필자가 행한 사고의 흐름을 보여준다. 하지만 이것은 필자의 사고의 흐름을 효과적으로 설명하기 위해 도식적이고 기계적으로 구분한 것이지, 절대적인 의미를 지닌 것은 아니다.

은 만물의 영장이다."는 필자가 어릴 적부터 귀에 박히도록 들어온 소리다. 인간은 그래도 소, 돼지, 닭보다는 낫다는 생각은 어찌 보면 당연한 일이다. 인간우월주의는 우리의 일상 언어에도 잘 나타나 있다. 가령 지능이 아주 모자라거나, 극악무도한 행위를 한 사람에 대해 흔히 "짐승만도 못한 놈"이라고 표현한다. 여기에는 웬만한 인간이라면 그래도 동물보다는 낫다는 우리의 통념이 반영되어 있다. 또 다수가 육식을 하고 동물실험에 대해서 별 문제를 제기하고 있지 않은 상황은 이미 동물을 인간을 위한 수단으로 간주하고 있다는 것을 보여준다. 즉 인간은 동물과는 질적으로 다른 존재이고, 동물은 인간을 위해 존재하는 수단에 불과하다. 이런 관점에서 보면 육식을 하는 것도, 동물실험을 하는 것도 별 문제가 되지 않는다.

사유의 출발점으로 통념을 선택한 이유는 통념은 이미 오랜 역사와 문화를 통해 다수의 사람들의 의식적 또는 무의식적 검증을 거쳤기 때문에 다른 것들보다 사려 깊을 가능성이 높기 때문이다. 어떤 개인의 순간적인 착상보다는 그래도 다수가 오랜 기간 인정해온 것들이 더 타당할 가능성이 높다고 생각한다. 그리고 민주주의 사회에서 다수의 통념은 항상 옳거나 또는 항상 추종해야 할 대상은 아니지만 기본적으로 존중되어야 할 대상이라고 생각한다. 이런 점에서 통념은 사유의 종착점은 아니지만 출발점으로는 훌륭하다고 본다.

(2) 도덕이론

다음 단계는 숙고된 판단과 도덕이론[8]을 비교하고 이들 간의

8) 롤즈의 경우 숙고된 판단과 '도덕원칙' 간의 평형을 추구했지만, 필자는 숙고된 판단과 '도덕이론' 간의 평형을 추구하고자 한다. 그 이유는 이 문

평형점을 찾는 것이다. 우리가 채택한 숙고된 판단, “동물은 도덕적 지위를 갖지 않은 존재”이며, “인간을 위한 단순한 수단”이라는 판단은 그것이 통념인 만큼이나 다양한 종교와 윤리이론들에 깊숙이 새겨져 있다. 대부분의 종교가 그렇긴 하지만 기독교가 가장 명확하게 이러한 입장을 뒷받침해 주고 있다.[9)]

> 하느님께서는 “우리 모습을 닮은 사람을 만들자. 그래서 바다의 물고기와 공중의 새, 또 집짐승과 모든 들짐승과 땅 위를 기어 다니는 모든 길짐승을 다스리게 하자.”고 하시고, 당신의 모습대로 사람을 만들어 내셨다. 하느님의 모습대로 사람을 지어 내시되 남자와 여자로 지어 내시고, 하느님께서는 그들에게 복을 내려 주시며 말씀하셨다. “자식을 낳고 번성하여 온 땅에 퍼져서 땅을 정복하여라. 바다의 고기와 공중의 새와 땅 위를 돌아다니는 모든 짐승을 부려라.”(「창세기」 1장 26-29절)

이런 기독교의 전통을 이어받은 중세 철학의 대부 아퀴나스는 다음과 같이 주장한다.

제와 관련해 이용할 만한 확고한 도덕원칙이 없기 때문이다. 또 그런 도덕원칙을 설정하려면 상당한 정도의 정당화 작업이 필요한데, 결국 이 작업은 도덕이론과 연관된다. 그래서 도덕원칙 대신 직접 도덕이론과의 평형 내지 대조를 추구하는 것이 더 간편하고 바람직하다고 생각한다.
그리고 반성적 평형의 방법은 다양한 방식으로 가동될 수 있다는 점도 언급하고 싶다. 학자들은 상황에 따라 반성적 평형을 다르게 활용하고 있다. 가령 네덜란드의 반 델든(Van Delden)의 경우는 도덕적 직관-도덕원리-도덕과 관련된 사실-배경이론-도덕이념 등 다섯 가지 사이의 평형을 추구한다. 다시 말하자면 너무 롤즈나 다니엘스의 방식에 얽매일 필요는 없다고 생각한다. Wibren Van Der Burg & Theo Van Willigenburg (1998), *Reflective Equilibrium: Essays in Honour of Robert Heeger*, Kluwer Academic Publishers, p.15.

9) 이후의 기독교, 아퀴나스, 아리스토텔레스, 칸트에 대한 논의와 인용은 Desjardins, 김명식 옮김(1999), 『환경윤리』, 자작나무, 5장 참조.

> 야수를 죽이는 것이 죄라고 주장하는 사람은 오류를 범하고 있는 것이다. 왜냐하면 신의 섭리에 의해 동물은 자연의 과정에서 인간이 사용하도록 운명지어졌기 때문이다. 따라서 동물을 죽이거나 다른 방식으로 사용한다고 하더라도, 이는 결코 부정의한 것이 아니다. 신은 노아에게 말했다. "나는 너희에게 목초와 더불어 고기를 주었다."(『신학대전』, 3권 2부)

즉 신이 창조과정에서 인간에게 특별한 지위를 부여했으니, 동물을 수단으로 사용해도 괜찮다는 것이다. 이는 서양의 종교뿐만 아니라 서양철학의 전통이기도 하다. 대표적인 서양철학자 아리스토텔레스와 칸트가 그렇다. 우선 아리스토텔레스의 말을 들어보자.

> 식물은 동물을 위해 존재한다. 동물은 인간을 위해 존재한다. 가축이 식량이나 기타 용도로 존재하는 것처럼, 야생동물도 그러하다. 즉 야생동물은 식량이나 다른 기타의 용도, 즉 의복이나 도구를 만드는 데 사용할 수 있다. 자연은 일정한 목적이나 의도를 위한 것이라는 우리의 믿음이 타당하다면, 그것은 다름 아닌 인간을 위한 것임에 틀림없다(『정치학』, 1권 8장, 1256b).

칸트의 도덕이론도 1단계의 숙고된 판단을 잘 뒷받침해 준다. 칸트에 따르면, 인간만이 목적적 존재인데 이는 인간만이 이성적 능력을 가졌기 때문이다.[10] 칸트에 따르면, 인간은 이성을 갖고

---

10) 그런데 "인간은 동물보다 우월하다."라는 명제와 "동물은 인간을 위한 수단이다."라는 명제는 사실상 다른 명제이다. 즉 전자가 타당하다고 해서 후자가 타당하다고는 할 수 없다. 가령 철수와 영희가 있다. 그런데 철수는 영희보다 모든 점에서 뛰어나다. 그때 우리는 "철수는 영희보다 우월하다."고 말할 수는 있다. 하지만 그렇다고 해서 "영희는 철수를 위한 수단이다."라고 말할 수는 없다. 이런 점에서 인간우월주의와 인간중심주의(인

있어 도덕능력이 있지만, 동물은 그렇지 않기 때문에 인간의 이익을 동물의 그것보다 무조건 우선적으로 고려해야 한다. 단지 동물을 잔혹하게 다루는 것은 그러한 무자비한 동물의 취급이 습관화되면, 다른 사람과의 교제에 있어 도덕성의 준비가 약화되기 때문에 용인될 수 없다. 즉 인간의 자기 교육, 또는 자기 수양을 위해서 동물을 학대해서는 안 된다는 것이다.

여기서는 기독교와 아리스토텔레스, 칸트를 언급했지만, 동서양의 대부분의 종교와 철학은 인간중심주의에 기초해 있다. 그렇다면 일단 우리의 숙고된 판단과 윤리이론은 평형상태에 도달했다고 말할 수 있을 것 같다.

(3) 배경이론

좁은 반성적 평형 방법에서는 숙고된 판단과 윤리이론의 평형만으로 탐구의 과정은 완료된다. 하지만 넓은 반성적 평형 방법에서는 배경이론과의 대조가 필요하다. 1단계에서 우리가 선택한 입장에 대립하는 대표적인 배경이론은 다윈의 진화론일 것이다.[11]

진화론에 따르면 인간이나 동물이나 모두 자기의 생존을 추구하고 자연선택의 과정을 거친다는 점에서는 동일하다. 무엇보다도 인간과 동물은 하나의 생명나무에서 진화해 왔다. 또 칸트 윤

간은 목적이고 동물은 인간을 위한 수단이다)는 구분되어야 한다. 그렇다면 칸트는 두 주장을 혼동했다고 보아야 한다. 칸트는 "인간은 이성적 능력을 가졌지만 동물은 그런 능력이 없기 때문에 인간은 동물보다 우월하다."에서 "인간은 목적이고 동물은 수단이다."로 나아가고 있기 때문이다.

11) 진화론은 사회생물학, 진화론적 윤리학이라는 이름에서 보듯이 인문사회과학 또는 윤리학의 범주로 확장되고 있다. 하지만 기본적으로는 배경이론의 영역에 속한다고 보아야 할 것 같다.

리이론에서 인간의 우월성을 보여주었던 근거였던 이성이라는 것도 진화론에 따르면 진화과정에서 우연히 발생한 부산물에 불과하다. 진화론적 관점에서 보자면 신이 유독 인간에게만 특별한 지위를 부여했다든지, 아니면 인간만이 이성능력을 가졌다는 이유에서 우월한 존재라는 주장은 인간이 만든 환상에 다름 아닐 것이다. 인간과 동물의 질적인 차이를 구분해 주는 기준이 존재하지 않는 셈이다.

유전학의 연구 성과도 인간우월주의의 토대가 그다지 단단하지 않음을 보여준다. 유전학의 연구에 따르면, 인간과 침팬지는 유전자의 거의 99%를 공유한다. 유전적으로 보면 오히려 침팬지는 고릴라나 오랑우탄보다는 인간에 가깝다. 즉 굳이 구분하자면 '인간 ↔ 침팬지, 고릴라, 오랑우탄'이 아니라 '인간, 침팬지 ↔ 고릴라, 오랑우탄'이 되어야 한다. 그렇다면 침팬지를 대상으로 하는 동물실험은 인간을 대상으로 한 실험과 마찬가지로 도덕적으로 문제가 된다는 비판에 직면할 것이다.

그 외에도 동물행동학에 대한 연구는 동물도 인간과 마찬가지로 통증을 느끼고 누구나 고통을 싫어한다는 사실을 보여준다. 제인 구달(Jane Goodall)은 오랜 침팬지 연구를 통해 동물에게도 감정이 있음을 지적한다. 동물도 고통, 성냄, 사랑, 기쁨, 놀람 등의 감정을, 등 두드려 주기, 껴안기, 손뼉 치기 등과 같은 비언어적 의사소통을 통해 보여준다. 특히 고등동물은 과거, 현재, 미래를 연결하는 나름의 의식적 삶을 영위한다. 동물이 고통을 느낄 능력이 있고, 나름대로 의식적 삶을 산다는 것은 굳이 동물행동학을 언급하지 않더라도, 애완동물을 키워 본 사람이라면 누구나 느끼는 사실이다. 그렇다면 이런 동물을 단순한 수단으로 보고 먹고 실험하는 것은 문제가 있지 않은가?

[2단계]

(1) 숙고된 판단

앞서 본 것처럼 1단계의 숙고된 판단과 배경이론은 서로 갈등 관계를 형성하고 있고, 사유주체는 극심한 인지적 부조화를 경험하게 된다. 이때 우리가 취할 수 있는 방안은 숙고된 판단을 변경하는 것이다. 물론 배경이론을 거부하는 방안도 있을 것이다. 그런데 진화론, 유전학, 동물행동학 등을 부정하는 것은 현대과학의 결과물들을 대부분 거부하는 것이고, 우리의 비판적 탐구능력을 송두리째 부정하는 것이기 때문에 쉽지도 바람직하지도 않을 것 같다. 필자가 새롭게 선택한 숙고된 판단은 다음과 같다.

"동물은 인간과 동등한 도덕적 지위를 갖는다."

이것은 "동물과 인간은 동등한 가치를 지닌다." "동물은 인간과 마찬가지로 목적적 존재이다." 등 다양한 형태로 표현될 수 있을 것이다. "동물실험은 인체실험과 마찬가지로 도덕적으로 문제가 된다." "육식도 비판받아 마땅하다." 등은 이런 판단에서 파생될 수 있는 판단이 될 것이다.

(2) 도덕이론

이런 판단들은 서양 윤리학의 전통에서는 지지받지 못했다. 예외가 벤담인데, 벤담이 일찍이 언급한 "중요한 것은 이성적으로 사고할 능력이나 또는 대화를 나눌 능력이 아니라 고통을 느낄 수 있는 능력이 있는가."라는 말은 1970년대 이후 새롭게 떠오른 동물복지론자들과 환경철학자들에 의해 자주 인용되는 구절이다.

동물복지론(Animal Welfare Ethics)은 싱어의 동물해방론(Animal Liberation)과 레건의 동물권리론(Animal Right)으로 양분된다.[12] 싱어는 1단계의 인간중심주의를 종차별주의(speciesm)로 표현한다. 종차별주의는 인종차별주의(racism) 및 성차별주의(sexism)와 마찬가지로 잘못된 것이다. 인종이나 성(性)을 근거로 해서 평등한 도덕적 지위를 부정하는 것이 그른 것처럼, 우리 종(種)의 구성원이 아니라는 것을 근거로 해서 평등한 도덕적 지위를 부정하는 것은 잘못이라고 주장한다.

공리주의에서 고통을 주는 것이 잘못된 것이라면, 싱어의 공리주의에서는 동물에게 고통을 주는 것 또한 잘못된 것이다. 하지만 우리 인생사에서 좋은 일만 하고 살 수는 없다. 때로는 좋은 일뿐만 아니라 궂은일도 해야 한다. 이와 관련해 싱어가 제안하는 것은 이익 평등 고려의 원칙(the principle of equal consideration of interests)이다. 고통을 주는 것이 필요하다면 인간의 고통과 동물의 고통을 비교하되 공평하게 그것을 계산해야 한다는 논리이다. 가령 동물실험을 하려면 먼저 그 동물실험으로 인해 실험동물 등이 느낄 고통의 양과 동물실험으로 인해 인간이 얻을 이득의 양을 계산해서 후자가 전자를 압도할 경우에만 허용한다.

하지만 레건 같은 동물권리론의 입장에서는 이것도 안 될 것이다. 동물실험으로 인한 이득이 아무리 크더라도 그것은 무고한 존재의 권리를 침해하는 것이기 때문이다. 레건에 따르면, 삶의 주체(subject of a life)라는 것은 단지 살아 있다는 것, 또는 단지

12) 여기서는 싱어의 동물해방론과 레건의 동물권리론을 아우르는 개념으로 동물복지론이라는 개념을 사용한다. 이 개념은 하그로브에 의해 이 두 입장을 통칭하는 개념으로 만들어졌다. Eugine Hargrove(1992), *The Animal Rights/Environmental Ethics Debate*, State University of New York Press, ix.

의식을 갖고 있다는 것을 의미한다. 삶의 주체가 된다는 것은 믿음, 욕구, 지각, 기억, 자신의 미래를 포함해 미래에 대한 의식, 쾌락과 고통 등의 감정을 느낄 수 있다는 것, 자기의 욕구와 목표를 위해 행위할 수 있는 능력, 순간순간의 시간을 넘어서 자신의 아이덴티티를 느낄 수 있고, 타자와는 별도로 자신의 삶이 좋을 수도 나쁠 수도 있다는 의미에서 자신의 복지를 갖고 있다는 것이다. 고유의 가치를 갖는 존재에게는 그에 걸맞게 그 가치를 존중해야 하는데, 최소한 몇몇 포유류는 이에 해당한다.13)

2단계의 숙고된 판단을 지지하는 또 다른 도덕이론으로는 테일러와 네스가 제안하는 생명평등주의가 있다. 이것에 따르면 "모든 생명은 '원리상' 동등한 가치를 지닌다." 이 분야의 선구자인 슈바이처에 따르면, 우리는 "살려고 애쓰는 생명체"로, 다른 생명체들도 살려고 애쓴다는 것을 느낀다. 테일러에 따르면, 모든 생명체는 목적적, 내재적 가치를 갖고 있다. 생명체는 자기 나름의 목표지향적인 삶을 사는 자기 삶의 주체로, 자신의 생존을 유지하고, 자신의 종을 재생산하고자 변화하는 환경에 적응하는 생명활동을 수행한다.14) 우리 인간에게는 이런 내재적 가치를 지닌 모든 생명체를 존중할 의무가 있다고 테일러는 주장한다.

(3) 배경이론

2단계의 숙고된 판단과 2단계의 도덕이론들(동물해방론, 동물권리론, 생명평등주의) 간에는 나름의 평형이 존재할 것이고, 우리는 안정감을 느낄 수 있을 것이다. 하지만 이런 숙고된 판단과

13) Tom Regan(1983), *The Case for Animal Right*, University of California Press, p.243.

14) Paul Taylor(1986), *Respect For Nature*, Princeton University Press, 2장.

도덕이론을 실천하는 문제를 생각해 보면 현실은 그렇게 간단하지 않다는 사실을 금방 알 수 있다.

동물복지론을 인정하는 것은 육식과 동물실험을 금지하는 것일 것이다. 이것은 현대 문명의 기본 틀을 바꾸는 일이 될 것이다. 고기를 전혀 안 먹고, 동물실험도 전혀 안 한다고 생각해 보자. 부드러운 스테이크의 감촉, 소주와 잘 맞는 삼겹살의 유혹도 뿌리쳐야 하고, 때로는 동물실험이 가져다준 과학과 의학의 발전도 거부해야 한다. 그런데 동물복지론을 넘어 생명평등주의로 가보자. 여기는 훨씬 더 문제가 심각하다. 동물복지론은 그래도 채식이라는 대안이 있지만, 생명평등주의가 요구하는 모든 생명에 대한 존중은 사실상 우리의 생활을 불가능하게 한다. 우리는 하루도 다른 생명체를 먹지 않고서는 살 수 없기 때문이다. 또한 우리의 문명생활에 필요한 많은 것들은 생명평등주의와 양립하기 힘들다. 예를 들어 아스팔트 포장은 땅속에서 숨쉬고 있는 무수한 미생물들을 질식시키기 때문에, 생명평등주의를 충실하게 실천할 경우 우리는 오솔길만으로 만족해야 한다. 결국 생명평등주의를 진지하게 받아들이는 사람은 이를 충실히 실천해 일상생활을 포기하거나, 아니면 하루에도 수많은 생명체를 살상하고 있다는 양심의 가책을 받으면서 살아갈 수밖에 없다.

동물복지론과 생명평등주의는 인간이 처한 현실과 잘 맞지 않는다. 그것들은 우리가 살고 있는 생태계에 대한 학문인 생태학이라는 배경이론과 직접적으로 모순된다. 환경철학자 캘리코트에 따르면, 동물복지론과 생명평등주의가 그렇게도 피하려고 하는 동물의 고통과 생명체의 죽음은 생태학에서는 당연한 것이요 생태계가 유지되기 위해서는 불가피한 일이다. 동물복지론이 꿈꾸듯이 생태계에 다른 동물에게 고통을 주는 육식동물은 없고 오로지 초식동물들만 있다고 하자. 사자와 하이에나는 없고 사슴, 토끼들만 살고 있다. 사슴과 토끼는 계속 새끼들을 낳을 것이고 이들의 개체 수는 기하급수적으로 증가해 풀을 먹어 치움으로써 초원은 황폐해질 것이다. 즉 초식동물이나 육식동물의 터전인 생태계 자체가 파괴되는 것이다. 캘리코트에 따르면, 생명체끼리 서로 먹고 먹히는 일, 살고 죽는 일이 없으면 생태계는 유지될 수 없다. 인간의 경제에서는 돈이 손에서 손으로 전달되지만, 자연의 경제에서는 먹이가 위(stomach)에서 위로 이동한다. 다른 생명체를 먹음으로써만 생명체의 생존은 가능하고, 더 나아가 생태계의 안정도 가능하다. 이런 자연의 사실들은 얼핏 보기에는 부정의해 보일 수 있다. 하지만 이것은 피할 수 없는 자연의 이치이다. 도덕원칙도 이것을 거부할 수는 없는 것이다.15)

이렇게 본다면 생명평등주의나 동물복지론이 주장하는 존중의 확대, 배려의 확대는 자연의 이치와 맞지 않은 것이다. 자연계에 존재하는 어떤 종도 동물복지론자들과 생명평등주의자들이 요구하는 그런 존중과 배려를 다른 종에게 행하지 않는다. 가령 사자에게 인도적인 목적에서 자신의 배고픔을 참으면서까지 사슴 사냥을 포기할 것을 요구한다고 하자. 이것은 사자와 생태계가 처한 현실에 너무 맞지 않는다.

[3단계]

(1) 숙고된 판단

이제 우리는 2단계의 숙고된 판단과 도덕이론이 과연 적절한

15) Baird J. Callicott(1989), *In Defense of the Land Ethics*, State University of New York Press, pp.91-92.

것인가 의심해 보아야 한다. 과연 "동물과 인간은 동등한 가치를 가졌고, 우리는 인간과 동물을 동등하게 배려해야만 하는가?" "동물은 인간과 동일한 수준의 목적적 존재인가?"

여기에서 우리는 다음과 같이 물을 수 있다. 모든 존재가 동등한 가치를 지닌다면, 바퀴벌레와 돼지는 동등한 가치를 지니는가? 만일 그들이 동등한 가치를 지닌다면, 바퀴벌레를 죽이는 것과 돼지를 죽이는 것은 동일한 잘못을 범하는 셈이다. 그런데 바퀴벌레를 죽이는 것을 잘못이라고 생각할 수는 있지만, 그렇다고 해서 돼지의 목을 자르는 것과 동일한 정도의 잘못을 범했다고는 생각하지 않는다.

또 돼지와 인간의 관계도 마찬가지다. 만일 돼지와 인간이 동등한 존재라면 또 돼지를 죽이는 것과 사람을 죽이는 것은 같은 정도의 잘못을 범하는 셈이다. 물론 돼지를 죽여서 먹는 것을 아주 훌륭한 행위라고 할 수는 없을 것이다. 하지만 그렇다고 해서 사람을 죽여서 먹은 만큼이나 잘못을 행한 것이라고 할 수 있을까? 사람을 죽인 범죄자에 대해 살인죄로 기소해 형벌을 가하듯이, 돼지를 죽인 자에게도 동일한 형벌을 가해야 하는가?

이번에는 동물실험에 적용해 보자. 침팬지와 사람의 실험을 비교해 보자. 침팬지를 실험하는 것이 도덕적으로 전혀 문제가 없다고 할 수는 없다. 그렇지만 침팬지를 실험하는 것은 사람을 실험하는 것과 동일한 잘못을 범했다고는 할 수 없다. 그렇다면 이제 전직 대통령을 대상으로 인체실험을 하는 것과 보통의 일반시민을 대상으로 인체실험을 하는 것을 비교해 보자. 물론 전직 대통령을 대상으로 인체실험을 하는 것은 온 국민에게 충격을 주겠지만 일반시민을 대상으로 인체실험을 하는 것과 질적으로 다른 잘못이라고 생각되지는 않는다.

이러한 사고실험은 무엇을 말해 주는가? 동물과 인간을 동등하게 대우해야 한다는 것이 잘못되었다는 것이다. 우리는 동물의 가치를 인정하지만, 인간의 가치와는 질적으로 다른 가치를 인정한다는 점이다. 이를 숙고된 판단으로 표현해 보자.

"동물은 제한된 도덕적 지위를 갖는다."

이것을 달리 표현하면, "동물도 가치를 지니고 있지만, 인간의 가치와는 다르다." "동물도 배려의 대상이지만, 인간과 똑같은 대우를 해야 한다는 것은 아니다." 등이 될 것이다. "동물실험을 삼가야 하지만 불가피할 경우 동물실험은 수행되어야 한다. 이때 동물의 고통을 최소화하도록 노력해야 한다." "인류의 생존과 문명의 발전이 병행되는 상태에서 동물을 배려해야 한다." 등의 주장이 파생될 수 있을 것이다.

(2) 도덕이론

그렇다면 우리는 다음과 같이 물어보아야 한다. 동물의 가치는 왜 인정되는가? 그리고 동물의 가치를 인정하면서도 왜 인간만큼은 인정해 주지 않는 것인가?

이러한 사실을 가장 잘 설명해 주는 도덕이론은 굿패스터(K. E. Goodpaster)와 애트필드(R. Attfield) 등이 주장하는 '차별적 생명가치론'인 것으로 생각된다. 이들은 생명의 가치를 인정한다. 앞서 2단계의 동물복지론이나 생명평등주의에서 잘 설명하고 있듯이, 모든 생명체는 그들 나름의 목표지향적인 삶을 사는 자기 삶의 주체이기 때문이다. 이런 점에서 모든 생명체는 고유의 목적적 가치를 지닌다. 그런데 이들에 따르면, 모든 생명체의 가치가 다 동일한 것은 아니다. 그것들이 지닌 가치의 정도는 서로 다르다. 그래서 영혼이나 이성, 의식을 갖는 존재는, 그리고 진화과정에서 높은 위치에 있는 존재는 다른 존재보다 더 많은 목적적 가치를 가진다. 또 굿패스터는 도덕의 적용범위(moral considerability)와 도덕적 중요성(moral significance)을 구분하면서, 동물이나 (혹은 식물) 다른 존재들은 도덕적으로 배려되어야 한다는 점에서 도덕의 적용범위 안에는 포함시키지만 인간만큼 도덕적 중요성을 갖는 것은 아니라고 주장한다.16)

3단계의 숙고된 판단을 가장 잘 지지해 주는 이론은 계약주의 이론이다. 계약주의에서 도덕은 기본적으로 공동의 이익을 위해 사회를 구성한 존재들이 만든 협약의 성격을 지닌다. 현대의 유력한 윤리학자인 롤즈의 입장도 이런 맥락에 서 있다. 롤즈는 동물문제를 직접 언급하지는 않았지만, 비슷한 입장을 취한다고 해석된다. 롤즈의 체계에서 도덕은 인간에 의해 구성되는 것이다. 도덕은 상호 협조체제인 사회에서 합리적인 주체들 간의 상호작용을 지배하는 규칙체계로, 인간들 사이의 상호작용을 용이하게 하기 위해서, 협력적인 공동체 생활을 가능하게 하기 위해서 존재한다. 동물은 애당초 이 범주 안에 속하지 않기 때문에 도덕적 지위를 부여받지 못한다. 즉 도덕은 계약 당사자들, 다시 말하면 인간을 위한 것이다.17)

이런 점은 하버마스도 마찬가지다. 하버마스는 도덕의 문제들은 오직 언어능력과 행위능력을 갖춘 주체들의 영역 안에서만 제

16) Kenneth E. Goodpaster(1978), "On Being Morally Considerable", *The Journal of Philosophy*, p.320.

17) Peter Carruthers(1992), *The Animal Issue: Moral theory in Practice*, Cambridge University Press, pp.98-100.

기된다고 전제한다. 왜냐하면 도덕은 인간 공동체의 구성원으로서 다른 사람들과의 공동작업과 합의와 연관되며, 또 이에 의존하기 때문이다. 이런 점에서 볼 때 동물은 도덕의 영역에서 배제된다. 왜냐하면 동물들은 인간과 상호성의 관계를 맺을 수 없기 때문이다.[18)]

이러한 입장에서 보면 동물은 인간을 위해 존재하는 단순한 수단은 아니지만, 동시에 같은 종으로서, 그리고 같은 사회를 구성하는 구성원으로서 인간을 다른 종과 구별해 각별히 대우하는 것을 잘못이라고 할 수는 없다. 도덕은 어디까지나 인간의 사회적 필요에 의해 만들어진 사회적 구성물이기 때문이다. 이런 점에서 보면 동물 고유의 가치를 부정할 수 없지만, 그렇다고 해서 인간과 똑같은 대우를 해야 한다는 것은 아니다. 동물에 대한 배려는 인류의 생존과 문명의 발전이 병행되는 수준에서 이루어져야 하는 것이다. 이런 점에서 동물에 대한 대우는 사회발전의 수준과 이에 대한 사회 구성원의 합의를 전제조건으로 한다.

(3) 배경이론

3단계의 숙고된 판단인 "동물은 제한된 도덕적 지위를 갖는다."와 도덕이론 — 차별적 생명가치론과 계약주의 — 은 나름의 평형상태에 놓여 있다고 볼 수 있다. 또 3단계의 숙고된 판단 및 도덕이론과 특별히 대립되는 배경이론은 없는 것으로 보인다. 그렇다면 일단 이 3자는 평형상태에 놓여 있다고 판단할 수 있다.

제한적이긴 하지만 동물의 지위를 인정하는 것은 동물실험, 육식, 모피 등 현재의 여러 관행들에 대한 비판적 접근을 요구한다.

---

18) J. Habermas(1992), 이진우 옮김(1997), 『담론윤리의 해명』, 문예출판사, 268-269쪽.

동물은 인간까지는 아니지만 일정한 정도의 도덕적 지위를 가지며, 일정 선까지는 보호받아야 하기 때문이다. 바로 그 '일정 선'이 의미하는 바가 구체적으로 어떤 것인가에 대해서는 많은 논의를 필요로 할 것이다. 여기에는 수많은 배경적 사실들이 다시 등장할 것이다.

우선 다음 배경적 사실에 대한 검토가 요구될 것 같다.

-- 동물실험은 인간의 질병치료에 어느 정도 공헌하고 있고, 동물실험에 대한 대체방법은 어느 정도까지 발전했는가?

-- 육식과 모피를 허용하면서 동물실험에 반대하는 것은 잘못이다. 규제를 한다면 이것들 간의 균형이 필요하다. 어떤 의미에서는 모피와 육식보다 동물실험이 더 필요하다. 모피는 인조 옷으로 대체할 수 있고 육식은 다소의 영양결핍을 야기할 뿐이지만, 동물실험은 환자 생명의 단축을 결과할 수 있다.

-- 동물복지를 인정하는 것은 고기 값을 상승시켜 결국 가난한 사람만 고기를 못 먹는 결과를 낳을 것이다. 이런 계급간 불평등의 문제를 어떻게 해소할 것인가?

-- 채식만으로 충분한 영양공급이 가능한가? 특히 성장기의 어린이들은 균형 있는 식단이 필요하다고 하는데 채식만으로 가능한가?

-- 동물이용에 대한 규제가 확대될 경우 축산업, 모피산업, 동물실험 산업이 위축되며, 이에 종사하는 사람들의 생계는 위협받을 것이다.

이런 사실들을 염두에 두면서 사회발전과 균형을 이루는 정도에서 점진적으로 도덕의 발전을 추구해야 하지 않을까 생각한다.

그동안 우리나라의 관행과 법은 인간중심주의에 지나치게 치우쳐 있다는 점은 분명하다. 그런데 2007년 1월 대폭 개정된 동물보호법은 제1조에서 동물의 복지를 증진하고 생명으로서 존중할 것을 천명하는 한편, 구체적인 방안으로 동물실험윤리위원회의 설치, 동물보호감시관의 지정, 그리고 동물실험에서의 3R의 준수를 명문화했다는 점에서 상당한 변화를 보여주고 있다. 하지만 이러한 동물보호법의 실천과 관련해서는 부족한 것도 사실이다.

한 가지 제안하고 싶은 것은 세계를 인간과 비인간으로 구분할 것이 아니라, 인간－동물－사물로 구분하자는 것이다. 그리고 헌법 안에 동물권과 관련한 내용을 담는 것을 생각해 볼 필요가 있다. 구체적으로는 동물실험과 관련해 점점 일반화되는 추세인 3R, 즉 감소(reduction), 개선(refinement), 대체(replacement) 대안법은 우리 사회에서 더 적극적으로 수용되어야 한다. 그리고 동물실험 이외에 공장식 사육, 모피, 동물원 사육관행에 대한 비판적 성찰이 필요하다.

4. 반성적 평형의 의미와 한계

1) 불일치와 관련해

반성적 평형의 방법을 통해 필자가 도달한 결론에 대해 달리 생각하는 사람들도 있을 것이다. 그것은 다른 방법, 가령 연역주의적 방법을 사용한 사람만 그런 것이 아니라, 반성적 평형의 방법을 사용한 사람에게도 해당된다. 즉 반성적 평형이라는 동일한 방법을 사용한 사람도 필자와는 다른 결론에서 평형상태에 도달할 수 있을 것이다.[19)]

이는 각기 선택한 숙고된 판단, 도덕이론, 배경이론이 다를 수 있기 때문이다. 우선 반성적 평형 방법에서 취하는 숙고된 판단은 문화와 사람에 따라 달라질 수 있다. 이는 도덕이론도 마찬가지다. 가령 필자는 도덕이론으로 계약주의를 선호했는데, 기독교 윤리학이나 생명중심주의를 신봉하는 사람들은 필자와는 완전히 다른 견해에 도달할 것이다. 이것은 비교적 사실의 영역에 속한다고 보이는 배경이론도 마찬가지다. 필자가 옳다고 생각한 배경이론들, 가령 진화론이나 동물행동학을 거부하고 다른 이론들, 가령 목적론이나 창조설을 신뢰하는 사람들도 있기 때문이다. 이외에 동물실험의 효용성과 같은 배경적 사실에 대해서는 견해차가 있을 수 있다.

그리고 이들 세 가지 요소들 — 숙고된 판단, 도덕이론, 배경이론 — 간의 일치 여부를 판단하는 과정에서도 견해차가 발생할 수 있다. 가령 숙고된 판단 A와 도덕이론 B가 일치한다고 생각하는 사람이 있는가 하면 불일치한다고 생각하는 사람도 있을 수 있다. 이것은 숙고된 판단과 배경이론의 일치 여부, 그리고 도덕이론과 배경이론의 일치 여부에 대한 해석에서도 마찬가지다.

이러한 차이로 인해 사람들은 동일 사안에 대해 서로 다른 평

19) 이는 반성적 평형 방법을 개별사례에 적용한 국내학자들에게서도 나타난다. 가령 김상득의 경우, 낙태문제에 반성적 평형 방법을 사용했는데 비교적 보수주의적인 결론에 도달했다. 반면 최경석의 경우, 안락사 문제와 관련해 비교적 자유주의적 결론에 도달했다. 만일 동일 주제에 대해 다른 성향의 학자가 그 방법을 적용했다면 어떻게 되었을까? 이는 국외의 경우도 마찬가지다. 가령 네덜란드의 경우(Wibren Van Der Burg 외, 1998) 윤리위원회에서 반성적 평형의 방법을 동물문제(고양이 발톱 제거술, 소 제왕절개술)에 적용했는데, 동물복지론에 가까운 결론에 도달했다. 만일 우리나라 생명윤리위원회에서 그 방법을 적용했더라면, 그것보다는 훨씬 더 인간중심적인 결론에 도달했으리라고 판단된다.

형점에 도달할 수 있다. 조선시대 유학자가 선택한 숙고된 판단, 도덕이론, 배경이론과 21세기 미국 기독교인이 선택한 그것들은 판이할 것이기 때문이다. 이런 현상은 동일 인물 안에서도 나타날 것이다. 1980년대 20대의 필자가 선택했던 숙고된 판단, 도덕이론, 배경이론과 2000년대 40대에 접어든 필자의 그것들은 달라 설사 반성적 평형에 도달한다고 하더라도, 그 평형의 지점은 다를 가능성이 있다.

하지만 그럼에도 불구하고 반성적 평형의 매력은 여전하다. 그것은 반성적 평형의 방법은 견해차가 발생할 때, 어떤 사항들을 점검하고 수정할 것인가에 대해 그 구체적인 과정을 말해 주기 때문이다. 즉 우리로 하여금 불일치가 발생했을 때, 불일치의 원인이 무엇인가를 추적할 수 있게 해준다. 그래서 우리는 숙고된 판단, 도덕원칙, 배경이론을 확인하는 과정을 밟을 수 있을 것이다. 그래서 그가 선택한 숙고된 판단은 무엇인가, 도덕원칙과 배경이론은 어떤 것인가, 과연 신뢰할 만 것인가를 논의할 수 있을 것이다. 그리고 과연 그것들은 실제로 평형상태에 도달한 것인가 확인할 수 있을 것이다. 그리고 이런 과정을 통해 불일치의 원인을 알게 된다면, 우리는 불일치를 해소하는 데 한 걸음 나아가는 셈이 된다.

합의 가능성을 높이기 위한 한 가지 방안은 하버마스 식의 이상적 담론상황을 전제하는 것이다. 그것은 담론의 규칙을 미리 설정하고, 그것에 따라 엄격하게 추론하는 방식이 될 것이다. 하지만 이때에도 모든 개인들이 동일한 추리를 한다고는 말할 수 없다. 아무리 이상적 담론상황의 제약조건을 엄격히 규정한다 하더라도, 모든 담론 참여자의 결론이 같은 방향으로 갈 것으로 기대하는 것은 무리이다. 담론의 규칙이 동일하다 하더라도 해석의 차이(롤즈의 용어로는 판단의 부담)가 존재하기 때문이다. 이런 점에서 구성원들이 가진 차이를 정당하게 인정할 것을 요구하는 차이의 정치학은 의미 있다고 생각된다. 그리고 상호 존중, 관용 등과 같은 고전적인 가치들은 여전히 효력을 발생할 수 있다.

2) 보수적이라는 비판에 대해

반성적 평형의 방법은 '숙고된 판단'에서 출발하기 때문에 보수적이라는 비판이 있다. 숙고된 판단은 다분히 다수의 통념에 기초하는 측면이 있기 때문이다. 이 글에서 논의된 동물의 지위와 관련해서도 동물복지론 단체처럼 현재의 관행을 변혁하려는 입장에서 제기될 수 있을 것 같다.

만일 반성적 평형의 방법에서 다수의 통념에 기초를 두는 숙고된 판단이 사유의 종착점이라면 이러한 비판은 전적으로 타당하다. 하지만 앞서 살펴보았듯이 숙고된 판단은 논의의 종착점이 아니라 출발점일 뿐이다. 그것은 도덕원칙에 의해서 교정될 수 있으며, 배경이론에 의해서도 교정될 수 있다. 즉 반성적 평형의 방법은 숙고된 판단, 도덕이론(원칙)과 배경이론의 3항 관계에 토대를 두기 때문에 숙고된 판단의 수정 가능성을 항상 열어 두고 있다는 점을 인정할 필요가 있다.

또한 민주주의 사회의 의사결정에서 다수의 통념을 배제할 수는 없다. 다수의 통념을 무시하는 것은 민주시민의 기본자세가 아니다. 민주주의 사회에서 의사결정은 옳고 그름, 또는 진리의 문제가 아니라 정치적 정당성의 문제와 연관되기 때문이다. 민주주의 사회에서는 '독재자의 올바르고 참된 판단'보다는 '다수가 나름의 절차를 거쳐 합의한 정당한 결정'을 수용해야 한다. 반성적 평형의 방법은 논의과정 속에 도덕원칙과 배경이론과의 정합성을 알아보는 절차를 만들어 놓음으로써 오히려 다수의 통념을 견제하고 합리적으로 변화시킬 수 있는 장치를 자체 내에 안고 있다고 봐야 할 것 같다. 민주주의 사회에서 통념에 대한 그 정도의 인정은 필요하다고 본다.

8장 숙의민주주의와 어린이 철학교육

1. 어린이 철학교육과 숙의민주주의 교육

숙의민주주의가 우리가 지향해야 할 이념이라면, 시민들이 숙의민주주의의 의미를 이해하고 이를 실생활에서 활용할 수 있도록 노력이 있어야 한다. 교육현장에서는 학생들이 숙의민주주의의 의미를 익히고, 생활 속에서 이를 실천에 옮길 수 있는 교육방법이 모색되어야 한다. 그러나 숙의민주주의 이념에 대한 논의는 아직 서구에서도 논의가 미진하고, 실생활에 적용하기 위해서는 상당한 시간을 필요로 할 것이다. 특히 국내에서는 숙의민주주의에 대한 논의가 소수의 학자들에 의해서만 이루어지고 있으며, 이를 교육과 연관짓는 것은 현재의 시점에서 어려움이 많다. 따라서 이 글에서의 논의는 극히 시론적인 성격을 띤다.

무엇보다 지적되어야 할 점은 숙의민주주의는 갑자기 하늘에서 뚝 떨어진 새로운 이념이 아니라는 점이다. 숙의민주주의는 인류의 문화유산인 민주주의 이념이 스스로의 진화과정에서 나온 하나의 발전태이고, 숙의민주주의 교육 또한 완전히 새로운 교육방법이 아니라 기존의 민주시민 교육을 계승하고 발전시킨 것이다. 이런 점에서 숙의민주주의 교육에서 기존의 민주시민 교육의 내용과 방법들은 여전히 유효하다는 조기제의 주장은 의미가 있다. 그에 따르면, "숙의민주주의를 어떻게 가르칠 것인가는 우선 교사가 숙의민주주의에 대한 이해를 높인 후 민주주의 교육에서의 토론과 대화의 조건과 자세 등을 강조하고 실현하도록 학교현장을 운영하는 것에서 크게 벗어날 수 없다."[1)]

따라서 숙의민주주의가 강조하는 대화와 토론의 교육법은 전혀 새로운 것이 아니다. 우리의 교육은 예나 지금이나 대화와 토론을 중요한 가치로 보고, 이를 교육에 활용하려고 노력해 왔다. 물론 실제로 우리의 교육현장에서 대화와 토론이 얼마나 제대로 이루어졌는지는 의문이다. 하지만 분명한 것은 대화와 토론의 중요성을 거부하는 교육전문가는 거의 없다는 점이다. 우리는 그동안 우리나라 초등 도덕교육의 중요한 이론적 자원이었던 가치명료화 이론, 콜버그의 정의공동체 이론과 립맨의 어린이 철학이 숙의민주주의 교육과 중요한 관련성이 있다고 믿고 있다. 여기서는 우선 립맨의 어린이 철학교육과 숙의민주주의 교육의 연관성을 중점적으로 다루고자 한다. 양자의 공통점을 알아보고, 또 강조점의 차이를 부각시킴으로써 숙의민주주의 교육이 지향하는 바를 알아볼 것이다.

어린이 철학교육은 립맨(Matthew Lipman)을 중심으로 한 미국 몽클레어 대학의 미국철학개발연구소(IAPC)의 논의에 기초한다. 물론 그전에도 어린이 철학에 대한 관심과 시도는 간헐적으로 있

1) 조기제(2002), 「다문화사회에서의 민주시민교육: 심의민주주의 교육의 필요성」, 『초등도덕교육』 10집, 한국초등도덕교육학회, 216쪽.

었으나 어린이 철학에 대한 연구와 보급에서 립맨의 위치는 가히 독보적인 것이다. 립맨의 어린이 철학은 미국에서만 5천 개의 학교에서 보급되었고, 그 프로그램은 18개의 언어로 번역되었다. 현재 립맨의 어린이 철학은 전 세계 40개 지부 센터가 있는 등, 어린이 철학과 관련해 미국을 넘어서 전 세계적인 영향력을 행사하고 있다. 우리나라에서도 '노마의 발견', '해리의 발견'이라는 이름으로 잘 알려져 있는데, 여기에는 이초식, 황경식, 정보주 등 중진학자, 그리고 서울교대 철학연구동문회를 중심으로 현장교사들의 노력이 주효했다고 할 수 있다.[2)]

우리가 보기에, 어린이 철학교육은 숙의민주주의가 추구하는 내용을 상당 부분 담고 있다. 이런 점에서 우리는 어린이 철학교육이 숙의민주주의 교육의 중요한 발판이 될 수 있다고 생각한다. 다만 여기서는 공통점뿐만 아니라 그 차이점을 부각시킴으로써 숙의민주주의 교육의 특징을 좀 더 명확히 하려 한다.

2. 아동들의 사고능력 vs 일반시민들의 공적 이성

어린이 철학교육의 대전제는 아동들에게도 철학적 능력이 있음을 인정하는 것이다. 이러한 철학적 능력에는 윤리적 추론능력이 포함된다. 그래서 어린이 철학교육에 입각한 도덕교육은 아동들을 하나의 도덕철학자로 생각하여, 스스로 도덕적으로 사고하고, 판단하고, 그러한 판단의 결과에 따라 행동할 수 있도록 도와주

2) 박찬영(2002), 「립맨 어린이철학에 대한 비판 I」, 『인간과 사회』 2집, 경남초등도덕교육학회, 212쪽 참조. 우리말로 번역 소개된 어린이 철학교재는 서울교육대학 철학연구동문회 편역(1986), 『어린이를 위한 철학교육』, 서광사; 여훈근 · 황경식 옮김(1986), 『세살철학 여든까지』, 정음사.

는 것을 목표로 삼는다.

이것은 기존의 인지발달론적 시각과 대비된다. 피아제나 콜버그 등 인지발달론의 입장에서 보면, 어린이 철학교육 옹호자들의 주장은 아동 발달단계에 대한 사실과 맞지 않는다. 콜버그의 관점에서 보면, 철학적 단계는 5, 6단계에 해당한다. 전관습단계(pre-conventional level)에 머물고 있는 아동들을 관습단계로 진입시키는 것이 초등교육의 목표일 것이다. 그리고 관습단계에서 관습이후단계(post-conventional level)로의 진입을 위한 철학교육은 훨씬 이후의 과제일 것이다. 이들이 보기에 철학은 가장 추상적인 사고의 결과물인데 어린이 수준에서 철학교육이 가능하다는 것은 결국 어린이의 사고능력에 대한 이해가 잘못된 것이거나, 철학의 의미를 변경하고 있다는 시각이다.

어떤 의미에서 보자면 이런 지적은 전적으로 틀린 것은 아니다. 어린이 철학교육의 신봉자들이 생각하는 철학은 일반적으로 생각하는 철학과 다소 다른 것으로 이해해야 한다. 어린이 철학교육의 신봉자들은 철학을 '좁은 의미의 철학'과 '넓은 의미의 철학'으로 구분한다.[3] 철학사나 어떤 특정 철학체계를 토대로 해서 주로 직업 철학자들에 의해 행해진 고도로 전문적인 사고가 좁은 의미의 철학이라면, 넓은 의미의 철학은 보통 사람들이 일상적으로 행하는 철학적 사고(thinking) 그 자체를 의미한다. 이들이 보기에, 일반인들은 전문 철학자들처럼 철학자(가령 칸트나 헤겔)나 철학적 개념(가령 이성이나 오성)을 가지고 사고하지는 않지만, 자기 나름의 사고를 한다. 여기에는 때때로 사물의 근본이치와 같은 근본적인 철학적 문제제기까지 포함된다. '철학함'은 철학자

3) Matthew Lipman, 서울교육대학 철학연구동문회 편역(1986), 『어린이를 위한 철학교육』, 서광사, 53-55쪽.

들의 독점적인 행위는 아닌 것이다. 이런 맥락에서 보면 어린이들도 그들 나름대로 철학을 하는 것이다. 특히 경이감에서 자연과 세계를 바라보고 이유와 근거에 관한 물음을 던져 가면서 근원을 알고자 하는 애지(愛知)의 철학정신은 오히려 어린이의 단계에서 더 강하다고 본다. 그렇다면 어린이에게도 그들에게 알맞은 철학적 훈련이 필요하다는 것이 그들의 주장이다. 특히 철학의 가장 중요한 기능인 비판적 사고는 어린 시절부터 훈련되어야 한다.4)

철학자가 아니라 일반시민, 특히 아동을 독립적인 사고능력을 가진 삶의 주체라고 보는 점은 숙의민주주의의 근본정신과 정확히 일치한다. 숙의민주주의는 모든 시민들이 '공적 이성(public reason)' 능력을 갖고 있다고 보며, 이것이 사회적인 중대 사안에 대한 '공적인 이성적 논의(public reasoning)'를 가능하게 한다고 본다. 롤즈에 따르면, 공적 이성은 자유롭고 평등한 시민들이 갖고 있는 이성, 즉 공중의 이성이다. 공적 이성은 건전한 시민이라면 누구나 다 갖는 이성이다. 그런 점에서 사실상 소수의 철학자만이 가질 수 있고 실제로 활용하는 전통적인 의미의 실천이성과 구분된다. 이는 지적으로 탁월한 소수에 의한 사적인 숙고 대신 일반시민들의 대화, 토론, 합의를 중시하는 민주주의적 이념을 깔고 있다. 결국 공적 이성은 다수가 이성적 논의를 통해 합의를 얻는 과정에서 작용하는 이성이다. 하버마스도 마찬가지다. 그가 염두에 두고 있는 의사소통적 이성은 건전한 시민들이 담론의 규칙을 지킨 상태에서 나온 대화와 토론을 관통하는 이성이다. 롤즈

---

4) 어린이 철학교육의 필요성에 대해서는 정보주(2001), 「어린이철학에 기초한 도덕교육」, 『초등도덕교육』 7집, 한국초등도덕교육학회, 137-138쪽 참조.

와 하버마스의 공통점은 소수의 학자만이 아니라 보통시민들도 이성을 바탕으로 합리적인 판단을 할 수 있다는 믿음이다. 이런 숙의민주주의자들의 주장은 일반시민들이 갖는 공적 이성 능력에 대한 신뢰에서 아동들의 사고능력에 대한 신뢰로 확장될 수 있다.

또한 중요한 점은 인간의 이성능력을 신뢰하고 이를 활용하도록 할 때 인간의 이성능력은 신장된다는 점이다. 이 점과 관련해 존 스튜어트 밀의 너무나도 유명한 다음 구절은 중요하다.

> 외적인 세계나 상황에 자신의 인생을 내맡기는 사람은 흉내 잘 내는 원숭이와 같이 단순한 능력을 갖고 있으면 된다. 그러나 스스로 자신의 인생을 계획하는 사람은 그가 가진 능력을 이용한다. 그는 무언가를 보기 위해 관찰력을, 예견하기 위해 이성과 판단력을, 결정에 필요한 정보들을 수집하기 위해 민첩성을, 신중한 결정을 하기 위해 정확성과 자제력을 발휘한다. 그리고 이러한 능력들은 그의 이성적, 감성적 판단과 조화를 이루어 어떤 일을 결정하고 실행하는 데에 쓰인다.[5)]

아동들을 교화의 대상으로 본다면, 아동들은 성인들에 이르러서도 여전히 교화의 대상일 것이다. 반면 아동이 비록 성인에는 미치지 못하지만 성인에 준하는 능력을 갖는다고 간주하고, 성인에 준하는 교육을 시킨다면 아동은 주체적인 사고능력을 가진 존재로 커나갈 것이다.

---

5) John Stuart Mill(1956), *On Liberty*, Indianapolis, Ind: Bobbs-Mill, pp.71-72.

3. 사고 vs 합의

숙의민주주의와 어린이 철학교육이 공히 대화와 토론을 중시한다. 하지만 그 차이점을 부각시키자면, 숙의민주주의는 대화와 토론을 통한 '합의(consensus)'를, 어린이 철학교육은 대화와 토론을 통한 '사고(thinking)'를 강조한다고 볼 수 있다. 어린이 철학교육의 옹호자들은 철학교육은 '고차적 사고'를 지향한다고 주장한다. 이들이 말하는 고차적 사고는 '개념적으로 풍부하고 정합적으로 조직되어 있으며, 끊임없이 탐구하는 사고', 또는 '이해를 목적으로 하는 상징적 활동으로 사려 깊고 자기 조정적이며, 창의적인 판단과 문제 해결을 목적으로 하는 목표지향적인 정신활동'으로 정의되기도 한다. 그것은 문제 상황에 봉착했을 때 다양한 자료를 바탕으로 효율적이고 독창적인 아이디어로 문제 해결 방안을 모색하는 지적 활동을 가능하게 하는 사고능력이라 볼 수 있다.[6)]

워샴(Worsham)과 스톡턴(Stockton)에 따르면, 고차적 사고는 철학의 영역에서 강조하는 형식 논리학에 기초한 비판적 사고력과 심리학의 영역에서 강조하는 새로운 아이디어를 생성해 내는 창의적 사고력으로 대별된다. 그리고 최근에는 고차적 사고에 다른 사람의 생각을 존중하는 자세, 즉 배려적 사고가 포함되는 경향이 있다.

'비판적 사고'는 제시된 신념이나 주장, 행위의 이유를 명백한 기준에 의해 검토하고 대안들을 신중히 그리고 계속해서 깊이 생

---

6) 고차적 사고와 이것을 구성하는 비판적, 창의적, 배려적 사고에 대한 이후의 논의는 다음을 참조. 이선영(2002), 「철학적 탐구 공동체와 도덕교육」, 『인간과 사회』 2집, 경남초등도덕교육학회, 82-88쪽.

각하는 사고를 의미한다. 인간은 이미 행해지던 대로 행동하려 하거나 성인들의 사고에 의존하여 행동하려는 경향이 있다. 특히 아동들은 스스로 판단하기보다는 단순히 해오던 것을 그대로 따라하거나 남이 시키는 대로 하려는 경향이 강하다. 비판적 사고는 이러한 수동적인 자세를 능동적이고 적극적인 자세로 변화시켜, 어떤 문제에 대한 해결책을 강구할 때 다양한 상황에 비추어 비교해 보고 좀 더 효과적이고 합리적인 해결 방안을 찾을 수 있도록 한다.

'창의적 사고'는 새로운 문제가 제기되어 새로운 가치판단이 요구될 때 중요하게 작용한다. 즉 기존의 지식으로 해결될 수 없는 문제 상황에서 새로운 아이디어나 새로운 해결 방법을 적극적으로 산출해 내는 사고력을 말한다. 현대사회는 과학기술의 발전 결과 전통적 윤리규범으로는 해결할 수 없는 새로운 문제가 많이 발생하고 있다. 생명복제나 안락사, 환경문제 등이 이러한 문제에 속한다. 이런 문제들에 대해서는 그 해결 방안 역시 새롭고 창의적인 것으로 모색되어야 한다. 창의적 사고력은 이와 같은 현실에서 새로운 가치 변화에 대한 참신한 아이디어와 해결법을 마련해 준다.

비판적, 창의적, 배려적 사고 중 우리가 가장 주목하고 있는 것은 '배려적 사고'이다. 립맨에 따르면, 배려적 사고는 타인의 생각을 헤아리려는 경향성과 타인에게 관대하고, 친숙한 태도 등을 포함한다. 어린이 철학교육은 대화적 탐구 방법을 통하여 아동들에게 타인의 말을 경청하게 하고 서로 다른 견해를 수용하도록 하여 아동들이 배려의 덕을 함양할 수 있는 계기를 만들려고 노력한다. 아동들은 배려적 사고를 통해 자신의 주장만을 강조하지 않고, 다른 사람의 의견을 인정하고, 올바른 방법으로 비판할 줄도 알며, 의사결정과정 내내 타인을 존중하는 자세를 지니고 참여할 수 있다. 분명한 것은 비판적 사고, 창의적 사고, 배려적 사고는 서로 분명하게 구분된 것이 아니라 상호 보완적으로 관계를 맺고 있기에 상호 관련성 있게 교육되어야 한다.

어린이 철학교육이 '대화'를 매개로 하긴 하지만 어디까지나 '사고'를 강조하고 있다면, 숙의민주주의는 '대화'와 '토론'을 통한 '합의'를 강조한다. 그것을 통해 나오는 사고력의 증진과 창조적 사고는 오히려 부산물에 가깝다. 어린이 철학교육에서의 궁극적 목표가 사고력의 증진이라면, 숙의민주주의의 궁극적 목표는 사회적 합의이기 때문이다. 대신 숙의민주주의는 자신뿐만 아니라 타인에게도 승인될 수 있는 보편적 사고, 타인에 대한 배려, 그리고 자신의 선호의 변화가 대화와 토론의 목표가 된다. 보편적 사고, 타인에 대한 배려, 자신의 선호 변화를 통해 합의가 가능하다고 숙의민주주의자들은 믿는다.

첫째, 숙의민주주의는 보편적인 사고를 강조한다. 중요한 것은 나한테만 인정받는 것이 아니라 타인에게도 승인 받는 것이다. 나의 견해가 타인에게 설득력이 있는 것으로 받아들여지려면, 논리적 합리성이 요구된다. 논리적 합리성이 결여된 주장을 가지고 다른 사람들을 설득시키기는 어렵다. 또한 오로지 자기 이익을 추구하고 공공 이익과는 담을 쌓은 주장도 다른 사람의 동의를 얻기 힘들다.

둘째, 다른 사람들과의 대화와 토론은 다른 사람과 나의 공감대를 형성하는 과정이기도 하지만, 다른 사람과 나의 차이를 알게 하는 과정이기도 하다. 이 과정은 서로의 차이에도 불구하고 서로 존중하고 배려하는 것을 익히는 과정이고, 이를 통해 연대의식을 쌓는 과정이다. 다른 사람과의 협동적인 활동을 통해서 아동들에게 배려의 덕목을 함양시킬 수 있으며, 나아가 배려는 의사결정에서 중요한 역할을 한다.

셋째, 숙의민주주의가 강조하는 것은 대화와 토론을 통한 선호의 변화이다. 그것은 개인의 선호는 고정되어 있는 것이 아니라 항상 변한다는 것을 전제로 한다. 대화와 토론의 과정을 통해 우리는 자기가 알지 못하는 정보를 접할 수 있고, 또한 자신보다 더 설득력 있는 타인의 견해를 만날 수 있다. 이때 대화의 참여자는 자신의 주장을 고집할 것이 아니라 자신이 기존에 가졌던 선호와 가치를 과감히 바꿀 준비가 되어 있어야 한다.

요약하자면 어린이 철학교육과 숙의민주주의 교육은 대화와 토론을 중요한 가치로 보고, 교육의 중요한 수단으로 본다는 점에서는 동일하다. 다만 그 미묘한 차이를 분석한다면, 어린이 철학교육에서의 강조점이 사고라면, 숙의민주주의에서는 사회적 합의이다. 또한 어린이 철학교육이 비판적 사고와 창의적 사고를 중시한다면, 숙의민주주의 교육은 보편적 사고와 선호의 변화를 중시한다. 배려적 사고는 두 이론 모두 강조하긴 하지만, 숙의민주주의가 좀 더 중요하게 여기지 않나 생각된다.

4. 탐구 공동체 vs 정치 공동체

어린이 철학교육은 사고능력 증진을 목표로 하지만, 그 매개체는 대화이다. 또한 대화는 본질적으로 홀로 하는 것이 아니라 최소한 2인 이상이 하는 것이다. 이런 이유에서 어린이 철학교육은 공동체를 요한다. 어린이 철학교육에서 추구하는 공동체는 탐구 공동체(community of inquiry)이다. 탐구 공동체는 서로 생각하도록 북돋우고 서로의 다양한 생각을 나누고 학습하는 공동체를 말한다. 립맨의 의도는 철학적 개념들을 함께 탐색하고 추론하게 하는 토론수업을 통하여 교실을 탐구 공동체의 장으로 만들어 아동들이 고차적 사고인 비판적 사고, 창의적 사고, 배려적 사고를 연속적으로 통합적으로 학습하도록 하는 것이다.[7]

탐구 공동체는 원래 영미 철학자 퍼스(C. Peirce)가 만든 개념으로 동일한 탐구대상을 가진 과학자들의 집단을 의미했다. 그러던 것이 탐구대상으로 과학뿐만 아니라 과학과 무관한 주제도 포함되었다.[8] 하지만 그것은 어디까지나 '탐구자들의 공동체'라는 뜻으로 초점은 '공동체'보다는 '탐구'에 있다.

반면 숙의민주주의가 추구하는 공동체는 탐구 공동체가 아니라 도덕 공동체요, 정치 공동체이다. 숙의민주주의는 앞서 보았듯이 참여민주주의가 발전한 것이라고 할 수 있다. 숙의민주주의의 이론가 하버마스는 숙의민주주의가 '자유주의'와 '공화주의'의 중간이라고 하지만, 숙의민주주의는 참여와 시민정신을 추구한다는 점에서 공화주의에 더 근접하지 않나 생각된다. 또 숙의적 의사결정은 각 개별 시민들의 이익 또는 선호를 취합해 결정하는 선호 총합적 의사결정이 아니다. 그것은 시민들이 자신들의 공동체가 추구해야 할 가치가 무엇인가와 관련해 공적인 입장에서 의사결정하는 것이며 이런 점에서 공화주의적 이념에 기초한 도덕 공동체를 지향하는 것이다. 동시에 사회의 주요 현안을 시민들이 직접 결정하려는 정치 공동체의 의미를 담고 있다. 그런 점에서 숙의민주주의가 추구하는 것은 탐구 공동체라기보다는 도덕 공동체요, 정치 공동체이다. 이런 점에서 숙의민주주의가 추구하는 공

7) 같은 글, 94쪽.

8) Matthew Lipman(1991), *Thinking in Education*, Cambridge University Press, pp.15-16.

동체와 어린이 철학교육에서 말하는 탐구 공동체는 확연한 차이가 있다.

그러나 어린이 철학교육의 탐구 공동체는 도덕 공동체와 정치 공동체로 확장될 여지를 남긴다. "탐구 공동체는 대화로 이루어진다는 것이 특징이며, 그 대화란 공동체에 참여한 이들이 협동하여 추론한 산물"이라는 점이 그렇다.9) 또한 공동체에서의 탐구 활동을 통해 어린이들은 서로의 차이점을 깨닫고, 상호 존중을 배울 수 있다. 즉 아동들은 공동체 활동을 통한 탐구를 수행함으로써 도덕의식을 심화시킬 수 있는 것이다. 탐구 공동체는 배려와 존중, 관용과 같은 덕을 요구하고, 또 그 덕들을 습득한다는 점에서 탐구의 장이기도 하지만 인격훈련의 장인 것이다. 동시에 어느 정도 정치적인 의미도 지닌다.10) 즉 탐구 공동체를 통해 사회적 상호작용에 필요한 기능들을 더욱 능률적으로 습득하는 효과도 거둘 수 있게 된다. 교실에서의 탐구 공동체 형성은 곧 하나의 작은 사회를 구성하고 사회적 존재로 성장할 수 있는 중요한 체험과 계기가 되며, 민주시민으로 성장하는 계기를 가질 수 있다.

하지만 숙의민주주의가 지향하는 것과 비교해 볼 때 역시 윤리적, 정치적 의미가 약한 것은 사실이다.11) 이것은 애초의 출발점

---

9) 박찬영(2003), 「어린이 철학: 도덕교육의 새로운 접근」, 『초등도덕교육』 11집, 한국초등도덕교육학회, 154-159쪽 참조.

10) 정보주, 앞의 글, 146쪽. 그리고 Matthew Lipman, 앞의 책, 15장 참조.

11) 진리합의설을 주장하는 하버마스의 경우, 숙의민주주의의 공동체는 진리를 추구하는 탐구 공동체의 역할도 한다. 왜냐하면 진리는 외부에 따로 존재하는 실재가 아니라 이상적 담화상황에서 합의한 내용이기 때문이다. 하지만 하버마스를 제외한 대다수의 숙의민주주의 이론가들에 있어서 공동체의 합의사항은 인식론적 의미를 띠지 않고, 정치적인 의미만을 지닌다.

자체가 달랐다는 데에서 기인하는 것으로 생각된다. 립맨의 경우, '철학의 대중화', '어린이의 철학화'라는 교육적인 목표를 갖고 연구에 임했다면, 숙의민주주의는 '참여민주주의의 발전적 구현'이라는 정치사회적인 목표를 갖기 때문이다. 숙의민주주의의 입장에서 본다면, 진리 탐구가 목적인 수업시간보다는 학급 내의 의사결정을 목적으로 하는 학급회의가 주목의 대상이다. 학급회의를 통해 아동들은 인격 발달을 신장할 뿐만 아니라 민주적인 집단 의사결정에 참여하는 민주주의 시민이 되는 데 필요한 태도와 기술을 계발한다. 학급회의를 통해 의사결정에 참여하는 것은 참여민주주의에 대한 직접적인 경험인 것이다.

5. 형식논리학 vs 사회철학

립맨의 어린이 철학은 사고 훈련에 치중하고 논리적 훈련에 편중되어 있다는 평가를 받는다. 이는 가치중립성을 교육의 기본 전제로 보는 미국의 사회적 분위기와 무관하지 않은 것으로 보인다. 또한 립맨이 애당초 어린이 철학교재를 만들면서 '논리학'에 관심을 두었다는 데에서 드러난다. 그리고 내용보다는 언어, 논리와 사고 그 자체에 관심을 두는 영미철학의 전통으로 말미암아 의미 파악과 추론 훈련에 치우치게 하고, 그 내용이 되는 사회적, 정치적, 경제적 배경을 애써 배제하는 경향이 있다.[12)]

이는 숙의민주주의 교육이 지향하는 점과 상당히 배치되는 대목이다. 숙의민주주의가 지향하는 것은 민주시민으로서 자신이 소속한 공동체의 현안에 대해 관심을 갖고, 그 의사결정과 관련

12) 박찬영, 「립맨 어린이철학에 대한 비판 I」, 212-225쪽.

해 동료 시민들과 같이 고민하고, 대화하고, 토론하는 것이다. 따라서 대화와 토론의 주제에는 응당 공동체의 현안이 포함되어야 하고, 논의 방식 또한 공동체가 지향하는 가치, 의미와 분리될 수 없다. 이런 점에서 그 주제가 마주하는 사회적, 정치적, 경제적 배경과 유리되어서는 안 된다. 숙의민주주의의 관점에서 가혹하게 말하자면 립맨 식의 '내용' 없는 '사고'는 곤란하다. '사고'도 중요하지만 '내용'도 중요한 것이다.

숙의민주주의 교육은 공동체의 현안 문제를 다루어야 하며, 거기에는 정치적으로 예민한 문제까지 포함된다. 물론 교사는 아동들의 사고과정을 지배하려 하거나 특정 입장으로 교화시키려 해서는 안 된다. 하지만 그런 주제를 논의의 주제로 도입하는 것을 주저해서도 안 된다.

숙의민주주의 교육에서 핵심이 되는 학문은 '사고력 향상'을 위한 논리학이 아니라 '민주시민 육성'을 위한 사회철학이라고 보면 될 것 같다. 이와 관련해 립맨의 어린이 철학은 변증법적 논리학 및 사회철학과 결합될 필요가 있다. 특히 형식논리학은 고정되어 있는 현상을 분석하는 데에는 유용하지만, 사회변화를 설명하는 동학으로는 역부족이라는 것이 일반적인 평가이다. 또한 거시적인 사회 흐름을 놓치는 면도 있다. 그런 점에서 형식논리학적인 교육은 변증법적인 논리학의 도움을 받을 필요가 있다.

또한 립맨의 어린이 철학교육은 민주시민 교육과 결합될 필요가 있다. 그래서 민주시민으로서 요구되는 자질을 육성하는 것이어야 한다. 그것은 그냥 비판적이고 창조적인 것이 아니라 구체적인 사회현실에 대해 비판적이고 창의적이어야 한다. 그리고 문제의식을 동료 구성원들과 공유하고, 해법을 함께 찾아감으로써 공동체적인 연대의식을 북돋우는 과정이어야 한다. 이런 것이 가능하기 위해서는 생명, 환경 등 도덕교육뿐만 아니라 인권, 민주주의 등 정치교육과 관련된 아주 구체적인 제재를 대상으로 대화와 토론을 해야 한다. 또한 토론 제재는 지역의 국지적인 현안부터 시작해 국가적 차원의 문제, 국제적 차원의 문제 모두가 포괄되어야 한다.

6. 나가는 말

이 글은 숙의민주주의의 이념을 소개하고, 이를 교육현장에 접목시키려는 의도에서 쓰였다. 앞서 지적했듯이 숙의민주주의 교육에 대한 논의 자체도 부족하고, 동시에 필자의 역량 부족으로 온전한 글로는 한계가 있다. 다만 이 분야에 대한 연구가 거의 없는 관계로 시론으로는 의미가 있지 않나 생각한다.

우리나라는 1980년대 민주화를 거치고, 1990년대 지방자치를 경험하면서 점차 참여민주주의로의 길을 걸어가고 있다. 하지만 일반시민들의 참여과정에서 나타나는 문제점 — 토론문화의 부재, 이해관계의 분출, 무질서와 혼란, 의사결정의 정체 — 들이 우리 사회에 나타나고 있고, 이런 점에서 사회 일각에서는 민주주의에 대해 회의의 눈길을 보내는 것도 사실이다. 이런 이유에서 우리는 참여민주주의가 발전한 형태인 숙의민주주의에 대해 우리 사회가 학문적으로 좀 더 천착할 필요가 있다고 본다.

숙의민주주의가 실현될 수 있는가 하는 것은 정치적, 제도적인 노력 이외에 시민의식과 관련된 교육적인 노력에 상당 부분 달려 있다. 이런 점에서 초등교육에서 숙의민주주의의 도입은 중대한 의미를 지닌다. 어린이를 마냥 훈육의 대상으로 보면, 그 어린이는 커서도 훈육의 대상 이상의 존재로 커나가기 힘들다. 실제 대화와 토론 과정에 참여해서만이 어린이는 대화와 토론의 규칙과 조건을 몸에 익힐 수 있다. 어린이의 가능성을 신뢰하고, 어린이의 잠재력을 키워 주는 방향으로 우리 사회가 나갈 때 어린이는 주체적인 사고를 가진 참여적인 시민으로 성장해 나갈 수 있다. 특히 초등학교 시기는 아동들이 사회화되고, 민주시민의 자질을 습득하는 데 결정적인 시기라는 점에 유의할 필요가 있다.

이런 점에서 우리는 대화와 토론 교육을 주도해 온 한 축인 어린이 철학교육의 의미를 분석하고, 그것을 숙의민주주의 교육과 관련시켜 보았다. 어린이 철학교육은 대화와 토론을 통한 교육을 추구한다는 점에서 숙의민주주의 교육의 중요한 자원이다. 또한 어린이 철학교육이 지향하는 비판적, 창의적, 배려적 사고는 숙의민주주의의 교육이념과 일맥상통하기도 하다. 다만 숙의민주주의 이념과 그 교육방법을 좀 더 명료하게 하려는 의도에서 그 차이점을 부각시켰음을 부언해 둔다.

9장 학교 숲 운동과 체험학습

1. 들어가는 말

현대 도시인의 생활은 고층 아파트와 초현대식 빌딩에 머물다가 그 사이의 아스팔트 도로를 빠르게 승용차로 이동하는 것으로 특징지어진다. 이런 도시인들의 생활에서 자연은 점점 더 왜소해지고 주변화된다. 자연과의 물리적 거리가 멀어지면서 자연이 인간의 사고와 의식으로부터 점차 사라지는 현상이 발생하는데, 이를 최근 사람들은 생태맹(ecological illiteracy)이라고 부른다. 문맹이 문자를 해독하지 못하는 것이고, 컴맹이 컴퓨터를 다룰 줄 모르는 것이라고 한다면, 생태맹은 자연에 대한 해독 능력이 없는 것을 의미한다. 여기서 자연에 대한 해독 능력이란 단순히 생태학적 지식이나 동식물의 이름을 식별할 줄 아는 능력에 국한되지 않는다. 그것은 나름의 전체적인 통찰력을 가지고 자연을 관찰하고 이해할 수 있는 능력을 말한다. 생태맹이 심각해지면, 인간은 원래 자기의 내부에 선천적으로 지니고 있는 생명체에 대한 호기심, 경외감, 그리고 인간과 생명체의 유사성을 직관적으로 느끼는 감성적 능력을 잃고, 동시에 인간의 자연에 대한 의존성을 느낄 수 있는 능력을 상실하게 된다. 생태맹은 동시에 자연의 아름다움을 느끼고 감상할 수 있는 능력이 없는 것을 의미한다.[1)]

물론 사람에 따라서는 왜 굳이 우리가 생태맹을 극복해야 하는가 하고 반문할 수 있을 것이다. 그래서 왜 인위적인 것은 안 되고 자연적인 것만이 옳은 것이어야 하고, 생활하기도 바쁜데 왜 자연을 느껴야만 하느냐고 주장할 수 있다. 실제 천연 잔디구장보다 인공 잔디구장이 더 편리할 수도 있고, 자연의 불편함보다는 도시의 세련됨이 더 매력적인 것으로 생각될 수도 있다. 하지만 중요한 사실은 인위 없는 자연은 가능하지만, 자연 없는 인위는 불가능하다는 점이다. 이는 도시 없이 농촌은 존재할 수 있지만, 농촌 없이 도시는 존재할 수 없는 것과 마찬가지다. 문명적 삶도 자연 없이는 불가능하다는 점을 인식할 필요가 있다. 인간은 도구적, 이성적 존재이기도 하지만, 기본적으로 자연적 존재이다. 인간은 도구를 사용하고 또 이성능력에 기초해 과학기술을 통해 자연을 이용하고 때로는 통제할 수 있지만, 자연 없이는 살 수 없는 존재라는 점이다. 자연에 대한 의존성을 인식하지 못한

---

1) 생태맹이라는 개념은 'ecological illiteracy'를 우리말로 번역한 것이다. 때로는 자연문맹과 생태문맹으로 번역되기도 한다. 이 개념은 1998년경부터 임학자와 환경교육학자들에 의해 생태학에 대한 무지를 의미하는 개념으로 사용되었다. 특히 컴맹이라는 말이 우리 사회에 널리 회자되면서 이에 대비되는 개념인 생태맹은 사람들에게 쉽게 다가가는 매우 유용한 개념이다. 하지만 생태맹의 정확한 정의에 대해서는 좀 더 논의할 필요가 있다. 전영우 외(1999), 『숲이 있는 학교』, 이채, 42-43쪽; 탁광일(1998), 「생태맹과 이를 극복하기 위한 접근방법」, 『숲과 문화』, 6권, 17-18쪽; 탁광일(1999), 「왜 학교에 나무를 심고 숲을 가꾸어야 하나?」, 『숲과 문화』, 8권 1호, 13쪽.

다는 것은 자신의 존재 여건에 대한 인식이 철저하지 못한 것이다. 생태철학의 아버지라 불리는 레오폴드(Aldo Leopold)는 일찍이 인간은 자연 없이는 살 수 없는 존재라고 주장한 바 있다. 하지만 때때로 도시에 사는 많은 이들은 자신들이 먹는 채소와 곡식이 대형마트에서 나온다고 생각한다. 레오폴드는 텃밭을 한번이라도 키워 본 사람이라면 이런 무지에 빠지지 않을 것이라고 말한다.2)

이런 점에서 생태맹의 극복은 반드시 필요하다. 생태맹의 극복은 멀어진 자연과의 거리를 다시 가깝게 만들고 우리 의식의 주변부로 밀려난 자연을 우리 의식의 중심부로 다시 불러들이는 작업이다. 하지만 생태맹의 극복은 쉽지 않다. 어떤 의미에서 생태맹의 극복은 문맹이나 컴맹보다 더 많은 시간과 노력을 요구한다. 특히 생태맹의 극복은 유년기부터 자연과의 접촉과 체험을 요구한다. 그러나 도시화된 환경에서 태어나서 자연과 직접 접촉할 수 있는 기회가 없는 이들에게 생태맹 극복은 점점 더 요원한 과제가 되고 있다.

학교 숲 운동은 어린이들에게 자연과 직접적인 접촉의 기회를 제공함으로써 생태학적인 문맹으로부터 벗어나려고 하는 노력이다. 학교 숲 운동은 우리나라에서 1999년 후반부터 일선학교에서 시민단체나 지방자치단체의 후원으로 활발하게 벌어지고 있다. 이 글의 목적은 학교 숲 운동의 의미를 체험학습과 관련해 평가하는 것이다. 이를 위해 우선 학교 숲 운동을 간략히 소개한다. 그 다음 체험학습의 관점에서 학교 숲 운동이 갖는 의미를 고찰한다. 그리고 학교 숲을 활용한 체험학습의 몇 가지 구체적인 사

2) Aldo Leopold(1949/1987), *A Sand County Almanac*, Oxford University Press, pp.6-7.

례를 제시한다. 그 다음 학교 숲을 활용한 체험학습의 실행 결과를 분석하면서, 그것이 갖고 있는 문제점을 지적하고자 한다.

2. 학교 숲 운동

자연을 접할 기회가 부족한 도시 어린이들이 가장 쉽게 자연을 접할 수 있는 장소는 학교이다. 어린이들에게 실로 학교는 세계를 접하고 느끼는 중요한 공간이다. 어린이들이 집에서 잠자는 시간이 대략 밤 10시부터 아침 7시이고, 학교에서 아침 8시부터 오후 3, 4시까지 있다고 보면, 학교는 잠자는 시간을 뺀 하루의 15시간 중 절반을 보내는 아이들의 삶의 터전이다. 어린이의 생태화에서 학교환경이 지니는 의미는 각별하다.

환경친화적인 학교를 조성하고 교육적으로 활용하려는 움직임은 다양하다. 영국, 독일, 미국, 캐나다, 일본 등에서 일찍이 시작되었고, 우리나라에서도 개별학교 차원에서는 산발적으로 이루어지고 있었지만, 사회운동적 측면에서 본격화된 것은 1999년부터이다. 사단법인 '생명의 숲 가꾸기 국민운동'의 '학교 숲 위원회'에서 주관하고 있는 '학교 숲 가꾸기'가 선도적인 역할을 했다고 할 수 있다. 또한 비슷한 시기에 서울시의 '생명의 1천 만 그루 심기'의 일환으로 이루어지고 있는 학교녹화사업은 관주도형으로 시작된 대표적인 사례이다.[3] 현재는 여러 지자체에 확산되어 가고 있는데, 이를 표로 정리하면 다음과 같다.

---

3) 김인호(2002), 「학교조경활동 참여에 따른 환경태도 변화에 관한 연구: 초등학생 학교조경 참여를 중심으로」, 서울대학교 대학원 박사학위논문, 10-11쪽; 김인호(2007a), 「친환경 학교를 위한 학교숲 운동 개선방안: 행정주도의 학교숲 조성사업을 중심으로」, 『한국교육시설학회지』, 14권 1호, 122쪽.

[표 1] 우리나라 학교 숲 조성사업 사례[4)]

사업주체	사업명	지원금액 (지원연한)	지원학교수 (2006년 현재)	지원시작
생명의 숲 산림청 유한킴벌리	학교숲운동	1천만 원/년 (3년)	496개교	1999년
서울시	학교공원화사업	1억-3억 원(1년)	2001년(62개교) 2002-06년(463개교)	1999년
경기도	학교숲조성사업	1억 원(2년) (시군 매칭펀드)	268개교	2003년
인천시	학교공원화사업	1억 원/년(1년)	102개교	2006년
교육인적 자원부	녹색학교	2,500만 원/년 (2년)	약 300여 개교	2003년

시행주체에 따라 본다면, 지방단체나 중앙정부의 행정주도형, 그리고 생명의 숲처럼 사회단체 주도형, 그리고 몇몇 학교에서 벌어지는 학교주도형으로 구분된다. 이들은 각기 장단점이 있다. 그 단점만을 말한다면 행정주도형은 전시행정적 측면이 있고, 과정보다는 결과를 중시한다는 점이 문제이다. 반면 사회단체 주도형은 아무래도 사업 수행의 지속성에서 문제가 있다. 학교주도형은 재원 조달에서 어려움을 겪고 있고, 전문성과 기술력이 부족하다고 할 수 있다.[5)]

학교 숲 운동이라고 해서 학교에 숲만 만드는 것으로 오해할 수 있는데, 실제는 그렇지 않다. 물론 숲을 조성하기도 하지만, 텃밭이나 생물서식공간(biotope)을 조성하기도 하고, 학생들을 위

4) 김인호, 「친환경 학교를 위한 학교숲 운동 개선방안」, 123쪽.

5) 김인호(2007b), 「학교숲운동이란」, (사)생명의 숲, 『학교숲과 환경교육』, 10쪽.

한 휴식공간이나 야외학습공간을 조성하기도 하고, 옥상녹화 등을 통해 친환경 학교 조성을 도모하기도 한다.

[표 2] 학교 숲 운동에서 도입 가능한 다양한 학교 유형[6)]

유 형	특 징
생태연못조성형	학교에 수생 동식물, 습지식물 관찰을 위하여 생태연못을 조성하는 방안
휴게공간조성형	교직원과 학생들의 휴식을 위한 쉼터 공간을 조성하는 방안
학교옥상녹화형	학교 건물의 옥상녹화를 통한 자연학습공간을 조성하는 방안
학교담장철거형	기존의 학교 담장을 낮은 담장이나 투시형 담장을 조성하는 방안
환경친화형 담장 조성형	소음 저감과 교육적 활용을 도모하기 위하여 식물소재를 이용한 환경친화적 담장을 조성하는 방안
자연학습원 조성형	자연관찰로, 자연관찰원 등 자연관찰 학습공간을 조성하는 방안
방음림 조성형	소음 저감을 위하여 학교부지 내 숲을 조성하는 방안
사육장 사육원 조성형	가축, 조류 등의 관찰을 위해 동물사육장소를 조성하는 방안
채소원 텃밭 조성형	교재식물들을 재배하고 관찰학습을 위한 텃밭을 조성하는 방안
야외교실 숲교실 조성형	야외수업을 하며 휴식할 수 있는 숲을 조성하는 방안
놀이시설 개선형	기존의 노후화된 학교 놀이시설을 현대적으로 개선하는 방안
기타 및 복합형	여러 유형의 복합적 적용과 기타 유형으로 개선하는 방안

6) 같은 글, 26쪽.

중고등학교나 대학교의 경우 삭막한 학교환경을 개선함으로써 학생들의 정서적 안정과 쾌적한 쉼터 제공에 일차적인 주안점을 두어야 한다. 반면 초등학교의 경우에는 체험교육과 자연학습에 더 중점을 두어야 한다. 그래서 초등학교 유형은 체험교육 : 경관휴게 기능이 7 : 3의 비율을 유지하여 체험교육 기능을 강화하는 방향으로 할 필요가 있고, 반면 중학교는 5 : 5, 고등학교는 3 : 7의 비율이 바람직하다.[7)]

3. 학교 숲을 활용한 체험학습의 의미

학교 숲은 다양한 의미를 갖는다. 이미 개발이 완료된 도시에서 학교만큼 숲을 조성하기가 용이한 곳이 없다. 학교는 기본적으로 일정 크기의 공간을 확보하고 있다. 도시에서 이 정도의 공간을 확보하는 것은 쉽지 않다. 동시에 어느 지역이든 학교가 없는 곳도 없다. 학교가 갖는 편재성은 중요한 의미를 갖는다. 또 사립학교이든 공립학교이든 학교는 공공성을 갖고 있어 일반시민들도 이용할 수 있다. 특정 지역에 녹화사업을 지원하는 것은 특혜 시비에 연루될 수 있는데 학교는 이런 시비로부터 자유롭다. 또 일단 학교에 숲이 조성되면, 특별한 사유가 없는 한 숲이 유지되기 때문에 안정성도 확보할 수 있다.

조성된 학교 숲은 도시에서 다양한 기능을 수행한다. 도시의 황량함을 덜어 주고 아름다운 조경과 쉼터를 제공하는 공원 기능을 수행한다. 아울러 학교 숲은 소음방지와 대기정화 등 일정 정도의 환경적 기능도 수행할 수 있다. 동시에 학교는 지역사회의

7) 김인호, 「친환경 학교를 위한 학교숲 운동 개선방안」, 128쪽.

유기적 통합장소라는 점을 기억할 필요가 있다. 초등학교가 통폐합될 때마다 지역사회가 들썩이는 것에서 보이듯 학교는 지역주민들을 정서적인 측면에서 하나로 연결해 주는 지역의 상징적 공간이다. 이런 점에서 학교 숲 운동은 교사와 학생들뿐만 아니라 학부모, 지역주민, 동창들의 참여를 통해 지역사회의 유대감을 높이기 위한 사회운동적 측면도 내포하고 있다.

하지만 이 글에서 주목하는 것은 무엇보다도 학교 숲의 교육적 기능이다. 학교 숲이 조성되면 교사들은 학생들을 대상으로 숲에서 다양한 생물과 자연환경을 직접 관찰하고, 숨쉬고, 만져 보고, 느껴 보는 감각적인 체험활동과 자연에 대한 탐구활동이 포함된 현장체험학습을 실시할 수 있다. 숲은 자연에 대한 친근감과 친화력을 갖게 한다. 숲은 나무 외에 각종 풀, 꽃, 버섯, 이끼 등의 식물과 바위, 그리고 나비, 벌 새, 다람쥐 등의 동물이 함께 어우러져 있는 일종의 생명공동체이다. 생명공동체 안에서 이들 생물들은 때로는 서로 경쟁하고 서로 도와주는 관계를 맺는다. 숲은 수많은 생물들이 모여 사는 생활의 터전인 셈이다.[8] 이런 점에서 숲은 우리들에게 자연학습의 장을 제공해 준다.

물론 대부분의 학교들이 협소한 관계로 우리가 조성할 수 있는 숲은 그 크기가 제한되어 있고, 이런 이유에서 학교 숲이 명실상부한 숲으로 기능할 수 있는가, 그리고 제대로 된 체험학습의 공간이 될 수 있는가 하는 의문이 제기되는 것도 사실이다. 하지만 우리는 숲이라는 단어가 주는 고정관념에서 벗어날 필요가 있다. 항상 크고 거대한 것만이 숲이라는 인식에서 벗어나야 한다. 작

---

8) 최영순(2003), 「숲체험학습 활동이 초등학생들의 환경의식 및 태도에 미치는 영향」, 춘천교육대학교 석사학위논문, 10쪽. 그리고 숲의 의미에 대해서는 다음을 참조. 탁광일 · 전영우 외(2005), 『숲이 희망이다』, 책씨.

지만 나무와 풀이 있고 그 안에 생태계가 존재하는 것도 숲이라고 생각해야 한다. 작은 공간에도 작은 생태계가 존재하는 것을 인식하고, 또한 생명이 살아 있음을 인식해야 한다. 그래서 학교숲을 환경교육을 위한 장으로 생각하기보다는 단순히 학교의 경관을 구성하는 요소로만 생각하는 것은 잘못이다.[9]

초등학교 어린이를 대상으로 한 많은 연구들은 야생지역 현장조사가 전통적인 교실수업보다 생태의식에 더 많은 영향을 준다고 한다. 그렇다면 야생지역을 답사할 여유가 없는 학생들에게 학교 교정에서나마 자연에 대한 관심을 가지게 할 필요가 있다. 도시환경의 대부분은 산림, 하천, 나무, 곤충, 벌레 등의 생태적 요소가 본래의 자연 상태로 보존되지 않아 생태교육 혹은 자연학습교육의 기회가 매우 제한된 실정이다. 야외교육이나 현장학습의 중요성은 인정하지만, 여러 현실 여건상 실제로 이를 관찰하고 확인하는 것은 상당히 어렵다. 학교교육의 많은 교과목이 자연학습을 필요로 하지만 이런 수업이 학교 교정에서 이루어지는 것은 어렵다. 학교 교정을 자연체험학습장으로 활용하는 것이 필요하다.[10]

밀(J. S. Mill)에 따르면, 인간의 능력은 그것이 발휘될 기회를 제공할 때에만 발전한다. 이는 생태감수성도 마찬가지다. 생태감수성은 그것이 발휘되고, 그것이 발휘될 수 있는 기회를 제공할 때만이 계발된다. 자연을 접해 본 적이 없는 사람에게 자연에 대한 감수성을 갖도록 요구하는 것은 잘못이다. 계발된 생태감수성은 생태합리성과 생태친화적 행위에도 지대한 영향을 미친다. 도

9) 정현모(2001), 「학교숲의 환경교육적 활용에 대한 연구」, 『지리환경교육』 9(2), 125-135쪽 참조.

10) 전영우 외(1999), 『숲이 있는 학교』, 이채, 65쪽.

덕교육 이론가인 리코나(T. Lickona)에 따르면 인지적 측면이 정서적 측면과 행동적 측면을 일방적으로 야기하지는 않는다. 정서적 측면도 인지적 측면과 행동적 측면에 영향을 주는 상호 영향의 관계이다.[11] 생태합리성 없는 생태감수성도 문제이지만, 생태감수성 없는 생태합리성도 문제이다.

주의할 점은 생태감수성의 증진은 '가까이', 그리고 '직접적'인 체험 속에서 가능하다는 점이다. 인간은 자기 주변의 환경에 대해서는 관심을 가지고 있고, 그 변화에 본능적으로 민감하게 적극적으로 반응하지만, 자기와 심리적으로 거리가 먼 환경, 즉 직접적으로 관계가 없다고 느끼는 환경에 대해서는 무관심하다. 이런 점에서 우리는 환경교육의 일상성에 주목할 필요가 있다. 우리나라나 서양이나 현재의 환경교육을 보면 유명하고 특이한 경관 위주의 체험이 차지하는 비중이 너무 크다고 생각된다. 생태운동의 아버지인 존 뮤어(John Muir)의 국립공원 운동이 그렇고, 우리나라에서 갯벌이나 수목원 체험이 그렇다. 미국 시에라 산맥이 주는 장엄함, 그리고 우리나라 설악산과 지리산이 주는 장엄함을 체험하는 것도 중요하지만, 우리 주변의 작은 나무, 풀, 벌레 등 일상성의 자연을 느끼는 것이 더 중요하다. 자연은 경이로움, 아름다움의 대상이기도 하지만, 기본적으로 자연은 멀리 있는 것이 아니라 우리가 뿌리를 내딛고 사는 삶의 터전이기 때문이다.

또 한 가지 중요한 점은 유년기 체험의 중요성이다. 아무리 전 세계를 돌아다니는 비즈니스맨이라 하더라도, 인간의 정서적 뿌리는 태어나고 자라면서 보고 느꼈던 자연환경에 있다. 초중고교 시절에 경험한 자연에 대한 체험, 그때 보고 듣고 느끼고 만지고

---

11) Thomas Lickona, 박장호 · 추병완 옮김(1998), 『인격교육론』, 74쪽.

냄새 맡은 것들이 인간의 생각과 정서를 형성하는 원천이 된다. 인간이 성장한 뒤에 가지는 선호의 감정이나 아름답고 추함에 대한 기준 역시 성장기 장소의 경험에서 나온다.

학교 숲 운동의 옹호자 김인호는 학교 숲 운동의 환경교육적 필요성을 다음과 같이 요약하고 있다.[12)]

첫째, 학교 숲 운동은 일상성의 원칙에 부합한다. 즉 학생들이 늘 생활하는 곳에서 가깝게 접할 수 있는 소재의 활용은 교육적 효과가 높다. 이런 점에서 학교 옥외환경을 환경교육의 장으로 활용할 필요가 있다.

둘째, 환경교육은 특히 초등학생에게 필요하다. 초등학생의 경우 인지발달이 빠르게 이루어지는 시기이다. 이 시기의 학생들은 주위 환경에 대한 자연스런 호기심을 바탕으로 구체적인 사고를 한다. 이런 특성을 반영하여 주위 환경에 대한 관찰과 탐구에 초점을 맞추어야 한다. 중고생과 비교해 초등학생에게는 인지적 부분보다는 정의적 부분이 중요하고, 지역환경, 국가환경, 세계환경보다는 가까운 주변 환경과 학교환경이 중요하다. 또 강의 및 토론 중심보다는 활동 중심이 중요하다.

셋째, 학교 숲을 활용한 환경교육은 즉시성, 편의성과 효율성이 있다. 교육내용을 즉시 확인할 수 있고, 또 특별한 부담 없이 항상 곁에 두고 관찰할 수 있다. 그래서 야외교육을 위하여 특별히 계획을 세워야 하는 일이나 버스시간을 기다려야 하는 불편함도 없고, 또 위험도 최소화할 수 있다.

12) 김인호, 「학교조경활동 참여에 따른 환경태도 변화에 관한 연구」, 14-16쪽.

4. 학교 숲을 활용한 체험학습

1) 학교 숲을 활용한 체험학습 모델

학교 숲을 제대로 교육적으로 활용하기 위해서는 학생들의 흥미를 유발하고 적극적인 참여를 이끌어 내는 체험 중심의 교육과정이 운영되어야 한다. 특히 현장에서 이루어지는 체험학습은 지식 위주의 수업 방식보다 학생들의 호기심을 자극하여 동기 유발을 쉽게 할 수 있으며 직접 체험하면서 배우는 것이 교실에서 하는 것보다 효과가 훨씬 더 높다고 대부분의 연구결과는 말하고 있다.

학교 숲을 이용한 체험학습을 위해 정규 교육과정이나 재량활동시간, 특별활동시간, 가방 없는 날을 활용할 수도 있고, 또 특별활동반이나 학생동아리와 연계하여 운영하는 방안도 생각할 수 있다. 또한 제7차 교육과정 편성 지침에 의하면 여러 교과 중에서 주당 평균 3시간 이상의 수업 시간 수가 배정된 교과는 주당 평균 1시간 이내에서 수업시수를 감축하여 학생의 요구와 학교의 필요에 따라 창의적 교육활동에 증배, 활용할 수 있다고 규정되어 있다. 이는 교과서 중심의 교실수업에서 벗어나 직접적인 체험활동을 통해 학생들에게 자기주도적인 학습 기회를 제공하고 창의력을 신장시키려는 데 그 목적이 있는 것으로 체험학습의 중요성을 강조한 것이라고 할 수 있다.

학교 숲의 체험 환경 교육적 활용 방안은 다각도로 제시되고 있다. 이미 환경친화적 학교 모형 개발에 대한 연구와 학교 숲을 조성하고 활용하기 위한 구체적인 전략에 대해 교사용 지침서가 발간되었고, 학교 숲의 환경교육적 효과를 평가하기 위한 현장

연구가 진행되고 있다.13)

이와 관련해 쉽게 이용할 수 있는 것이 사단법인 생명의 숲 사이트이다. 생명의 숲에서는 학교 숲에서 적용할 수 있는 것들을 관련주제, 해당학년, 과목, 활동장소와 소요시간에 따라 데이터베이스를 만들어 두었다. 그 주요 프로그램을 소개하면 다음과 같다.14)

[학교 숲 알기]

작은 생물들 / 분해자의 역할 / 학교 숲 사파리 / 나이테로 말하기 / 싹은 어디서 나올까요? / 어떤 나뭇잎일까요? / 나무의 생활사-이야기하기 / 나무의 생활사-표현하기 / 나무 심기 / 나무 일화와 글쓰기 / 나무 체험 / 숲 친구들에게 편지 쓰기 / 나무 일기 / 야생화를 찾아라 / 병든 나무들 / 가을 느끼기 / 가을 열매 석고본뜨기 / 눈감고 관찰하기 / 씨앗의 여행 / 나무를 베어야 한다면? / 나뭇잎 친구 / 심지도 않았는데 저절로 피는 꽃 / 몇 종류의 식물이 있을까?

[학교 숲에서 보물찾기]

나의 짝을 찾아서 / 학교 숲 교환상자 / 일기예보 / 꽃누르미 / 서식지로서의 나무 / 대칭 찾기 게임 / 숲 속 조각공원 / 시와 나무 / 어젯밤 학교 숲에 / 야외게임을 조사하라 / 소리지도 그리기 / 카메라 놀이 / 가을 열매 석고본뜨기 / 측정 게임 / 내가 찍은 학교 숲 / 고고학자 되어 보기 / 심지도 않았는데 저절로 피는 꽃 / 자연재료로

---

13) 황선영(2004), 「학교 숲을 활용한 체험 환경 교육이 초등학생의 환경 의식 함양에 미치는 영향」, 청주교육대학교 석사학위논문, 11-12쪽.

14) 정대수(2007), 「초등학교 학교숲을 활용한 환경교육」, (사)생명의 숲, 『학교숲과 환경교육』, 74-75쪽. http://schoolforest.or.kr 참조. 그리고 어린이들과 함께 생태연못을 조성하고 이를 체험교육에 활용한 것에 대해서는 변영호 편(2003), 『알쏭달쏭 연못이야기』를 참조할 것. 그 외에 '환경을 생각하는 경남교사모임'이 쓴 재량활동인정도서 『자연과 친해져요』, 『자연과 가까워져요』도 좋은 참고가 된다.

염색하기

[학교 숲과 관계 맺기]
학교 숲 교환상자 / 일기예보 / 시와 나무 / 나무 일화와 글쓰기 / 숲 친구들에게 편지 쓰기 / 야생화를 찾아라 / 가을 느끼기 / 가을 열매 석고본뜨기 / 내가 OO이 된다면 / 들, 숲, 시냇물 / 발자국 만들기 / 지도 만들기 / 자연 속의 나 / 내가 찍은 학교 숲 / 생태마을 만들기 / 날씨 조사 / 토양 이야기

[학교 숲과 우리 마을]
나이테로 말하기 / 학교 숲 교환상자 / 나무 심기 / 우리 학교에 나무가 없다면 / 사람, 사물, 장소 / Park Project / 공원 만들기 / Fun Place File / 학교 숲 신문 / 학교 숲 안내책자 만들기 / 내가 찍은 학교 숲 / 학교 숲 지도 만들기

[학교 숲 다시 보기]
나무의 생활사-이야기하기 / 나무의 생활사-표현하기 / 나 찾아봐라! / 낙엽 밑의 청소부 / 생물 그물 / 가을 열매 석고본뜨기 / 나뭇잎 친구

[학교 숲과 생태계]
분해자의 역할 / 공기 공장 / 나 찾아봐라! / 우리 학교에 나무가 없다면 / 내가 OO이 된다면 / 지렁이 집 엿보기 / 씨앗의 여행 / 자연 풀밭이 생기는 과정 / 동물이름 스무고개 학교 숲 알기

다음 [표 3]은 학교 숲을 활용한 체험 환경 교육 프로그램의 예시이다. 15)

---

15) 황선영, 앞의 글, 7-8쪽.

[표 3] 학교 숲 체험 환경 교육 프로그램

주	영역	주제	학습목표	활동 내용
1	숲과 인간	숲을 느껴보기	- 숲을 감각적으로 만날 수 있다. - 숲과 그 구성원들에게 친밀감을 느낄 수 있다.	· 눈 감고 숲 속에 들어가기 · 숲 속에 누워 숲을 느껴보기 · 숲 속의 보물찾기
2		내 친구 나무	- 나무의 특징을 말할 수 있다. - 나뭇잎을 분류하고 나뭇잎 놀이를 할 수 있다.	· 나의 나무 정하기 · 나뭇잎 분류하기 · 나뭇잎 놀이하기
3		숲의 역할	- 숲이 자연에서 어떤 역할을 하는지 알 수 있다. - 숲과 인간은 어떤 관계가 있는지 말할 수 있다.	· 숲이 품고 있는 것들 찾기 · 숲 속의 공기 들이마시고 숲의 역할 알아보기 · 숲이 사라지면 어떻게 될까 생각해 보기 · 숲을 살리기 위해 어떤 노력을 해야 할까 생각하기
4		삼림욕 체험	- 삼림욕을 할 수 있다. - 숲의 소중함을 느낄 수 있다.	· 삼림욕이란? · 숲 속에서 걸어보기 · 삼림욕 체조하기
5	숲 속의 들꽃	들꽃 관찰하기	- 숲 속에 있는 여러 들꽃의 이름을 알고 관찰할 수 있다. - 들꽃의 특징을 알고 분류할 수 있다.	· 여러 가지 들꽃을 다양하게 분류해 보기 · 들꽃 모양 관찰하기 · 들꽃 이름 알기
6	숲 속의 새	숲과 새	- 새를 관찰할 수 있다. - 새가 숲에서 하는 일을 알 수 있다.	· 새 관찰 기록하기 · 숲과 새의 관계 · 새를 보호하기 위한 노력과 방법 알아보기

7	계곡의 민물 고기	물속의 작은 동물 관찰하기	- 물속 작은 동물을 채집하고 관찰할 수 있다. - 물속 작은 동물의 생태에 대해 알 수 있다.	· 물과 친해지기 · 물속 작은 동물 채집하기 · 물속 작은 동물 관찰하기 · 물속 작은 동물의 사는 모습 알아보기
8		물속 작은 동물과 다른 생물들과의 관계	- 물속 작은 동물을 관찰할 수 있다 - 물속에 사는 여러 생물들이 물속 생태계에 어떤 역할을 하는지 알 수 있다.	· 물에 떠 있는 낙엽 찾아보기 · 물속에 사는 여러 생물들의 관계 · 물속의 작은 동물에 관한 이야기 듣고 표현하기
9	물과 물 속 동물	물의 의미에 대해 생각해 보기	- 계곡물이 하는 일을 알아보고 그 고마움을 깨달을 수 있다. - 생태계 안에서 물의 역할을 이해하고 그 중요성을 말할 수 있다.	· 숲 속 계곡의 물에 대하여 이야기하기 · 숲 속 계곡의 물을 따라 내려오며 계곡의 모양과 물 속의 고기를 살펴보기 · 숲 속 계곡의 물에 대해 마인드맵으로 표현해보기
10	숲 속의 곤충	숲 속의 곤충 관찰하기	- 숲 속 곤충을 관찰할 수 있다. - 곤충에 친근감을 가지고 곤충을 소중히 여길 수 있다.	· 곤충과 놀자 · 곤충과 친구 되기

이 프로그램은 예시일 뿐이며 기간, 주제, 활동 내용 등 모든 것은 교사가 중요하다고 생각하는 관점에 따라 달라질 수 있다. 교사의 창의성을 발휘하여 얼마든지 더 좋은 프로그램을 운영할 수 있으리라 본다.

2) 학교 밖 체험학습 모델

학교 숲을 조성하여 체험학습을 하는 것이 편리성이나 직접성, 일상성에서 강점이 있으나, 현재 대부분의 학교는 학교 숲 조성에 어려움을 겪고 있다. 그 필요성에 대해 대부분 인식하고 있지만 학교 부지, 경제적 비용 등의 문제로 시설을 확충하지 못하는 경우가 많다. 이런 경우에는 학교 밖 뒷동산 같은 인근 지역의 숲과 시설들을 활용할 필요가 있다. 또한 학교 숲이 있다고 해서 체험학습을 굳이 학교 숲으로 제한할 필요도 없다. 학교 숲을 이용하는 한편, 인근의 산과 생태공원과 수목원 등을 단계적으로, 그리고 종합적으로 활용할 필요가 있다.

가령 경기도의 한 교사는 학교 뒷동산과 인근의 산인 천마산과 광릉수목원을 활용해 단계적이고 종합적인 체험교육을 실시했다.16)

1회 : 뒷동산과의 만남
2회 : 뒷동산에서 돋보기로 마이크로 세계 탐험
3회 : 뒷동산에서 나의 나무 정하고 나무소리 듣기
4회 : 뒷동산에 숲이 키우는 버섯 관찰
5회 : 천마산에서 숲 속의 다양한 생태계 관찰
6회 : 뒷동산: 숲에서 느껴요
7회 : 천마산에서 숲 체험 느낌을 시로 나타내기
8회 : 광릉수목원 숲에서 뛰어놀기

---

16) 최영순, 앞의 글, 21쪽.

진주시를 예로 들면, 학교 숲이 조성되기 전에는 학교 숲 대신에 진주 시내에 있는 석갑산과 망경산을 활용할 수 있고, 점차 주변의 광교산, 국립 반성수목원, 강주 연못, 함양 상림공원, 산청 간디학교 등을 활용할 수 있겠다. 수목원은 전국적으로 널리 분포되어 있어 활용하기 좋을 것이라 생각된다. 중요한 것은 지역적 특성을 살려 다양한 시설을 활용하여 특색 있는 활동을 꾸며보는 것이다.

학교 숲을 이용하는 것과 달리 이 경우에는 많은 어려움이 따를 수 있다. 주변에 활용할 만한 장소가 멀리 있는 경우가 대부분이라 움직이는 데 시간과 경비가 많이 든다. 또한 담임 재량으로 프로그램을 운영하는 것이 불가능하다. 자연체험활동과 같은 학교 외에서 이루어지는 교육은 동학년이 같이 움직이는 경우가 대부분이다. 이 과정에서 교사간의 의견 조율이나 수업일수 조정 등의 문제가 생길 수 있다. 그러나 체험활동이 초등학생의 환경의식에 미치는 효과를 생각해 볼 때 교사의 노력과 학교의 협조가 절실히 필요하다.

학교 숲을 이용한 환경교육 프로그램과 비슷한 내용으로 지역 내 시설을 이용하여 다양한 활동을 전개해 볼 수 있을 것이다. 이 경우에는 지역 내 시설에 따라 활동 내용의 초점이 맞추어지는 경우가 대부분일 것이며, 교육 내용은 학교 숲을 이용한 체험 환경 교육의 내용과 크게 다르지 않을 것이다. 시간과 경비가 더 많이 소요되는 만큼 치밀한 계획이 사전에 세워져야 할 것이다.

다음은 5회에 걸친 체험 환경 교육 프로그램의 예시이다. 지역 내 시설을 이용하여 다양한 특색 있는 프로그램이 편성 가능할 것이다.[17)]

[표 4] 학교 밖 체험 환경 교육 프로그램

횟수	영역	주제	학습목표	활동 내용
1	우리 마을의 생물	우리 마을의 생물	- 우리 마을의 생물을 관찰하고 친밀감을 느낄 수 있다. - 우리 마을의 생물에 관심을 가진다.	· 우리 마을에 있는 나무, 야생화 등을 관찰하고 스케치하기 · 스케치한 것을 모아 미니북 만들기
2		가재 기르기	- 가재의 습성을 알고 관찰할 수 있다. - 생명의 소중함을 알고 소중히 다룬다.	· 마을 개울에서 잡은 가재를 교실 어항에서 키우며 관찰하고 관찰 기록문 쓰기 · 원래 살던 곳으로 되돌려주기
3		우리 마을 숲 속 여행	- 숲에 있는 나무를 관찰할 수 있다. - 숲이 우리에게 주는 이로움을 알 수 있다.	· 우리 마을 숲 속에 있는 나무 조사하기 · 숲이 우리에게 주는 이로움 생각해 보기
4	생태 탐사	생태공원 생태탐사	- 생태공원에 있는 나무와 수중생물을 관찰하고 관심을 가진다. - 생태공원의 좋은 점을 말할 수 있다.	· 나무와 수중생물 관찰 · 재미있는 생태공원 이야기
5	수목원 견학	수목원 견학하기	- 나무의 소중함을 알 수 있다. - 식물에 대해 관심을 갖고 소중히 여길 수 있다.	· 삼림 박물관 견학하기 · 나무 친구들 만나보기

17) 정경주(2003), 「자연생태체험활동이 학생의 환경 태도에 미치는 영향」, 서울교육대학교 석사학위논문, 33쪽의 [표 5]를 재편성한 것임.

5. 학교 숲을 활용한 체험학습의 결과 분석

기존의 연구들은 공통적으로 학교 숲을 활용한 체험교육을 실시한 결과 학생들의 생태의식이 놀랄 정도로 증진되었다고 보고한다. 대부분의 연구들은 정량적 분석을 통해 이러한 점을 보였는데, 여기서는 정성적 연구결과를 분석함으로써 체험학습의 의미를 말하고자 한다. 이와 관련해 이재영(2007)과 최영순(2003)의 연구결과는 매우 유용하다.

첫째, 학교 숲의 조성은 그 학교를 다니는 아이들에게 커다란 자부심을 심어 준다는 것이다. 그 구체적 예를 들어 보자.

> "난 학교에서 밥을 먹고 놀 시간이 남아 있으면 숲으로 가서 뛰어논다. 숲에서 노는 건 재미있다. 왜냐하면 위에서 말했던 숲에 있는 것들을 구경하며 놀 수 있기 때문이다. 난 우리 학교의 숲과 나무가 자랑스럽고, 우리 학교가 너무 좋다."[18)]

> "나는 우리 학교가 아주 자랑스럽다. 왜냐하면 우리 학교에는 큰 숲과 수없이 심어져 있는 나무가 많기 때문이다."(3학년)[19)]

> "나는 전학 와서 깜짝 놀랐다. 어떻게 학교에 숲도 있고 연못도 있는지. 그냥 넋을 잃었다. 그래서 우리 학교 숲에 쓰레기 같은 것도 안 버리고 잘 가꾸려고 노력하고 있다. 특히 과학시간 공부에 도움이 많이 된다. 꽃이나 나무를 보려면 멀리 걸어서 어디를 가야 하는데 우리 학교에 여러 가지 나무 식물이 있으니 신발 신고 운동장으로 나가기만 하면 된다. 그리고 좀 숲을 돌기만 하면 상쾌해진다.

---

18) 이재영(2007), 「학교숲의 교육적 활용」, (사)생명의 숲, 『학교숲과 환경교육』, 170쪽.

19) 같은 글, 161쪽.

그리고 앞으로 좀 더 깨끗이 우리 학교 숲을 가꿔 나갈 것이다."(6학년)[20]

둘째, 아이들은 체험학습을 통해 자연의 가치를 인정하는 태도를 보인다. 먼저 자연의 도구적 가치 부분을 살펴보자. 자연의 도구적 가치는 자연이 우리 인간에게 없어서는 안 될 유용한 수단임을 인정하고 그 결과 자연을 보호하겠다는 태도를 갖는 것을 의미한다.

"숲은 우리에게 많은 것을 줍니다. 그것의 예를 들면 자원을 제공해 줍니다. 가구도 만들 수 있고 음식을 주며 약초를 캘 수 있게 해주는데 약초는 질병을 막아 줍니다. 또 숲은 공기를 맑게 해줍니다."(5학년)[21]

셋째, 아이들은 체험학습을 통해 자연의 도구적 가치를 넘어 자연의 목적적 가치를 인정하는 방향으로 나아가고 있음을 보여주었다. 구체적으로 아이들은 숲, 더 나아가 개별 나무를 고유한 생명으로 인정해, 생명이 갖는 목적적 가치의 소유자임을 인정한다. 자연생명의 목적적 가치란 자연생명이 인간에게 유용한 단순한 수단으로서만 아니라, 그 자체 중요한 존재의미를 갖는다는 것을 인정하는 것이다. 그런데 많은 아이들이 이런 모습을 보이고 있다.

"나무와 숲이 우리에게 너무나도 소중하다. 그리고 우리한테 공기도 많이 주고 과학시간 때 줄기를 많이 뽑았지? 그때 줄기가 너

20) 같은 글, 162쪽.

21) 같은 글, 163쪽.

무 불쌍하고 너무 아플 것만 같았다. 줄기야 너무 미안해. 그때는 나도 마음이 너무 깨질 것 같았어."(4학년)[22]

"나무의 소리를 들으니 뭔가 물 흐르는 소리 같은 게 들렸다. 나무에 청진기를 대고 들어 보는 것은 처음이다. 그리고 오늘은 모기에게 한 방밖에 물리지 않아서 좋았다. 오늘 숲 체험은 짱이었다." (5학년)[23]

"산에 도착해 자기 나무를 정해 안아 보기도 하고 청진기로 나무의 소리를 듣기도 했다. 내가 마치 아픈 아이를 진찰하는 느낌이 들었다. 그런데 나무에서 물 흐르는 소리가 났다. 나무가 숨을 쉰다는 것은 알았지만, 이런 소리가 날 줄이야! 산은 정말 좋은 친구 같다. 우리가 숲을 사랑하고 아껴야 한다는 것을 알게 되었다."(5학년)[24]

6. 나가는 말

1) 생태감수성과 생태합리성

자연, 그리고 자연의 개별 생명체가 목적적 가치를 갖는다고 말하는 것은 이들이 더 이상 인간을 위한 단순한 수단이 아니라는 점을 인정하고 이들에 대해 존중의 태도를 취하는 것이다. 그것은 많은 환경교육 이론가들이 환경교육의 목표로 삼는 것이기도 하다. 아이들이 나무의 수액소리를 들으면서 그것의 생명성을 느끼고, 나무줄기가 느끼는 고통에 대해서도 가슴 아파하는 것은 생명에 대한 감수성을 소유하게 된다는 점에서 아주 소중한 결실

22) 같은 글, 164쪽.

23) 최영순, 앞의 글, 35쪽.

24) 같은 글, 37쪽.

이 아닐 수 없다.

하지만 곰곰이 따져 보면 이것은 모순된 사고의 시작일 수도 있다. 나무줄기의 고통에 대해서 가슴 아파하면서 어떻게 나무를 가공한 목재가구를 사용하고, 종이를 사용하고, 땔감으로 쓸 것인가 하는 문제이다. 이 점은 특히 동물문제에서 심각하게 다가온다. 오늘날 많은 어린이들이 애완용 동물을 키우면서 동물을 사랑한다고 말하면서도, 현실에서는 고기를 맛있게 먹고 있다. 동물사랑을 배우면서 실제로는 육식을 하는 것이다. 이런 점에서 6학년 도덕 교과서에 나오는 싯다르타와 슈바이처의 예화는 학생들에게 설득력이 없다고 한 현장교사는 지적한다.25)

이 문제는 고도로 가치와 관련된 물음이다. 동물의 목적적 가치를 인정하면서도 그것을 인정하는 인간이 어떻게 고기를 먹을 수 있는가의 문제이다. 마찬가지로 나무가 생명이라는 점을 인정하면서도 어떻게 그것을 우리 생활의 수단으로 사용할 수 있는가의 문제이다. 이것은 오랜 기간 환경윤리학계에서 논쟁거리였는데, 논쟁의 한복판에는 슈바이처의 생명중심주의와 레오폴드의 생태계 전체주의가 있었다. 오늘날 환경윤리학계의 대세는 슈바이처의 통찰을 인정하면서도 레오폴드의 주장에 손을 들어 주는 것이다. 개별 생명체의 가치도 어디까지나 생태계의 안정이라는 큰 틀 안에서 인정된다는 것이다. 즉 개별 생물이 생명으로서 갖는 목적적 가치를 인정하긴 하되, 그것의 절대성은 인정하지 않는다. 레오폴드에 따르면, 모든 것은 생태계의 온전함, 안정, 아름다움에 의해 평가되어야 한다.

---

25) 주성현(2002), 「초등학교 환경가치교육을 위한 기초연구」, 춘천교육대학교 석사학위논문, 24쪽, 36-37쪽. 주성현은 이와 관련해 일관되고 통합적인 삶을 강조하는 가치명료화 이론을 환경가치교육의 모델로 주목한다.

이와 관련해 중요한 것은 생명의 순환성과 상호 의존성이다. 저명한 환경철학자 네스(A. Naess)는 북유럽의 한 사냥꾼의 입을 빌려 다음과 같이 말한다. 사냥꾼은 곰 사냥을 한 후 다음과 같이 곰의 영혼과 대화한다.

> "유감스럽게도 식량 창고가 비어 가족을 먹여 살리기 위해 너를 죽여야 했다. 하지만 나와 나의 가족도 언젠가는 죽을 것이고, 그 몸은 풀의 자양분이 되고, 결국 너희 곰의 후손들이 먹게 될 것이다."[26)]

이런 예화를 통해 네스가 의도하는 것은 생명의 순환성과 상호 의존성이다. 자연의 법칙에 따라 다른 존재를 먹고 이용하는 것은 어쩔 수 없지만, 그것은 어디까지나 생명들의 상호 의존성과 넓은 의미의 공생의 원칙 안에서 행해지는 것이라는 점이다.

환경교육의 방향은 생태감수성을 증진시키는 것을 목표로 한다. 하지만 그것은 어디까지나 생태합리성과 보조를 맞춰 가면서 추구되어야 한다. 생태감수성 없는 생태합리성은 공허하지만, 동시에 생태합리성 없는 생태감수성은 맹목이기 때문이다. 이런 점에서 환경교육학은 환경윤리학과 밀접한 관련을 가져야 한다. 환경교육의 목표설정은 환경윤리학이 다루는 인간과 자연의 바람직한 관계는 과연 무엇인가라는 물음으로부터 자유로울 수 없다. 물론 인간과 자연의 바람직한 관계는 구체적으로 무엇인가 하는 문제는 대단히 어려운 문제이고, 어떤 특정 이론가에 의해 단정될 수 있는 문제는 아니다. 인간과 자연의 바람직한 관계는 무엇

---

26) Arne Naess(1992), *Ecology, Community, Lifestyle*, Cambridge: Cambridge University Press, pp.174-176.

이고, 우리는 환경교육의 목표로 구체적으로 무엇을 추구할 것인가는 광범위한 논의를 거쳐 합의되어야 할 사안인 것이다.

2) 참여적 체험학습

일각에서는 학교 숲 운동에 학생들의 참여가 필요하다고 주장한다. 환경교육학자 김인호가 대표적인데, 그에 따르면, 학교 숲 가꾸기 활동에 학생들이 참여해야 한다는 것에 대해 대부분의 교사(94.7%)가 동의하는 것으로 조사되었다. 또한 '학교 숲 가꾸기' 과정에 참여한 초등학생들이 참여하지 않은 학생들보다 상대적으로 긍정적인 환경친화적 태도를 견지하는 것으로 조사되었다.[27] 여기서 말하는 학생들의 참여는 단순히 학교 숲 가꾸기에 '동원된다'는 의미는 아니다. 그것은 학교 숲을 만들고 가꾸는 '의사결정과정'에 학생들이 어떤 식으로든 '참여한다'는 것을 말한다.

그에 따르면,[28] 학생들의 의사결정 참여는 많은 장점을 갖고 있다. 우선, 학교 옥외환경의 주 이용자인 학생들은 자기가 사용하는 공간에 대해 잘 알고 있기 때문에 학생 수준에서 독특한 견해를 제공할 수 있다. 둘째, 학생들은 편견을 갖지 않고 사물을 관찰하여 분명하고 복잡하지 않은 방법으로 정직하고 직선적인 의견을 제시할 수 있다. 셋째, 학생들은 평범한 것을 특별하고 독특한 것으로 변경할 수 있는 능력을 가지고 있어 창의적이고 상상력 풍부한 아이디어를 제공한다. 그 외에도 참여과정을 통하여 학생들은 창의력과 공간에 대한 탐구의식을 기르고 협동과정을

27) 김인호, 「학교조경활동 참여에 따른 환경태도 변화에 관한 연구」, 19쪽, 115-116쪽.

28) 같은 글, 25-26쪽.

통해 사회성 발달을 꾀할 수 있다. 동시에 학생들이 시민으로서 가져야 할 시민의식과 책임감을 배울 수 있다. 초기 조성단계에서부터 학생들의 참여는 학생들 스스로가 책임감을 갖고 스스로 자신의 학교 옥외환경을 관리하려는 의지를 갖게 된다. 따라서 유지관리 비용이 절감될 수 있고, 훼손행위도 줄어든다.

학생들이 참여하기 위해서는, 그리고 설사 학생들은 참여하지 않고 교직원들만이 참여한다 하더라도, 교직원들의 실질적인 참여가 가능하기 위해서는, 현재 관주도로 행해지는 1년 단위 사업은 한계가 있다. 사업을 1년 단위가 아니라 3년 정도의 사업으로 기획하여 첫 해에는 의견수렴과 계획 및 설계 작업만 진행하고, 2차 년도부터 본격적인 조성을 진행하고, 3차 년도에는 보완시공 및 유지관리를 진행하는 것이 합리적이다.[29)]

하지만 이에 대한 반론도 있다. 학생들의 참여는 상당한 문제점도 낳기 때문이다. 특히 초등학교의 경우 학생들의 학교 숲에 대한 이해 부족으로 조잡한 계획이 수립될 가능성이 높다. 또 서투른 식재와 시공으로 향후 보강작업이나 재식재, 재시공 등의 추가적인 노력과 비용이 소요된다. 그리고 현재 계획에 참여한 재학생들에게는 의미가 있으나 향후 학생들에게는 무의미하고 조잡한 환경을 안겨 줄 가능성이 높다는 것이 그 이유이다.

이런 이유에서 일종의 절충형도 고려해 볼 만한다. 학생들의 의견을 수렴하여 학교 숲 조성계획은 교사와 학교장이 세우지만, 실제 조성 시에는 다소 시간이 걸리더라도 학생들의 참여유도 방안을 강구하도록 하는 방식이 그것이다. 참여는 시간과 노력을 요구하지만, 교육목적을 생각하면 그만한 값어치가 있다. 개개 학

---

29) 김인호, 「친환경 학교를 위한 학교숲 운동 개선방안」, 125쪽.

교의 특성에 따라 다양한 절충방식의 조합을 통해 더 합리적이고 유연한 계획을 수립할 필요가 있다. 그것은 동시에 아래부터의(bottom up) 방식과 위로부터의(top down) 방식의 장점을 모두 공유하는 셈이다.[30]

---

30) 심영권(2007), 「학교숲 만들기」, (사)생명의 숲, 『학교숲과 환경교육』, 123쪽.

참고문헌

구승회(2001), 『생태철학과 환경윤리』, 동국대학교 출판부.

김두환(2000), 「사회적 학습과정으로서 협력적 계획모형의 적용: 합의회의를 사례로」, 서울대학교 환경대학원 석사학위논문.

김만수(2000), 「대안적 정책결정모델로서 합의회의 연구: 한국의 사례를 중심으로」, 가톨릭대학교 사회학과 석사학위논문.

김명식(2002), 『환경, 생명, 심의민주주의』, 범양사.

김민정(2004), 「수목원을 활용한 생태학습장 개선 방안」, 한국교원대학교 석사학위논문.

김상득(1996), 「응용윤리학 방법론 연구: 반성적 평형의 방법과 임신중절의 도덕성」, 서울대학교 박사학위논문.

김성한(2006), 「동물의 도덕적 지위에 대한 진화론의 함의」, 『철학연구』 98집, 대한철학회.

김양현(2000), 「현대환경윤리학의 논의방향과 쟁점들」, 『신학과 철학』 2호, 서강대학교 비교사상연구원.

김인호(2002), 「학교조경활동 참여에 따른 환경태도 변화에 관한 연구: 초등학생 학교조경 참여를 중심으로」, 서울대학교 대학원 박사학위논문.

김인호(2007a), 「친환경 학교를 위한 학교숲 운동 개선방안: 행정주도의 학교숲 조성사업을 중심으로」, 『한국교육시설학회지』, 14권 1호.
김인호(2007b), 「학교숲운동이란」, (사)생명의 숲, 『학교숲과 환경교육』.
김진석(2001), 「동물이용연구윤리」, 『과학연구윤리』, 당대.
김환석(1997), 「과학기술에 대한 사회학적 이해」, 『과학사상』 20호, 범양사.
남유철(2005), 『개를 위한 변명』, 유미디어.
문순홍(2002), 「민주주의와 환경결합 논의들의 재구성: 생태민주화의 설계도 그리기」, 최병두 편, 『녹색전망』, 도요새.
박구용(2003), 「자기보존과 자연보존」, 『철학연구』 61집, 철학연구회.
박정순(1998), 「정치적 자유주의의 철학적 기초」, 『철학연구』 42집, 철학연구회.
박찬영(2002), 「립맨 어린이철학에 대한 비판 I」, 『인간과 사회』 2집, 경남초등도덕교육학회.
박찬영(2003), 「어린이 철학: 도덕교육의 새로운 접근」, 『초등도덕교육』 11집, 한국초등도덕교육학회.
박창길(2002), 「동물실험의 비윤리성」, 『녹색평론』 63호.
박창길(2005), 「동물윤리와 한국의 동물보호법 개정」, 『환경철학』 4집, 한국환경철학회.
변영호 편(2003), 『알쏭달쏭 연못이야기』, 미출판.
선우현(2002), 「생태학적 위기와 비판적 사회이론의 역할」, 『위기시대의 사회철학』, 울력.
심영권(2007), 「학교숲 만들기」, (사)생명의 숲, 『학교숲과 환경교육』.
오현철(2007), 「국가정책결정 거버넌스와 공론조사: 토의민주주의 관점에서」, 『사회과학연구』 제15집 2호.
이민수(1996), 「반성적 평형론과 윤리학의 방법」, 『철학연구』 39집, 철학연구회.
이상헌(2001), 「낭만적인 정치생태학 산책」. 『공간과 사회』 16호.
이선영(2002), 「철학적 탐구 공동체와 도덕교육」, 『인간과 사회』 2집, 경남초등도덕교육학회.
이영희(2000), 『과학기술의 사회학: 과학기술과 현대사회에 대한 성찰』,

한울아카데미.
이재영(2007), 「학교숲의 교육적 활용」, (사)생명의 숲, 『학교숲과 환경교육』.
이진우(1996), 「말없는 자연은 윤리적 책임의 대상이 될 수 없는가: 하버마스의 담론이론과 환경위기」, 『사회비평』 15호.
임혁백(2000), 『세계화시대의 민주주의』, 나남출판.
장회익(1998), 『삶과 온생명』, 솔.
전영우 외(1999), 『숲이 있는 학교』, 이채.
정경주(2003), 「자연생태체험활동이 학생의 환경 태도에 미치는 영향」, 서울교육대학교 석사학위논문.
정대수(2007), 「초등학교 학교숲을 활용한 환경교육」, (사)생명의 숲, 『학교숲과 환경교육』.
정보주(2001), 「어린이철학에 기초한 도덕교육」, 『초등도덕교육』 7집, 한국초등도덕교육학회.
정원규(2001), 「도덕합의론과 공화민주주의: 롤즈와 하버마스의 이론을 중심으로」, 서울대학교 박사학위논문.
정원규(2005), 「민주주의의 두 얼굴: 참여 민주주의와 숙의 민주주의」, 사회와 철학연구회, 2005년 12월 발표문.
정현모(2001), 「학교숲의 환경교육적 활용에 대한 연구」, 『지리환경교육』 9(2).
정혜진(2002), 「체험학습 프로그램이 초등학생들의 환경 인식 변화에 미치는 영향」, 서울교육대학교 석사학위논문.
정호근(1994), 「하버마스의 담론이론」, 『철학과 현실』 23호, 철학문화연구소.
조기제(2002), 「다문화사회에서의 민주시민교육: 심의민주주의 교육의 필요성」, 『초등도덕교육』 10집, 한국초등도덕교육학회.
주성현(2002), 「초등학교 환경가치교육을 위한 기초연구」, 춘천교육대학교 석사학위논문.
지율(2005), 『초록의 공명』, 삼인.
진교훈(1998), 『환경윤리: 동서양의 자연보전과 생명존중』, 민음사.
참여연대 시민과학센터(2002), 『과학기술, 환경, 시민참여』, 한울아카데미.

최경석(2003), “Moral Reasoning and Justification in Medical Ethics”, Michigan State University, 박사학위논문.
최경석(2004), 「생명의료윤리를 위한 도덕적 추론으로서의 넓은 반성적 평형의 방법」, 『철학과 현실』 60호, 철학문화연구소.
최수진(2004), 「체험학습 프로그램이 초등학생들의 환경 인식 변화에 미치는 영향」, 서울교육대학교 석사학위논문.
최영순(2003), 「숲체험학습 활동이 초등학생들의 환경의식 및 태도에 미치는 영향」, 춘천교육대학교 석사학위논문.
최종덕(2000), 『함께 하는 환경철학』, 동연.
추병완(2002), 「과학기술시대의 환경윤리」, 도성달 외, 『과학기술시대의 삶의 양식과 윤리』, 울력.
탁광일 · 전영우 외(2005), 『숲이 희망이다』, 책씨.
탁광일(1998), 「생태명과 이를 극복하기 위한 접근방법」, 『숲과 문화』, 6권.
탁광일(1999), 「왜 학교에 나무를 심고 숲을 가꾸어야 하나?」, 『숲과 문화』, 8권 1호.
학교숲운동 사이트 http://schoolforest.or.kr
한면희(2002), 「한반도 녹색공동체의 이념: 기생태주의와 백두대간의 문화」, 한국환경철학회 편, 『환경철학』, 철학과현실사.
한면희(2009), 『동아시아문명과 한국의 생태주의』, 철학과현실사.
홍성구(2002), 「자율적 정치참여를 위한 의사소통의 조건: 롤즈와 하버마스를 중심으로」, 『한국언론정보학보』 19호, 한국언론정보학회.
환경을 생각하는 경남교사모임(2003), 『자연과 가까워져요』, 두산동아.
환경을 생각하는 경남교사모임(2003), 『자연과 친해져요』, 두산동아.
황경식(1994), 「환경윤리학이란 무엇인가?: 인간중심주의인가 자연중심주의인가」, 『철학과 현실』, 1994년 여름.
황경식(1995), 「정치적 자유주의」, 『개방사회의 사회윤리』, 철학과현실사.
황선영(2004), 「학교 숲을 활용한 체험 환경 교육이 초등학생의 환경 의식 함양에 미치는 영향」, 청주교육대학교 석사학위논문.

Aldred, Jonathan & Michael Jacob(2000), "Citizens and Wetlands: Evaluating the Ely Citizens's Jury", *Ecological Economics* 34.

Alix, Fano(2000), 「잔혹한 관행: 동물실험」, 『녹색평론』, 2000년 10월.

Apel, Karl-Otto(1992), "The Ecological Crisis as a problem for the Discourse Ethics", A. Ofsti(ed.), *Ecology and Ethics*, Trondheim, Norway: Tapir Trykk.

Attfield, Robin(1991), *The Ethics of Environmental Concern*, Athena and London: The University of Georgia.

Beauchamp, Tom L. & Childress, James(2001), *Principles of Biomedical Ethics*(5th), Oxford University Press.

Blaug, Richard(1996), "New theories of discursive democracy: A user's guide", *Philosophy & Social Criticism*, vol. 22, no. 1.

Bookchin, Murray(1982), *The Ecology of Freedom*, California: Cheshire Books.

Bookchin, Murray(1987), *The Modern Crisis*, Montreal and New York: Black Rose Books.

Bookchin, Murray(1988), *Toward an Ecological Society*, Black Rose Books.

Brower, Bruce W.(1994), "The Limits of Public Reason", *The Journal of Philosophy*, vol. 91.

Callicott, J. Baird(1989), *In Defense of the Land Ethics*, State University of New York Press.

Callicott, J. Baird(1990), "The Case against Moral Pluralism", *Environmental Ethics* 12.

Callicott, J. Baird(1992), "Environmental Ethics", Lawrence Becker(ed.), *Encyclopedia of Ethics*, vol. 1, Garland Publishing Inc.

Callicott, J. Baird(1993), "The Search for an Environmental Ethics", T. Regan(ed.), *Matters of Life and Death*, NY: Mcgraw-Hill Inc.

Callicott, J. Baird(1999), *Beyond The Land Ethic*, State University of New York Press.

Carruthers, Peter(1992), *The Animal Issue: Moral theory in Practice*,

Cambridge University Press.

Carson, Rachel(1962), *Silent Spring*, 이태희 옮김(1991), 『침묵의 봄』, 참나무.

Cohen, Joshua(1989/1997), "Deliberation and Democratic Legitimacy", James Bohman & William Rehg(eds.), *Deliberative Democracy*, The MIT Press.

Cohen, Joshua(1996/1997), "Procedure and Substance in Deliberative Democracy", James Bohman & William Rehg(eds.), *Deliberative Democracy*, The MIT Press.

Commoner, Barry(1971), *The Closing Circle*, 송상용 옮김(1980), 『원은 닫혀야 한다』, 전파과학사.

Daniels, Norman(1979), "Wide Reflective Equilibrium and Theory Acceptance in Ethics", *Journal of Philosophy* 76(May), 256-282.

Day, Nancy(2000), *Animal Experimentation: Cruelty or Science?*, Enslow Publishers.

Desjardins, Joseph R.(1997), *Environmental Ethics*, Wadsworth Publishing Company, 김명식 옮김(1999), 『환경윤리』, 자작나무.

Devall, Bill & Sessions, George(1985), *Deep Ecology*, Utah: Gibbs Smiths.

Dobson, Andrew(1996), "Representative Democracy and the environment", William M. Lafferty & James Meadowcroft(eds.), *Democracy and the Environment*, Edward Elgar.

Doyle, Timothy & McEachern, Doug(1998), *Environment and Politics*, 이유진 옮김(2002), 『환경정치학』, 한울아카데미.

Dryzek, John(1987), *Rational Ecology: Environment and Political Economy*, 최승 외 옮김(1995), 『환경문제와 사회적 선택』, 신구문화사.

Dryzek, John(1990), *Discursive Democracy: Politics, Policy, and Political Science*, Cambridge University Press.

Dryzek, John(2000), *Deliberative Democracy and Beyond*, Oxford: Oxford University Press.

Eckersley, Robyn(1999), "The Discourse Ethic and the Problem of

Representing Nature", *Environmental Politics* 8.

Elster, J.(ed.)(1998), *Deliberative Democracy*, Cambridge: Cambridge University Press,

Feinberg, Joel(1974), "The Rights of Animals and Unborn Generations", W. Blackstone(ed.), *Philosophy Environmental Crisis*, University of Georgia Press.

Fishkin, James(1991), *Democracy and Deliberation*, 김원용 옮김(2003), 『민주주의와 공론조사』, 이화여자대학교 출판부.

Fox, Warwick(1990), *Toward A Transpersonal Ecology*, London, Boston: Shambhala Publications.

Freeman, Samuel(2000), "Deliberative Democracy: A Sympathetic Comment", *Philosophy & Public Affairs* 29, no. 4.

Gastil, John & Levine, Peter(2005), *The Deliberative Democracy: Handbook: Strategies for Effective Civic Engagement in the 21st Century*, John Wiley & Sons.

Giddens, Anthony(1994), *Beyond Left and Right: The Future of Radical Politics*, Polity Press, 김현옥 옮김(1997), 『좌파와 우파를 넘어서』, 한울.

Goodin, Robert E.(1996), "Enfranchising the Earth, and its Alternatives", *Political Studies*, XLIV.

Goodin, Robert E.(2000), "Democratic Deliberation Within", *Philosophy & Public Affairs* 21, no. 1.

Goodpaster, Kenneth E.(1978). "On Being Morally Considerable", *The Journal of Philosophy*.

Guha, Ramachandra(1989), "Radical American Environmentalism and Wilderness Preservation: A Third World Perspective", *Environmental Ethics* 11.

Gundersen, Adolf(1995), *The Environmental Promise of Democratic Deliberation*, Madison: University of Wisconsin Press.

Gutmann, Amy & Thompson, Dennis(1996), *Democracy and Disagreement*, The Belknap Press of Harvard University Press.

Habermas, Jürgen, 황태연 옮김(1996), 『도덕의식과 소통적 행위』, 나남출판.

Habermas, Jürgen(1992), 이진우 옮김(1997), 『담론윤리의 해명』, 문예출판사.

Habermas, Jürgen(1992), 한상진 · 박영도 옮김(2000), 『사실성과 타당성』, 나남출판.

Hardin, Garret(1974), "Lifeboat Ethics", Donald VanDeVeer & Christine Pierce(1994), *The Environmental Ethics and Policy Book*, Belmont, California: Wadworth Publishing Company.

Hardin, Garrret(1991), "The Tragedy of the Commons", Schrader-Frechette(ed.), *Environmental Ethics*, CA: The Boxwood Press.

Hare, R. M(2001), "Universalizability", Lawrence C. Becker(ed.), *Encyclopedia of Ethics*, vol. 3, Routledge.

Hargrove, Eugine(1988), *Foundation of Environmental Ethic*, 김형철 옮김(1994), 『환경윤리학』, 철학과현실사.

Hargrove, Eugine(ed.)(1992), *The Animal Rights/Environmental Ethics Debate*, State University of New York Press.

Jonsen, Albert R. & Toulmin, Stephen(1988), *The Abuse of Casuistry: a History of Moral Reasoning*, University of California Press.

Lafferty, William M. & Meadowcroft, James(1996), "Democracy and the Environment: Congruence and Conflict-preliminary Reflections", William M. Lafferty & James Meadowcroft(eds.), *Democracy and the Environment*, Edward Edgar.

Leopold, Aldo(1949/1987), *A Sand County Almanac*, Oxford University Press.

Lickona, Thomas, 박장호 · 추병완 옮김(1998), 『인격교육론』, 백의.

Lipman, Matthew, 서울교육대학 철학연구동문회 편역(1986), 『어린이를 위한 철학교육』, 서광사.

Lipman, Matthew(1991), *Thinking in Education*, Cambridge University Press.

Loew, Franklin M.(1996), 김완구 외 옮김(2003) 「연구에 이용되는 동물

들」, 『탄생에서 죽음까지』, 문예출판사.

McCloskey, H. J.(1983), *Ecological Ethics and Politics*, Rodman and Littlefield.

Mill, John Stuart(1956), *On Liberty*, Indianapolis, Ind: Bobbs-Mill.

Naess, Arne(1973), "The Shallow and the Deep, Long-Range Ecology Movement: A Summery", *Inquiry* 16.

Naess, Arne(1992), *Ecology, Community, Lifestyle*. Cambridge: Cambridge University Press.

Naess, Arne(1995), "The Deep Ecology Eight Points Revisited", G. Sessions(ed.), *Deep Ecology for the Twenty-First Century*, Shambhala.

Norton, Bryan G.(1984), "Environmental Ethics and Weak Anthropocentrism", *Environmental Ethics* 5.

O'Neill, John(1993), *Ecology and Policy and Politics*, Routledge.

Palmer, Jane(1999), *UK National Consensus Conference on Radioactive Waste*, UK Center for Economic & Environmental Development.

Passmore, John(1974/1980), *Man's Responsibility for Nature*, London: Duckworth.

Petrinovich, Lewis(1999), *Darwinian Dominion: Animal Welfare and Human Interest*, Massachusetts Institute of Technology.

Price, David(2000), "Choices without Reasons: Citizens' Juries and Policy Evaluation", *Journal of Medical Ethics* 26.

Rawls, John(1971), *A Theory of Justice*, Harvard University Press, 황경식 옮김(1983), 『사회정의론』, 서광사.

Rawls, John(1993), *Political Liberalism*, 장동진 옮김(1999), 『정치적 자유주의』, 동명사.

Rawls, John(1999), *The Law of Peoples*, Harvard University Press, 장동진 외 옮김(2000), 『만민법』, 이끌리오.

Regan, Tom(1983/2004), *The Case for Animal Right*, University of California Press.

Reidy, David A.(2000), "Rawls's Wide View of Public Reason: Not Wide Enough," *Res Publica*, vol. 6,

Renn, Ortwin & Webler, Thomas & Wiedemann, Peter(1995), *Fairness and Competence in Citizen Participation*, Kluwer Academic Publishers.

Rolands, Mark, 윤영삼 옮김(2004), 『동물의 역습』, 달팽이.

Rolston, Holmes III(1988), *Environmental Ethics*, Temple University Press.

Rosenberg, Alexander(2000), *Darwinism in Philosophy, Social Science and Policy*, Cambridge University Press.

Ruse, Michael(1986), *Taking Darwin Seriously: A Naturalistic Approach to Philosophy*, Basil Blackwell.

Sagoff, Mark(1988), *The Economy of the Earth*, Cambridge University Press.

Schumacher, E. F.(1973), *Small is Beautiful*, 김진홍 옮김(1986), 『작은 것이 아름답다』, 범우사.

Singer, Peter(1983), *The Expanding Circle: Ethics and Sociobiology*, Oxford University Press.

Singer, Peter(1990), *Animal Liberation*, 김성한 옮김(200), 『동물해방』, 인간사랑.

Smith, Graham(2003), *Deliberative Democracy and The Environment*, Routledge.

Stone, Christopher, 허범 옮김(2003), 『법정에 선 나무들』, 아르케.

Susskind, Lawrence et al.(eds.)(1999), *The Consensus Building Handbook*, London: Sage Publication.

Taylor, Bob Pepperman(1996), "Democracy and Environmental Ethics", William M. Lafferty & James Meadowcroft(eds.), *Democracy and the Environment*, Edward Edgar.

Taylor, Paul, 김영진 옮김(1985), 『윤리학의 기본원리』, 서광사.

Taylor, Paul W.(1986), *Respect For Nature*, Princeton University Press.

Turner, Stephen(2001), "What is the Problem with Experts?", *Social Studies of Science*, vol. 31, no. 1.

Van Der Burg, Wibren & Van Willigenburg, Theo(1998), *Reflective*

Equilibrium: Essays in Honour of Robert Heeger, Kluwer Academic Publishers.

Vogel, Steven(1996), *Against Nature: The Concept of Nature in Critical Theory*, State University of New York Press.

Walzer, Michael, 김용환 · 윤형식 외 옮김(2001), 「토론정치와 그 한계」, 『자유주의를 넘어서』, 철학과현실사.

Ward, Hugh(1999), "Citizen's Juries and Valuing the Environment: A Proposal", *Environmental Politics*, vol. 8, no. 2.

Westmoreland, Robert(1999), "The Truth about Public Reason", *Law and Philosophy*, vol. 18.

White, Lynn(1967), "The Historical Roots of our Ecological Crisis", *Science* 155, 『과학사상』 1호(1992).

Williams, Andrew(2000), "The Alleged Incompleteness of Public Reason", *Res Publica*, vol. 6.

Zwart, Ivan(2003), "A Greener Alternative?: Deliberative Democracy Meets Local Government", *Environmental Politics*, vol. 12, no. 2.

김명식(金明軾)
고려대학교 철학과를 졸업하고 같은 대학원에서 윤리학을 전공하여 석사와 박사 학위를 받았다. 현재는 진주교육대학교 도덕교육과 교수로 재직하고 있다. 영국 랭커스터 대학교 '환경, 철학, 공공정책 연구소' 포스트 닥 연구원과 미국 노스 텍사스 대학교 '환경철학센터'의 방문교수를 지냈으며, 계간 『과학사상』 편집주간과 한국환경철학회 총무이사와 편집이사, 한국과학기술학회 편집위원을 역임했다. 주요 저서로는 『환경, 생명, 심의민주주의』(2002), 『과학기술의 철학적 이해』(공저), 『생태문화와 철학』(공저) 등이 있고, 옮긴 책으로는 『환경윤리』(J. R. Desjardins 지음)가 있다. 환경윤리가 주요 관심 분야이고, 생명윤리, 과학윤리에 관해서도 여러 편의 글을 썼다.
E-mail: kimms@cue.ac.kr

숙의민주주의와 환경

▪

2009년 10월 20일 1판 1쇄 인쇄
2009년 10월 25일 1판 1쇄 발행

지은이 / 김 명 식
발행인 / 전 춘 호
발행처 / 철학과현실사
서울시 종로구 동숭동 1-45
전화 579-5908 · 5909
등록 / 1987.12.15.제1-583호

ISBN 978-89-7775-702-8 03130
값 15,000원